U0111376

大展好書　好書大展
品嘗好書　冠群可期

大展好書　好書大展
品嘗好書　冠群可期

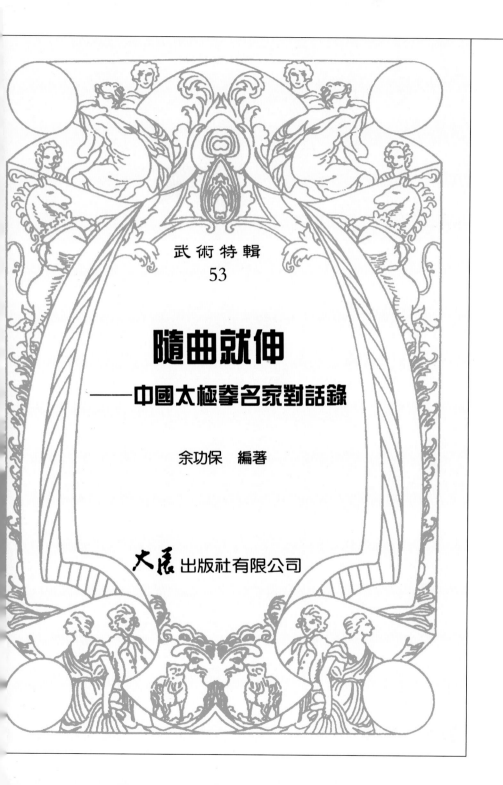

武術特輯
53

隨曲就伸

——中國太極拳名家對話錄

余功保　編著

大展出版社有限公司

卷 首 語

　　太極拳既是武學，也是人學。

　　它是關於人的健康、自強、和平、發展的學問。

　　太極拳柔和揮灑了它對於力量的另類包容，它的舒緩體現出對於速度的特殊理解。

　　在中正安舒、一派天然的勃勃生機中，展現了東方文化對生命的詮釋。對於生命的昇華是太極拳的主題。太極拳是一種充滿激情的運動。

　　「止戈爲武」，激揚文字的熱情具體化爲技術要領的規範。太極拳以「立」爲本，以「生」爲勝，中國文化的人文情懷與形體創造的完美結合，是對人類自身潛能的最大肯定。

　　「拳者，拳也」，所以知輕重而通緩急。

　　「隨曲就伸」就是順勢，曲是規律，伸爲變化，隨曲就伸的精義就在於：合乎規律，通曉變化，乃「天人合一」的流暢之境。

　　上善若水，至柔至剛。雖無形而能隨形，雖平和卻能生萬物，和平養無限天機。

　　太極拳流動的就是一幅生命的長卷。

——余功保

太極拳好

鄧小平

一九七八年十一月十六日

① 鄧小平同志題詞：太極拳好

② 天安門廣場萬人太極拳演練

③ 「壽比南山」首屆世界太極拳健康
　大會海濱萬人晨練

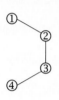

① 「壽比南山」首屆世
界太極拳健康大會紀
念封及名家簽名
② 太極拳名家、全國及
世界太極拳冠軍會聚
三亞海濱
③ 首屆世界太極拳健康
大會名家演示盛況
④ 河北邯鄲國際太極拳
活動

李德印太極拳式

楊振鐸太極拳式

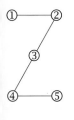

喬松茂太極拳式

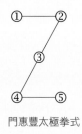

門惠豐太極拳式

崔仲三
①②太極拳式
③太極刀式
④⑤太極劍式

②——①

馮志強太極拳式

③——④

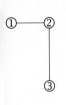

趙增福太極拳式

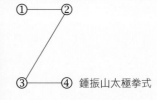

① ② ③ ④ 鍾振山太極拳式

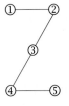

夏柏華

①②太極拳式

③④⑤太極劍式

①———②
　　　③
④—⑤—⑥　　孫劍雲太極拳式

陳正雷
①②③④太極拳式
⑤太極劍式
⑥太極推手

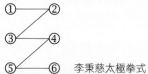
李秉慈太極拳式

前　言

　　在 2001 年召開的一次武術發展戰略研討會上，我在談到武術的資源時曾講到，武術最主要的資源是三方面，一是文化資源，包括它的文化背景、理論架構等；二是技術資源，包括各類技術要領、鍛鍊方法等；三是人才資源，包括武術各流派傳人、優秀運動員、教練員等，其中，武術名家是最值得珍視的資源，甚至是「稀有資源」。因爲前兩種資源是要由第三種來顯現的。

　　在本人的研究和工作過程中接觸了許多武術名家，深刻感受到太極拳「以人爲本」的特性。多年來對於許多問題的剖析，愈發覺得武術之爲「武學」的成立。武術不單是一種技術，更是一門學問。

　　2001 年在籌辦首屆世界太極拳健康大會的過程中，和一些優秀的太極拳家、名師、專家進行了廣泛座談，就太極拳的各類問題進行研討。這是一種對太極拳理論、技術全方位的「掃描」，其中太極拳名家的許多眞知灼見，乃數十年心血凝成，具有長久的價值。對於海內外太極拳研習者會有很大的作用。經一些武術名家提議，遂將這些討論的內容整理成書，便有了這本《與中國太極拳名家對話錄》。

　　太極拳是一種強調自我鍛鍊的運動，因此首先要認識自己。認識自己的一個方法是在練拳的過程中體驗、總結

和感受。另一個方面是要理解、認識別人，尤其是要認識、研究卓有造詣的太極拳家，感受他們對於太極拳的理解、看法，學習太極拳名家的體驗方式是加快提高自身的一種方法，此謂「借力打力」。這也是本書由來的一個原因。

太極拳追求一種獨特的文化品味。練太極拳不能有一絲「火氣」，寧靜致遠的境界是太極拳的生存方式，沉著宏大是太極拳的力道風範，這些已經不能單純以肢體的空間組合來理解，它是與人的精神狀態相關聯。所以太極拳最為唾棄的就是「蠻力」。以「文」來溫「武」，「虛火」得降，好鋼才能煉成。

名家與其作品的基本作用有兩個，一是為範本，二是為超越。

有造詣的太極拳名家皆為「百煉鋼化為繞指柔」的範本，由虛而實，由僵而靈，由直而曲，方圓規矩，其中奧妙、言傳還需體證。名家的話是一個座標，每個人的發揮空間卻是很大。中國武術的發展史就是一個不斷豐富、發展的歷史，是無數武林傳人超越前輩的過程，這樣才建立起了龐大的中華武學體系。當你掌握了規律，跳出了別人的「座標」，也就破除了「框框」，達到「自如」境地，這就實現了超越。許多前輩的武術家在這個過程中起到了「引進落空」的作用，你要不斷「摸手」「試勁」「懂勁」，由「著熟」而「漸悟」，從而「階及神明」。

認識別人是為了更好地認識自己。「外王內聖」。拳家是個參照系，可以以之修正、規範自己，可以適應參照系，還可以在掌握規律後重建座標，構造新的甚至更高級

別的參照系。

太極拳起源於中國是一個獨特的文化現象，她是中國武術的一個典型縮影。太極拳所表現的武學境界不能簡單以力、技的角度去看待。習練太極拳時間愈久，功夫愈精純，對此體會就會越深。

王國維先生曾用三段古詞闡述治學三境界，本人曾經套用此形式借四段古詩寓說太極拳四層次。

其一，「初景革緒風，新陽改故陰」。此為太極拳入門階段，掌握了基本動作，去濁返清，也初步體會到太極拳的一些感受，把握了一些基本特點。

其二，「亂花漸欲迷人眼，淺草才能沒馬蹄」。逐漸掌握了太極拳的要領方法，體會到一舉動處處皆是規矩，是一種「可求」的感受，越學覺得章法越多，是一個理、行對立統一的階段。這一階段可以明顯感覺到自己功力的不足，每一次上進都可以感覺到進步。

其三，「星垂平野闊，月湧大江流」。為左右鼓蕩、內外上下相合之時，化有形為無形，外示安逸，內固精神，陰陽相合，道法自然。

其四，「此中有真意，欲辯已忘言」。全面掌握太極拳的內在規律，又有了長期的功力基礎，一舉動周身輕靈，有難以盡說的妙處。

這每一層次都是在反反覆覆中前進，都是在面對、克服很多問題中前進。

對太極拳的研究、習練最確切的二字當以「體悟」待之，「體」為實踐，要反覆「行拳」，「悟」要用心去感受，方法是要「養」，要「靜」，靜生慧，「無極生太

極」，就是此理。

　　本書力爭提供的就是太極拳的「體悟」之道，各位名家透過數十年的實踐為我們提供了寶貴的「數據」。本書對話內容涉及到太極拳的各個方面和層面，有理論、有技術，也有發展，有的同一個問題特意由不同的名家從各自的體會分別闡述，有助於大家從不同的角度來理解。它不可能解決所有問題，甚至是很多問題，但如果能提供一些啓發，就算「物有所值」了。

　　本書成書過程中得到各位太極拳名家的大力支持，在此一併表示感謝。

　　　　　　　　　　　　　　　　　余功保

目 錄

李德印

　　李德印，1938 年生，河北安新人。著名太極拳專家，出生於武術世家，自幼隨祖父李玉琳、叔父李天驥習武，受到嚴格訓練，精通太極拳、形意拳、八卦拳、少林掌、武當劍等武術。

　　1961 年畢業於中國人民大學，留校員責武術教學、研究工作。多次擔任全國及國際武術比賽裁判長。1990 年擔任中國國家武術隊太極拳教練，取得第十一屆亞運會太極拳男、女項目的金牌，並指揮了亞運會開幕式中日兩國太極拳大型表演。

　　先後參加了《48 式太極拳》《42 式太極拳競賽套路》《太極劍競賽套路》等國家規定教材的編寫、審定工作。多次擔任全國電視教學節目及國際裁判培訓班太極拳指導老師。應邀赴日本、英國、美國、瑞士、瑞典等國家及臺、港、澳等地區講學傳藝，在國內外享有很高聲譽。曾獲「中華武術百傑」「全國優秀裁判員」「國際武術裁判」稱號。

　　現為中國人民大學教授、中國武術學會委員、北京市武術協會副主席、北京市大學生武術協會主席。

圓中求方

——與太極拳名家李德印的對話

這個世界的主體架構是由各種規律搭成的。

所謂的「自由」無非是在規律架構中的游動。你越熟悉規律，你游動的空間與速度越大、越快，超越了一定的界限便是「隨心所欲」。

太極拳是「圓」的，動作是弧形，戰術是「隨曲就伸」，運用是「引進落空」；太極拳也是「方」的，立身要中正，要「支撐八面」，要「中規中矩」。「方」就是規矩，就是法度。

太極拳最大的圓是其「上善若水」的境界，最大的「方」是其「陰陽相和」的規律。

不知「圓」無以成太極，不知「方」無以善太極。

有「圓」無「方」，太極拳則無神韻可言，過「方」無「圓」，則流於凝重僵滯。「方」是基礎，「圓」是在基礎上的特性發揮。

「方」是生命規律，「圓」是太極拳學。

當你把握了太極拳的「方」「圓」，就能自如游動在太極拳的世界裡了。

（余功保）

一、從文化的角度看待太極拳

余功保：

　　太極拳不僅僅是一種簡單的體育項目，這一點已為大家所公認。在它身上所打下的文化烙印是其閃光的金字招牌，這種光芒的眩目程度甚至在它的技術特徵之上。我覺得一個太極拳家如果忽視了太極拳的文化特性就不能稱為「家」，只能算拳師。

　　從另一個角度來說，一個研究中國文化的學者也不應該忽視太極拳，因為太極拳提供了一種更深入、更快捷、更形象剖析中國文化的「活標本」。我一直堅持認為，真正的太極拳家對於中國文化的理解應是純粹的、獨特的。您如何看待太極拳的文化內涵呢？

李德印：

　　太極拳的文化內涵，我覺得最主要的體現在兩個方面，一個是體現了中華民族的保健思想、養生文化，另一個是哲學方面，太極拳中蘊含了中華民族的行為準則。

　　太極拳的養生思想中最重要的是科學地闡述了動和靜兩個矛盾的方面，解決了它們的和諧問題。中國古代的養生著作中有很多關於這方面的論述。比如說《黃帝內經》裡就有關於「精神內守」，談到了「恬淡虛無」，這是強調「靜」。在漢代著名醫學家華佗的著作裡面也談到了，要「常動搖」，就是流水不腐、戶樞不蠹的觀點，這是「動」。莊子也談到了吐故納新，熊經鳥申，這是動靜結合。這些都是從動、靜兩個方面來說明健身保健、益壽延年的思想。太極拳在上述方面都有突出體現。因此，我們練習太極拳每招每式都要關注動、靜問題。

潛心研讀太極拳學術文章

現代體育的基礎是建立在西方的競技體育體系上的，著重強調了更高、更快、更強，是要不斷挑戰人的生理極限，這就注定現代體育是要關注「動」，而且要大動，要動得狠。我覺得太極拳從養生的角度比他們更加全面一點。太極拳當中，更多地談到了心靜意到，動靜結合。太極拳很注重心態、精神意念的運用。在打拳當中，我們叫做動中有靜，動中寓靜，特別提出「先在心，後在身」，要把形、意結合起來。這對於人的神經系統，對於人的心理的調節，對於精神的調控、薰陶，都有很好的影響。

余功保：

您提到了現代西方的體育，追求的是一種運動的極限，對於速度、力量，對於人體的體能的一種極限挑戰。從另一個方面來看，太極拳是不是也存在一種超越、挑戰極限的思維？

它所注重的是人的潛能的發揮的極限。比如說它把散的、小的力整合成「整」的、更大的、協調的「勁」，把「虛弱」的臟腑鍛鍊成為「實」的、更加健康的器官。這也是對極限的一種挑戰，它只不過是換了另外一種形式，由靜的方面入手，強調以靜制動，以靜的方面來挑戰人的生理的極限運動。從這方面來看，

太極拳能不能也稱為一種「極限的運動」？

李德印：

我認為與其說太極拳是一種追求極限的運動，倒不如說它是追求平衡與和諧。太極拳鍛鍊時要用意識引導狀態，透過練拳架子達到一種和諧的狀態。這種狀態很重要，它不僅僅是動作組合。練太極拳你沒有進入到這個「狀態」中，你就不算入門。這就好比唱歌，會哼哼幾句，那只是簡單的發聲，只有引起精神上的參與、共鳴才算進入到「唱歌」的層次了。這樣就對於神經、對於意識疲勞的消除有積極作用。現代一些科學家研究，太極拳對於人的大腦右半球有良好的調節作用。一些科學家研究練習太極拳時，對腦電波進行監測，發現腦電波在練拳過程中有明顯的「異動」，這說明練拳對神經系統是有影響的。練習太極拳對人的內在的生理和心理都具有良好的調節作用，影響是多方面的。在未來的社會裡，高科技、高腦力的勞動，高競爭是主要特點，在這樣的一個社會裡，練習太極拳是非常有益的。東方養生文化的思想在現代社會有它的價值體現。

余功保：

您認為太極拳文化內涵的另一個方面是哲學上的。我也曾經聽有的學者把太極拳稱為「哲拳」。

李德印：

太極拳中蘊含了豐富的中國傳統哲學的思想。太極拳以太極陰陽為哲學基礎，外示安逸、內固精神。這點在太極拳的技術動作、技術要領當中都表現得非常清楚。在太極拳練習和日常的行為規範當中，特別強調寧靜致遠這樣一個原則，它主張剛柔結合。這也是我們中華民族的行為文化，我們強調的是溫良恭謙的行為處世態度。這都在太極拳的理論技術運用當中得到了很大的

演練太極拳

體現。比如說太極拳的攻防原則，叫做「彼不動，我不動，彼微動，我先動」。講究後發制人，不以力勝人，講究巧，要服人，而不傷人。

余功保：

在中國古代的戰爭兵法當中，也體現了這些原則。這說明它們並不是空想家營造的「虛幻」教條，而是的確具有實際應用價值，究其原因，應該是它符合人性的本源，符合人類社會的發展規律。

李德印：

太極拳的文化體現在方方面面，在真正的戰爭當中，在技擊當中，在具體的行為準則當中，都體現這些處事原則。它與完全爭強好勝的、完全以力勝人的這樣一種方法有本質的區別。在攻防的戰術技術上，也都有體現的地方。中國古代的許多軍事家都很注重武術，懂武術，甚至就是很優秀的武術家。我們如果仔細研究中國兵法，會發現它與拳理、拳論是相通的，一脈相承的。

余功保：

全世界有很多人喜歡太極拳，相當程度上是因為它所蘊含的那種文化韻味，即使不太了解中國文化，但是，由太極拳的練習，也能夠體會到中華文化內在的含義。這是不是也可以認為練太極拳是學習中國文化的一種「捷徑」？

李德印：

很多外國人在中國留學和學習，雖然時間很短，但藉由接觸

太極拳，也能夠體味到中國文化，這是從一個特殊的角度來探索。比如說中國的哲學思想，它講究太極陰陽、對立統一，還有一個非常重要的思想即天人合一的思想，強調平衡，強調整體。所以，太極拳的要領裡面，要提出中正安舒，在拳理當中還應體現內在的精神、外在的美，並且要相互結合。有些運動如健美，比較強調肌肉力量，由肌肉的發達、健壯來表示向上，而太極拳則是表示一種沉著安逸，表現一種信心，也是向上的氣質，殊途同歸。

余功保：

這實際上是由內向外的一種釋放，所謂「秀外慧中」「內聖外王」，很儒家的東西。

李德印：

內固精神，外示安逸，要處之如少女，奪之似猛虎，你不動我，我對你非常友好，但是你要侵犯，我要反應在你前邊，以變應變，來制服對方。在攻防上也是這樣，後發制人，你不攻擊我的時候，我永遠是非常柔和的，非常沉靜。我絕不主動出擊，但是一旦發作起來，就有非常快的反應，非常的剛猛，這就和其他技擊的要打在先，講究快速主動出擊的戰術的指導思想不一樣，相應的技術方法也不一樣。

太極拳講究「以柔克剛」，對方一來，我不是硬頂，而是順勢牽引，當對方退卻時，我就順勢推送，這就要求有一個很好的技術技巧，同時也是一種行為指導思想，這一點更重要。我們要用小的力，要用巧的而不是一種暴力。

實際上太極拳很講究挒、按，挒是什麼呢？挒不是生硬的拉，而是借著你的力，順下來；按不像推鉛球一樣推，而是借著你的勁順勢往前推，這是在一種巧妙的柔和當中，破壞掉你的進

攻，使你瓦解掉，心服口服。所以我覺得，它不僅是一種技術，而是一種中華民族的人文文化。

李德印：

這實際上是一種精神。所以有人認為，太極拳表面上看是以我為中心的運動，實際上是把對方包容在裡面。它要考慮以對方為主，要從對方的角度處理問題。你來進攻，我首先要融進去，首先要和對方合在一起，把對方同化掉，這也是一種整體觀。

李德印：

我覺得這裡邊還是不應該忽視以我為主的問題。首先要體現出主體的主動精神，這只是一種我的處事方法，我要不斷適應客觀情況的需要，我並不是一種被動的，不能抹煞我的主動性。

余功保：

可不可以這樣說，把太極拳放在人文精神這個層面上，太極拳是在一種不丟失自我的前提下，去適應別人的理法。

李德印：

或者更好地說，它就是要不斷地適應社會、適應客觀，根據具體情況，來決定你的作為。

余功保：

同時還要不喪失自我。

李德印：

對，歸根到底，太極拳還是一種主動的精神，它的出發點是一種主動性的，只不過以一種柔和的方式來解決問題。

余功保：

這也就是說，太極拳從表面上，從運動方式上，從外在的表現上是一種柔和的狀態，但它體現的，實際上是一種積極進取的

精神。

李德印：

　　是這樣，我覺得
更應該充分肯定太極
拳的積極主動的精
神。

余功保：

　　有人對太極拳有
一種誤解，覺得太極
拳的運動從力度到形
式上過於柔和，甚至
軟弱，所以，只是適

在首屆世界太極拳健康大會上作學術報告

合中老年練習，不利於培養年輕人的激情。

李德印：

　　其實年輕人更應該學練太極拳。剛柔相濟，生機勃勃。年輕
人偏剛，以外柔內剛的太極拳輔之，更能激發內在的能量。

二、求實是太極拳研究的根本

余功保：

　　太極拳的發展離不開研究。其實這麼多年來，太極拳的研究
工作一直在開展，好像系統性還不夠。總的感覺業餘的比專業的
還熱情。

李德印：

　　我最近看了幾本書，都是關於太極拳研究的。比如說中國科
學院一些業餘的太極拳愛好者，各個研究部門的都有，他們進行

了很多的生理生化的測試，提出了一些觀點。他們雖然不是太極拳專業的，但是他們的這種精神和成果，我感覺有很好的啟示。還有一些業餘的研究太

出席中國武協組織的「太極拳發展戰略研討會」

極拳史學方面的人，也有很深的造詣。

余功保：

太極拳史方面的研究相對還下了很大的工夫。可能是唐豪先生等人帶了一個好風氣。

李德印：

從目前來看，我們的主管機關組織了一些研究項目，也很有成效。但有系統、有計劃、有領導地開展研究的內容還不多。這與武術乃至整個體育科研的實際狀況也有關係。我們在隊伍的配備、資金的設置等方面還有不足，還有力不從心的感覺。我覺得，在開展科研方面，如果能有更大的投入，能把各方面的研究力量很好地組合、協調起來，把各方面的隊伍動員起來，就能取得更好的成績。

余功保：

有的專家也給我們提了一些建議，覺得這些年來太極拳在研究方面的成績大家有目共睹，但也存在很多問題，其中最主要的

問題大概在兩個方面，一個是太極拳的研究沒有抓住發展方面的實際問題。關於這一點，中國武術協會主席李杰先生也提出，在太極拳研究當中，要注重實際應用研究。再一個就是在太極拳的研究當中，我們並不了解國內外太極拳發展中的實際狀況。不了解最迫切的需求，有的研究是空中樓閣，這與我們缺乏廣泛的交流有關。另外一個大的問題，就是現在還沒有真正地形成太極拳的系統的研究方法，很多高層次的研究人員還沒有介入到太極拳的研究領域當中來，特別是一些大科學家，這是一項健康事業，其實很有參與的價值。這幾方面的問題，您怎麼看待？

李德印：

我覺得重點開展應用開發方面的研究是必要的。當然拳理、背景，包括生理、生化指標也需要。但是沒有更好地把當前人們參與、關心的問題解決好，我覺得就沒有基礎。只有解決了群眾的需要，科研才有針對性。就是我們的理論科研，也要密切與市場需要和人民群眾實際鍛鍊的需要相結合。在應用研究方面，大家不要認為，一講科研就是關在屋子裡做實驗，或者坐在石頭堆裡面去探索。太極拳是一門實踐性很強的學問，研究要本著一種求實的態度。它的教學方法，技術發展趨向，市場的、群眾的需要，這些都是我們在應用方面要重點關注的內容。其實這些工作不是說我們沒做，常常是我們做了很多工作，但是沒有上升到理性上來，沒有上升高度。至於說專門的科學家，當然是不可少的，沒有醫學家，沒有生理學家，沒有生化科學家、物理學家等來研究，你就達不到一種科學性，達不到應有的規範。我們應該發動他們，組織他們來參與。所以我覺得你說的這兩方面，一是重在應用研究，一是要有高層次的科學家來參與，都是非常重要的。我覺得主要還是要有領導、有組織、有計劃，主要是主管部

門根據實際情況加強協調性，列出來哪些是當前需要迫切解決的課題，哪些需要資金到位，組織什麼人，否則我覺得再過十年也還是停留在願望上。所以我很贊成加強應用方面的研究，把它放在第一位，同時開展一些基礎方面的研究。關鍵是怎麼去落實，要有一個統籌的規劃。我覺得抓它幾年，會有一定的效果。

余功保：

在太極拳的研究當中，有一對突出的矛盾，一個是繼承，一個是發展。傳統的研究，很多都是圍繞著傳統的技術、套路，另外一方面是圍繞在拳論上。現在大家從很多雜誌、書籍上看到的都是對於拳論的研究。也有人對這種研究提出異議，覺得現在對於太極拳的研究，很多都是從傳統的拳論、從字面上出發，從表面上來解釋，來注解，有的人甚至對這種研究提出尖銳的批評，覺得這種研究是一種生摳字面的行為，「望文生義」，太過影子化。有人甚至覺得這種研究達到一定的程度，就可以了，不能作為它的主流性的研究方面。您覺得這種觀點怎麼樣？

李德印：

設身處地地想一想，我們對於傳統拳論的研究，還是不能採取一種輕視嘲諷的態度。一個人要深入到一個領域進行廣泛的研究，就需要具備一定的條件，有些人窮一輩子研究，窮一生做研究，盡了自己的能力，在力所能及的個體的研究條件下，開展對傳統拳論的研究，也是一種做法。但太極拳的科研活動，還有一些不系統的、不完善的方法和指標運用。

比如說一些追蹤的問題，一些樣本的問題，選材對象的問題，這是他們僅僅依靠業餘的時間和條件解決不了的問題。誰給他們解決樣板？誰給他們解決常年的追蹤？這需要合作，需要組織，現代科研越來越強調組織的重要性。我們不應該盲目地指

責，他們的條件和能力，只能限定在這種研究範圍內。當然太極拳的傳統性研究不能只侷限在對拳論的注解上。

余功保：

這實際上還是要解決太極拳的研究環境問題。從世界範圍來看，一個領域要大發展，研究意識、研究的環境往往要有一定的超前度。要形成一個有全球化影響力的行業模式，研發的投入有的甚至在總投入的三分之一以上。

李德印：

這種投入對許多個人來說，尤其是對很多中國的太極拳研究者來說還做不到。我認識很多人，在現有的條件下做了很多工作。比如說，最近我看到天津的一位朋友寫的一篇研究文章，他的研究對象從 20 多歲到 70 多歲，收集了很多材料，按照他的理解，按照他的知識來進行研究，從他的角度來說，已經做得很不錯，而且是業餘時間。我覺得能到他那個程度就很不容易。可以設想，如果能有一定的條件支持，他會做得更好。

三、把握拳論的實踐化精髓

余功保：

實際上對拳論開展一些研究，還是很有必要的，理論是一種基礎。

李德印：

太極拳首先是需要繼承，你理解了，再去深入挖掘提升，研究拳論是繼承的一個手段。

余功保：

但我不主張把拳論玄虛化。我總覺得沒有實踐就不會對拳論

有相當的理解。中國文化是一種開放式的結構，它造成一些外行也能說些內行話，把不相干的概念生套起來，形成所謂的「東方玄學」，這是太極拳研究中應避免的。

李德印：

這點我非常贊同。對於太極拳研究我也常常有這樣一種考慮，這是一種不足，要敢於提出來。第一點，我們要勇於跳出前人的思想，前人恰恰是以開拓的精神創造了太極拳，這也是我們要繼承的精神。第二點，有的時候把太極拳說得太深奧了，常常使它脫離了群眾，脫離了認識。似乎距離現實越遠，你的功夫越高，結果落不到實處，不能解決實際問題。要與實際相結合，你不能以其昏昏，使人昭昭，自己沒有理解的問題，拿去宣傳別人，效果就不會好。過去我們對一些傳統的繼承也存在一些偏頗。古代的拳家是從一些道家的、哲學的、宗教的方面來解釋理解一些問題，有些方面是必要的，但是你不能從每個動作中都去找到道學、儒學、佛家的根據，你究竟是開展一種健身的運動，還是純粹從事一些道學、佛學的研究呢？

在這些方面也不要太繁瑣化了，所以我覺得，拳論研究是我們前一段在現有條件下一個很重要的成果，但是，我們的研究當中也存在不足。然而，與其去指責別人，倒不如從事一些實際工作，拿出你的一點實際成果來充實別人的研究，充實太極拳的寶庫。現在我們還是要鼓勵別人開展研究。起碼我作為一名專業的工作者，我覺得應該向他們學習，多做深入耐心的研究。

余功保：

拳論的研究的確是一個焦點。它是太極拳研究當中的一大重要組成部分，有很多人在做，對於拳論本身也有不同的看法。一種觀點認為，拳論是對於太極拳技術和理論的一種言簡意賅的總

結。另外的觀點則認為，太極拳的拳論來源於中國古代的哲學文化思想，它的很多用詞，直接取材於哲學的原著，所以它只是一種哲學的意義大於它拳法的技術的象徵性闡述，哲學的成分比較重。您怎麼看待這個問題。

李德印：

我不同意後一種說法。相反的，一些拳論的大家，王宗岳也好，武禹襄也好，他們的拳論是很實際的。一些是說練功的要領，另外說一些攻防的技戰術，這些都很有針對性。這些太極拳論的作者本身都是太極拳卓越的實踐者。太極拳論具有廣泛的通用性，這恰恰是它的價值體現。如透過太極拳論研究，可以引申到其他的對抗項目，引導到其他健身運動中，從太極拳當中提煉出很精華的東西，把它進一步折射，把它推廣開來，開發出來。這說明太極拳抓住了人體運動、健康的規律性的東西。太極拳論有哲學味道，但他們更多的主要的不是在談哲學、道學。比如王宗岳的《太極拳論》，開頭幾句話說，「動之則分，靜之則合，隨曲就伸」，這說的是一個主體思想，下面大量談到的是適應客觀情況，如「人剛我柔為之走，我順人背為之黏」，講由被動變為主動，以小力勝大力，怎樣能夠隨人，不要偏重，不要引起力的對抗。這就更多的是強調懂得陰陽，懂得辯證法，這又是原則。實際上宏觀和微觀是結合的，被動與主動的變化是多方面的。太極拳論強調由柔化入手，首先是得機得勢，要得益於高度的判斷、感覺。「人不知我，我獨知人」，講的就是這樣的一種「神明」的境界，談的也是技巧，是練法。「一舉動，周身俱要輕靈，尤須貫穿」，這是講究協調，講究連貫性。

太極拳很多方面都需要意念呼吸和動作的配合，這就涉及到外形，涉及到內在，就要講「內外結合」。拳論當中說，「氣以

直養而無害」，你不能勉強地使氣，使氣就純剛，失去了太極拳內在的美。這些東西完全是從實際中來的。我看到日本的相撲，很多也是借力借勢，雖然不分體重級別，但一些小級別卻常常拿到了冠軍。所以對抗項目都是力和技巧的對抗，乒乓球，直拍快攻，近臺快攻，有不同的技戰術，在力度的運用上講究旋轉，具體是運用「削」「拉」「推」等動作來實現。各種對抗的基本原理都有相通的地方，對抗中有智慧。古代的軍事上，搏鬥技巧應用得很廣泛，一些方式不是太極拳獨有的，只不過太極拳特別強調了這點。如果我們把這些方面發揮出來，開發出來，對其他領域還是有所啟發的。太極拳是一種「鬆靜」的運動，這對於其他項目也有借鑒意義。所以，我覺得太極拳論的實際意義還是很大的。特別是幾位太極拳大家的著作應重點研讀，這些都是寶藏。但是，我們應該站在他們的基礎上，要敢於比他們更高，要有時代性，不要侷限於他們的窠臼。

余功保：

您是不是認為要練好太極拳，就必須對拳論有相當程度的了解？

李德印：

應該是這樣。但是你不能統一硬性地要求。對那些業餘練習太極拳的朋友來說，有時間、目標等問題。倒是應該對我們的教練員、指導員提出這種要求，標準要高一些，對別人的指導不能僅僅限於動作的外形糾正。你不了解理論很難把握太極拳的精髓，因為廣大學員沒有這麼多時間，也沒有必要提那麼高的要求，需要老師給他灌輸。就像我很喜歡京劇，但我對於京劇的一些理論並不了解，我也沒有那個時間，也沒有下那麼多工夫，像專業人士那樣，但是並不排除我是京劇愛好者、京劇迷。太極拳

要能適應不同層次的需求，其中師資水準是關鍵一環。

四、發展太極拳要有世界性的胸懷

余功保：

太極拳在全世界有了很大的發展，初步統計，在全世界有一百多個國家建立了太極拳的組織，今後我們推廣太極拳還會有很多舉措，以加大太極拳在全世界發展的步伐。要把中華民族這個優秀的文化遺產介紹到全世界各地，讓更多的人更深入地了解太極拳，這也是一種文化的發展戰略。開放包括科技和文化，交流應該是雙向的。您覺得向全世界推廣太極拳，我們在這個過程中應該採取哪些步驟，注意哪些方面的問題？

李德印：

我也到過一些國家去教學，從自己的切身體會，我覺得日本的太極拳近年來發展是最快的，而且普及很成功，規範性、市場性都很好，成功率比較高。由日本太極拳的發展，我有幾點啟發。第一，太極拳在日本的廣泛開展，

與國際武聯名譽主席伍紹祖先生、中國武協主席李杰先生國際武聯執委范本浩一起參加武術活動

是五六十年代開始的，僅僅幾十年的時間，但規模很大。太極拳在日本的推廣，首先是中日兩國的政治家和文化團體做了很大的努力，是作為當時推動中日友好的一個契機，方式是以民促官，為兩國邦交作出了積極貢獻。這種背景之下，太極拳起到了很好的橋梁作用，這就不完全是一種簡單的體育的範疇，起點就比較高。第二，中日的文化背景比較接近，太極拳很容易被日本人民所接受。太極拳中所蘊含的中國的傳統文化、行為規則也容易被理解。第三，日本的經濟發達程度很高，它也給太極拳走向市場，提供了需要，提供了保障。沒有這樣一個經濟的基礎，太極拳也很難這樣快普及，很難這樣市場化。

另外，除了這些因素，日本全國各地都有很多很好的太極拳的組織，而且逐漸建立了一套很好的管理制度，也有一批專業化、職業化的人，包括管理幹部、教練員等，這是非常重要的。他們把太極拳的發展與自己的事業結合起來了，這就有了動力，就是經濟的動力，有了市場的需求。

余功保：

任何一項事業的發展，高水準、職業化的人才是必不可少的因素。看來太極拳在日本實現了從「計劃經濟體制」到「市場經濟體制」的轉變。

李德印：

對，這就符合了現代社會的發展模式。所以有的時候，我也跟日本朋友開玩笑，他們說我對太極拳做了很多工作，我也對他們說，太極拳也給你開拓了很多生活空間，從這個角度來說，太極拳也是發展了你，促進了你。

余功保：

前不久在合肥召開的第四次全國武術工作會議上，世界武術

聯合會主席李志堅談了幾點對武術的看法。他認為，現代社會當中，任何一個項目，不光是武術，在推廣方式、在內容上一定要跟經濟因素掛鉤，這樣它才有生命力，才有持久性。強調的就是要挖掘項目本身的魅力、價值，讓市場說話。

李德印：

我很同意這個觀點。比如在日本，我去教學，我跟他們說，我不能整天教太極拳，我需要到你們的農村去看一看。他們問我想去哪兒，我說能不能安排到山區去看農民。他們給我選擇了一個果園，養豬的地方，很偏僻。我去了以後，大家互相介紹了一下，我說我是一個從事太極拳的，他們就很清楚。老夫婦兩人60多歲了，養豬戶，但他們並不陌生太極拳。雖然他們不練，可是他們知道太極拳在日本已成為家喻戶曉的一項運動。他們並不多去細問太極拳是什麼，但是對太極拳這種概念有很深的印象。所以太極拳在日本普及得很好，普及率很高。

余功保：

這就是品牌的影響力。從某種意義上來說，看一個品牌的效果，不僅要看參與者的認知度，還要看沒有參與者的了解程度，往往後者更能說明問題，因為他們可能是未來的發展潛力。就像名牌服裝，沒有購買的人對它認同越高，它的現在消費群越大。有一位經濟學家曾經跟我談到，太極拳是中國在全世界品牌最響、知名度最高的一個「名牌」，這個品牌的經濟價值如果發揮出來，那是不可估量的。

李德印：

事實就是這樣。太極拳在日本的推廣是中國文化的一個重要內容，當然還包括書法、中國的烹飪等，這些都已經成了中國文化的象徵品牌。在日本太極拳發展過程中，兩國的交往是很頻繁

的，我們派了很多人去教學，他們也派了很多人來學習。我們不管是從官方的，還是民間的，渠道都很多，促進了發展。

另外我覺得，日本在太極拳的技術上，從一開始就是按照我們國家規定的一套來開展的，所以比較規範化。我覺得在任何國家，規範化很重要，隨著普及面的加大，然後再多樣化，但先要從規範化入手。

美國就不是這樣，美國開展得更早，他們的主體是民間武術拳師，武術拳師各打各的套路，各有各的章法，技術上相對比較獨立，花樣比較多。一些人為了適應現代市場的需要，也做了改動，跟師傅不大一致。互相之間不夠規範，但又存在市場競爭，這樣給後來的規範帶來困難，不規範就難以保持專業人員的升級。所以，我覺得日本和美國開展的現狀不同，當然美國的太極拳市場也很大，發展模式、內容與日本有很大的區別。

還有一些國家，也有不同的模式。比如說英國，中國專業教練去，生活都難以維持，基本上還是屬於以民間拳師為主體的，很少職業化，當然更談不到技術的深入。

所以，我覺得太極拳要向更高的市場、更高的深度和廣度去推的話，有很多工作要做。首先應該把太極拳作為一種中國文化來推，不要單純地把它作為一種體育競技來推，而且借助的力量面要寬一些，適應各個社會階層的需求。要融入到當地的主流社會中去，充分發揮他們的影響面、運籌能力。還要適應當地的文化背景，包括尊重當地的傳統，適應當地的現有狀況，不要硬性單純推銷自己的這一套。雖然說我們有很好的傳統，但有些也只能適合於我們自己，不能強加於人。

比如說在日本，把過多的「師徒如父子」、尊師重道傳統強加於人就可能行不通，和日本現代社會不適合，他們有他們的方

式。他是你和我交流，我就尊重你，和我沒關係的下一段是別人的事。他們也不是不尊重你，他們是各自為政，各司其責，完成了教學任務就結束。我們不太習慣這些，我們的觀念裡是一日為師，終身為父，他們並不是這樣，他是一日為師，一日為父。你不要把你那套師道尊嚴強加於他。他們在教學期間尊敬你，更多是一種契約的、現代的關係。其實有些傳統的觀念，在中國也在不斷改進。再有一點就是我們要培育當地的技術力量，我們不要包打天下。日本的發展如果沒有當地職業的專家在日復一日地推廣，我們派再多的人去也是不行的。

余功保：

一位專家向我們建議，你們推廣太極拳，要讓當地感覺到你是一種文化的融合，不是一種文化的侵略。我們的出發點也是這樣，是把優秀的東西介紹給世界人民。

李德印：

在日本的推廣模式就是這樣的。甚至是把人扶植起來，你就該撤退了，你就完成了你的使命。你不要當指手劃腳的太上皇。我們的任務，我覺得就是發展、開荒、播種，什麼是收穫，太極拳在當地發展了就是我們的收穫。不要有個人的利益在裡頭，應該看到完成了中華文化的傳播，這一點更容易和當地融洽。所以我希望重視我們的「海外兵團」，這些「海外兵團」不完全是純官方的，有很多留學生、華僑、國內各種渠道出訪的人，他們傳播武術，起了很大的作用。如果每個國家有 200 名這樣的人，太極拳的推廣就不得了。他們中很多人是義務的，值得尊重。當然要更多地發揮世界武術聯合會、亞洲武術聯合會的作用，發揮各國有聯繫的武術組織的作用。

五、中規中矩求方圓

余功保：

現在太極拳的練習者很多，大家普遍反映太極拳作為一種健身項目，學會很容易，學好非常難。許多人在練習太極拳的過程中，容易犯各種各樣的錯誤。您覺得太極拳當中常見的錯誤主要有哪些？尤其是具有共性的。

李德印：

我這麼多年長期在教學第一線，接觸到大量的學員。我常常開玩笑地說，我最大的功夫是挑錯的功夫，這也可能是裁判員的「職業病」。其實學習太極拳的過程就是不斷改正錯誤的過程。

余功保：

有人說能發現錯誤就是最大的成功。武術界有「教拳容易改拳難」之說，可見糾正錯誤的重要性。

李德印：

太極拳運動有自身的規矩，你必須要中規中矩，否則就不是太極拳。糾正錯誤就是把不符合太極拳規矩的東西去掉，把你的動作、你的精神狀態納入到練拳的境界中來。

我覺得太極拳中最常見的錯誤概括起來有十幾種。對於很多初學者來說，初級階段最常見的錯誤第一種就是「長拳慢練」，把太極拳當做長拳來打。他認為不管是什麼運動，只要慢，就是太極拳，這就忽視了太極拳的動作特點，只是表面化看待問題。這種長拳慢練帶來的後果，有的動作比較僵直，挺胸、凸臀，很生硬。雖然很慢但是味道很不對。太極拳和長拳畢竟有很大區別，不僅是速度上的，更主要是動作規格上，比如造型、力點、

架式的開展，出拳的意識活動等，這種錯誤常出現在身體好的年輕同好身上。

第二種是「病態練拳」，這是老年人、體質弱的人容易犯的錯誤。他們誤以為太極拳練得越慢越好，越柔越好，做起來常常很柔，很軟，很萎縮，很萎靡，甚至是閉著眼睛練，進入一種虛無縹緲的狀態。

李德印：

這就是沒有處理好「鬆」和「懈」的關係，精神狀態不對。

李德印：

你不能越練人越沒有熱情。太極拳雖然慢，但是，它高度要求手眼身法步、精神氣力功的充沛。人練了以後內固精神，外示安逸。我碰到過一個日本的留學生，在中國練了幾年太極拳，他給我練了一趟拳，問我打得怎麼樣，我說你要是參加我們大學生比賽，你肯定拿不到成績。他問為什麼，我說你太像你的老師了。他的老師是我們很有名的一位太極拳老師，但是已經 80 多歲了。我跟這位日本學生說，你現在年輕，你應該學你老師 30 歲時的狀態，20 歲時的狀態，你不應該學他現在 80 多歲的動作外形。

余功保：

這也涉及到太極拳的「內外」問題，老師年紀大了，對太極拳的理解全面了，體悟深刻了，但腿腳不太靈便。向他們學習應「得其意忘其形」，不要簡單模仿動作，甚至出現年輕人「老態龍鍾」的情況。

李德印：

還有一些體弱病號，練習太極拳就是為了強壯身體。你雖然身體弱，但精神不能軟。你在練太極拳當中，應該追求、表現出

輔導學員

健康的狀態，表現出青春的狀態。你不能練得更像病號、更像老人了。那樣就達不到改善的效果。

余功保：

中國武術講究「勇武」，就要勇，挑戰疾病。

李德印：

第三個常見錯誤就是「身形不正」。太極拳的練習講究中正安舒，這是基本功的要求。有的人常常是一坐身體就傾斜，不能坐得很中正，打起拳來也俯仰歪斜，習慣不好。練拳中正，既能讓你端正體形，又能讓氣血通暢，否則就淤氣、憋氣，容易產生疾病，外形也不美觀。

余功保：

一些心理學的研究表明，端正是人體的最佳「本位」狀態，能使心理達到平衡，壓力減到最低。

李德印：

第四種問題是「手法不清」。太極拳是武術，它的主體出發點還是具有一些攻防意識、攻防技巧。比如說「攬雀尾」，手法是向前推按的，如果你做成了一個圓形的，向上挑，力道就不對了，意識也不對，整個動作實際上就走形了。「挑」和「按」容

易混淆，但還是有區別的，按應該是向前引。手法不輕，就叫體操化的、舞蹈化的太極拳，失去了武術的基本特性。再如推掌不是插掌，你必須把力在掌根，五指上立，而不能五指向前。有的人學的時候求快、貪多，比較匆忙，不求甚解，對武術的攻防含義和一些核心的規範掌握不透。解決這個問題就是要把最基本的一些典型動作吃透，舉一反三。

余功保：

失去了攻防含義就失去了「拳」的本義。儘管隨著時代的變遷，太極拳的健身功能已日漸突出，但如果拋開「攻防」，單純以「動作」的運動去健身就是對太極拳的異化了，因為太極拳的健身原理、作用是附著在「攻防」之中的。

李德印：

第五個常見的問題是「腿法不明」。腿在練拳中很重要，練習太極拳要求下肢比較穩定，要輕靈穩健。一些人在練習時常常是收腳不能輕輕地把腳提起來，而是蹬、拖、拉，落腳的時候砸，一下子就僵化了。

問題出在哪裡？就是腿部的力量不足，在陰陽動作變化時打晃、哆嗦，這是基本功的問題。練拳要講究規格，規格是建立在基本功基礎上的。基本功紮實了，還要講究意識。

余功保：

我覺得練太極拳是一種智慧活動，一定要有良好的精神狀態、意識狀態的貫注才行。

李德印：

對，沒有意識就是低級水準的「劃動作」，一定要避免「劃掌」。對於初學的、又練習了一段時間的朋友來說，第六個容易出的問題就是「勁力不合」。不合就是不協調、不連貫、不完

整。這種問題是原來固有的習慣造成的。沒有練太極拳前，全身的動作不是自然協調的。因此要注意習慣，糾正一些不好的習慣、不利於健康的習慣，保持原有的良好習慣。勁力不合的第一個表現就是全身協調不夠，比如說腳快手慢，或者手快腳慢，跟不上趟，上下勁力是分開的。再一個就是「手身分家」，有手沒有腰，或者有腰沒有手，不能融為一體。太極拳要求根基在腿，主宰於腰，形於手。正像其他運動一樣，推鉛球也要力發於腳，主宰於腰，最後要形於手。太極拳不能因為慢就變成了一個鼓勵手的運動，好像機械一樣，沒有腰的轉動，只有手腳的配合，不管是從協調還是美觀，還是從力學的角度來說都不合理。有的人也可能走到另一個極端，要強調主宰於腰，他乾脆就只動腰，腰扭來扭去，手好像不重要。手很隨意，身體在那兒扭動，成了一個放鬆甩手的運動，沒有手法。這好像你的房子，地基是基礎，但你不能光給一個地基，房樑都不要了，沒有實用價值。腰手一分家，就不能夠表現出腰、腿、手的作用，「合」則「共榮」，分則「俱敗」。

第七種錯誤就是「前後割裂」。太極拳要求連貫性。要連綿不斷，式斷勁不斷。一個動作做完了，你就來個大喘氣，下面又突然接一個轉動，這樣就斷勁了，前後就割裂了。怎樣把前後的動作連貫起來呢？太極拳要求「先在心，後在身」，起動於腰，然後形於手，前後要有基本的連貫。這裡頭也有兩種錯誤必須注意，一是為了連接，而忘了動作的起點和終點。就像說話連珠炮一樣，沒有逗號、句號。有多少個動作都不知道，話語滔滔不絕，雲裡霧裡。總之，前後的連貫性要求不斷勁，既要清楚，又要不斷勁。二是低頭彎腰的問題，本來很好的動作，為什麼蹬腳的時候不去看你的手，或者是推掌的時候，左右亂看？手眼身法

步必須合在一起，這些都是協調性，上下相隨，動靜相合。

上面講的是一些基本的東西，外形的比較多。我覺得跳過這個階段，在外形上已經掌握得很好了，還是不夠，不能達到很感人的、很神韻的內在美。這時候我們就要考慮內在的動作、意念、呼吸等，神與意和，意與氣合。

余功保：

這就是跨入了「由淺入深」的層次，要實現內外的磨合，帶有一定的專業水準色彩了，需要面對的問題更難把握一些。您覺得這期間最主要的問題有哪些？

李德印：

這個階段最容易發生的問題，首先就是虛實的變化問題。就好像你講話，沒有虛實，或者是講話沒有感情，沒有語調，就讓人感到不舒服。太極拳不能因為動作是柔和的，是連貫的，就成了不變的節奏。太極拳應該是細水微瀾，在一種安靜的運動當中充滿了虛實的變化。沒有陰陽，沒有虛實，沒有變化，就構不成武術。

余功保：

「易」有太極，太極就是變化。

李德印：

如果一套拳從頭到尾像小和尚念經似的，始終一個調，沒有感情，完成任務一樣，那這趟拳就沒有生氣，所以要懂得虛實結合。有的人害怕提太極拳節奏的問題，我覺得太極拳的節奏，只是它的表現方式之一。它當然有自己的節奏特點，不是進行曲式的節奏，催眠曲沒有節奏嗎？你唱催眠曲也得有它的語調，重音、輕音、婉轉等各種藝術的處理。長拳的動靜虛實，太極拳的綿綿不斷都是它的表現形式，講究節奏是它們的共同之處。

余功保：

其實太極拳的開合、它的空間的變化也是一種節奏。節奏不一定是時間順序的快慢組合，只要是某種規律的排列變化、一種秩序的變化就是節奏。在太極拳中勁力的變化，意識、精神狀態的轉換也應是節奏。

李德印：

對，這只是方式的不一樣。速度上、力度上，不同的節奏有不同的特點。虛實不清，節奏不明，是這個階段學太極拳容易犯的一個很突出的錯誤。這個時候要特別注意處理。要加強對太極拳的理解，比如說它的起承轉合，哪兒是起，哪兒是收，起點怎麼處理，怎麼收，過程怎麼處理。好像一個人寫字一樣，總是意念為先，落筆之前你不能什麼都沒有，沒有生命的東西在裡面。報紙上的鉛字永遠成不了書法，因為它太呆板、太規範，只是一種美術字，只有有了神韻的虛實變化，才能構成書法，才能構成藝術。我覺得太極拳也是這樣的道理。

余功保：

運動必須體現出情感，這是中國太極拳的精髓。在這一點上，書法和武術具有極大的共性。比如它們都強調修養，強調德對「藝」的溫潤作用。從拳法、書法上能品評出人格的高下，這就是「修身養性」的妙用。

李德印：

這個階段的再一個問題是「形意不合」。你的虛實節奏，首先得有意念。你唱歌，開始的時候注重音調，但是最終這個歌是以情傳聲，有了情你才能上升到更高層次。如果形和意不結合，你永遠是形態上鍛鍊，沒有內在的感情。所以要用感情來練拳，用意念來練拳。

還有一個問題就是呼吸不準、呼吸不暢。太極拳裡談「氣」很多，有時談的是呼吸的「氣」，有時談的是一種氣勢的「氣」。呼吸要和動作配合，這樣呼吸才能靈活。呼吸不是太極拳唯一的、獨講的，任何運動，既講力度、講動作，也講呼吸。跳高中的踏跳要不要配合提氣呢？舉重要不要配合屏一下氣呢？它們都有講究。再有一點，不要搞成玄學，把呼吸講得很複雜。我經常跟學生講，呼吸要求最嚴格的是游泳，游泳時呼吸如果不準確你就要嗆水的。太極拳的初學階段不要太注重呼吸。任何一種運動，推鉛球先學動作協調完整，跳高先學踏跳動作，而不是先學怎麼提氣。但是到了關鍵的時候，這個提氣，包括衝刺的時候怎麼調節，就變得很重要了。當然也有人把呼吸當做第一位的，放在形之前，要先掌握好了呼吸再練習套路。不管怎樣，太極拳的理論強調「氣以直養」要能準確運用，巧妙地把氣息與動作配合好，這些都是不能忽視的。

　　最後一點，「氣勢」問題。這是很多人練了一輩子太極拳達不到的一個要領，沒有氣勢或氣勢不足。什麼是太極拳的神韻？有氣勢才有神韻。太極拳有句話叫「不在形式，在氣勢」。練拳到後來，形上的東西越來越少，內在的東西要充足。你畫一幅畫，練一趟拳，要想有感人的力量，就要有傳神的因素。從外形上來看，要有自然的流暢。你要講究亮相，要講究節奏。同樣一個動作，太極拳講究需要懸頭、正頂，要把神氣提起來，要有一種美，要有一種自然的充滿信心的美，讓人感到凜然不可侵犯。既有氣魄，又是柔和的，綿裡藏針，這就是所謂太極拳的狀態。作為高水準的拳手，一舉動就能夠透露出來。

　　我們看一些名家的演示，就能看出他的信心、他的從容和自然。但這種狀態不是造作的，要在自然柔和當中表現出豐富的內

涵，那種信心、神態、神采，是用一種神韻驅使你的身體去練拳，表達內心的一種驅使。在這一點上，有時不容易表述清楚，但是人人都能夠摸得著，看得見，體會得到。有了氣勢神韻，常常會給人一種不同的感覺，說這個人怎麼怎麼樣，都是指這個層面上的。有的人覺得很從容、很大度、很自信，這就是氣勢的感染力。這些方面，我們需要認真推敲一下，這個方面沒有什麼固定的模式，每個人有不同的起點、不同的氣質、不同的理解、不同的表現方式，這就需要每個人去發揮創造，生硬的模仿不一定能達到更好的效果。兩個人同唱一首祝酒歌，都是很好的歌唱家，但是在氣勢感情的處理上都不一樣，這就是個性。這也是太極拳練習中常常碰到的問題。

在訓練的不同階段，要抓住不同的矛盾，要有的放矢。有的人說太極拳講究這種勁那種勁，但是我覺得，有幾種是要注意的：抓一個整勁，上下相隨，周身、前後的連貫；抓一個綿勁，連綿不斷，柔和順達；在亮相問題上抓一個碰勁，端正輕靈。在動作上，如果腿往下蹲，頭就往上頂，要上下相合，不是放鬆了就可以了。應該是重心下降，上體舒展，手往下按，好像是一個木板按在水裡，使身體浮起來，頭浮出水面的感覺，而不是腿彎曲下來以後，身體和頭都潛入到水裡，這就沒有表現力，沒有美的造型，就不能感動觀眾。

余功保：

練拳實際上要想感動別人，首先應該感動自己。自己進入不了情景，你根本無法帶別人進入。

李德印：

要用剛才說的綿勁、整勁、碰勁來解決連貫問題、婉轉協調性問題，所以，在訓練的不同階段要抓不同的毛病。

余功保：

　　您剛才提到過節奏，在太極拳的練習中，很多人都碰到這個問題，大家有疑問，太極拳是不是有節奏？陳式太極拳，有明顯的速度變化，但是，諸多流派的太極拳套路就很少明顯的速度變化，所以有的人認為太極拳不要去重點講節奏這個事。

李德印：

　　我覺得練太極拳應該不要迴避節奏問題。任何武術，都應該是有節奏的，只是表現的形式不一樣。強烈的是一種節奏，柔軟的也是一種節奏。如果把長拳的動迅靜力比作一種節奏，是波濤洶湧的節奏的話，那麼，太極拳就是涓涓細流，是一種柔和連貫的節奏。它在體現方面和方法上比較含蓄，比較平穩，沒有節奏的武術是很難想像的。太極拳的傳統理論上也是講節奏的，但是現在確實有些人迴避這個問題，這是對太極拳了解不透。

　　太極拳和很多武術一樣，有共性的就是強調虛實。太極拳傳統理論中強調，太極「處處有虛實，一處有一處虛實，全身總此一虛實」。虛實是什麼？它當然就是一種節奏。完整的動作要全面體現虛實的變化，後面動作接前面動作，開始要輕，起來了以後，要流暢，要輕靈，最後定勢完整，要沉穩，要給人一種端莊穩定。這種動作的結構，既是一種技巧，也是一種節奏，對動作要有主觀的處理。就像寫字一樣，有起筆，有按筆，有轉筆，有圓筆，這些處理上就有節奏的成分。

　　另外一點，就是一種勁力的體現。輕重沉浮就是變化，沉而不僵，輕而不浮，有的時候要輕點，有的時候要沉一點，有的時候力要強一點，有的時候力要弱一點，有的時候要更掤一點、展一點，有的時候要含蓄一點。這種勁力上的輕重也是一種節奏的變化。

還有就是思維意念，在空間上要把它體現出來。意念上的、感情上的誘導虛實，也是一種節奏的變化。比如說，雖然是一個輕輕的撩拳，你把拳發到那兒，神態意念都是一種莊重的感覺，再把拳收回來以後，給人一種牽引的變轉，在神態上，給人一種輕重有序、豐富的感染，這種感染既是無形的也是有形的。我不用講話，我一個眼神、一個感情、一個內心的活動，你都會有所感受，你會覺得我這個人是友好的，是平淡的，還是懷有敵意的。你讓對方接受這個信息是很真實的，你的意念要始終和你的動作密切結合。所以，這種空間的想像、意念的引導，也構成節奏的一方面。

　　我覺得不要迴避太極拳的速度變化，不要理解為太極拳就是一個速度練到底。不僅是陳式，其他太極拳也一樣，都有速度的變化，只不過有的比較輕微含蓄一點。陳式太極拳是比較強烈的，有明顯的蓄勁、發勁動作，還有折疊，這種速度的變化帶有跳躍性。在楊式、吳式等太極拳中，這種跳躍速度變化不是很明顯，但是勁力、意念的變化，結構的變化還是有。你要去表現這些變化，沒有一定的速度去調節，是表現不出來的。所以要仔細觀察，追求絕對勻速，是很難進入拳的神韻的。

　　過去一些老拳師們做太極拳表演，他可以把一套拳打成 40 分鐘，也可以六七分鐘就把八十幾個動作都打完了。不同的場合，不同的練法實際上就是調劑，並不是一成不變的，不要教條。速度的變化，不只是在陳式太極拳裡有，在其他太極拳裡也有。我們很多流派的太極拳，相對而言更加綿綿不斷，但不是那種死水一潭的沒有變化。太極拳是講陰陽虛實和開合的，總之是講變化的。所以我覺得這方面要認識，要跳出這個誤區。

　　教學中也要把握節奏，輕重點不一樣。要分清教學的層次和

手段。開始我告訴你放鬆，不要用力，要用意不用力，到後來我就要告訴你，勁力要貫於四梢，要處處有橫勁，這不就是力嗎，你不能懈怠。

為太極拳愛好者簽名留念

這是教你有一種技巧的力、合理的力。這種階段的變化也是節奏。太極拳中形式是第二位，氣勢是第一位的。但一開始我不強調形和法就教你氣勢，你也做不到。所以層次的不同，要求就不一樣。但是，我們切不能機械地抓了這個就丟了那個，最主要的是認識一些本質的、根本性的東西。我覺得節奏的變化，虛實的問題切不可把它做成一潭死水。

余功保：

太極拳本身是表達生命狀態的一種運動，生命狀態的變化實際上就是一種最大的節奏變化。

李德印：

我覺得真的是這樣。有時很多人對於節奏的理解狹隘了一點，認為強烈的才叫節奏。對於節奏的概念，是不是應該擴大一點，擴大範圍。行雲流水沒有節奏嗎？當然也是一種節奏。從某些方面來說，節奏正是構成太極拳的風格和重要特徵，沒有了這個節奏，太極拳的風格也就無從談起。長拳放長擊遠，快速有

力，太極拳鬆靜自然，柔和平穩，綿綿不斷，這本身也是說明了它的節奏風格。

六、形式是突破的基礎

余功保：

我們以前在太極拳的發展戰略中提出來要注重幾個方面，它的理論研究、技術研究，它的人才研究和資金研究，其中人才是最重要的一個方面。太極拳要想發展，必須有一大批高水準的師資隊伍，您覺得怎樣才能成為一名優秀的太極拳的輔導老師或者是一名高級教練，應該具備哪些方面的素質？達到哪些方面的要求？

李德印：

我本身就是學校的一名教師，教練工作是我的一個重要方面。我覺得首先要有敬業精神；第二，對自己的業務要熟悉，不能一知半解；第三，要注意更廣的知識面，修養更全面一些。現在都是多種學科的交叉。我們過去說唐代那些畫家也好，書法家也好，看公孫大娘舞劍受到啟發，那麼，我們的教練也應該從別的方面受到啟發，藝術的修養、文化的修養、知識面的寬厚，都會對本專業有很好的影響。僅僅是圍繞著專業談專業，侷限性太大。另外，還要具備較豐富的教學經驗。不僅要有技術上的教學，還能夠從心理上、思想上，都能夠很好地和學員溝通。老師和教練都不要僅僅是簡單的技術上的教育，也應是育人上的教育，和周圍各方面的溝通。這方面經驗和能力的積累和培養都是不可忽視的。我還感到，教師和教練還應該具備創造和開拓的精神，完全抄襲固守固有的東西，不完全是一個好的教練。要敢於

超越前人，能提出你的創建，要勇於去探索。對於武術有很多人有一種誤解，認為學生永遠不能超過老師，學生贏不了請老師來，老師贏不了，請師祖來，鬍子越白、越長，這個人功夫越強，越老功夫越深，這是不符合事物的規律的。

此外，還應該有奉獻精神，甘為人梯，照亮別人和燃燒自己。時代在前進，這種精神還要發揚。這方面我們武術界有很多很好的例子，比如說孫祿堂老師，他的老師開始教他，後來教不了了，就讓孫祿堂再去訪師，並推薦孫祿堂去找自己的老師郭雲深學習，還推薦給其他門派，讓很多人來造就他。我覺得這就是一種武德的體現。不應束縛學生超越自己，教師的任務是培養能夠超越自己的學生。培養不出超越自己的學生，就不是一個好老師，因為你是一代不如一代。我覺得在這方面要有奉獻思想，這樣才能夠更好地推動太極拳事業往前發展。何況我們在現階段，很多教練是業餘的，他們也許付出的是沒有報酬的，這樣就更需要有些為公眾服務的思想。

余功保：

有些人認為，太極拳練到一定程度，一定要練習器械，覺得器械是太極拳練習當中必不可少的一個環節。您認為太極拳和器械之間是怎樣的一種關係？怎樣才能練好太極拳的器械？

李德印：

我覺得這不光是太極拳的問題，各種武術都有一個器械問題。拳是基礎，器械是一種手段。這個器械要能體現出拳的風格特點，也是它的基本訓練的最主要方式之一。除了徒手練習以外，器械練習是規範技術的一種很好的途徑，太極拳也不例外。在練習器械中，除了掌握太極拳的基本要領以外，練習什麼器械，一定要熟悉這個器械的特點。比如說太極劍，既要表現出拳

的運用特點，還要表現出劍術、劍法風格，劍法要伸展、要協調。器械和拳有區別，因為它不是徒手的，是拿著東西的，技術上要求就不一樣。我看到有些人拿起器械來，只顧及到上下相隨，細節的東西不夠。你拿著這個劍到底是帶劍向後拉，還是抹劍向右，還是由後向前的掃劍？如果你不表現出它的細節，不交代清楚，那你就好像是在耍棍，不能叫太極劍。所以練器械，我覺得最大的問題就是要體現出它的風格。和拳法的另一個區別是，可以在速度上稍稍變化一些，明顯一些。

有時運用器械的方法，如不加上一點力度就做不到位。比如削劍和崩劍，如果一點沒有速度的變化，完全是均勻的力度，就很難做到力達劍尖、劍刃，器械的方法反而不容易表現出來。所以，在練習器械的時候，可以在力度、速度上比拳更鮮明一點。這是一個技巧，為了表達出劍法、技擊方法，在處理上要有一些特點，並不違反拳法的基本規律。

余功保：

器械裡面有些方法要跳出拳的一些窠臼。劍是一個無機的物體，要給它賦予生命，就要用「活」的辦法。

李德印：

拳和器械之間既要強調統一性，也要強調特殊性。對一些要領的理解不要機械。比如說太極拳的中正安舒，這是基本要領，但不是有一些動作如下插掌、按掌，也要俯身嗎？這種方法決定了它的身法，並不是機械地用尺子量你的頭前傾了就不對了。

余功保：

我覺得越是基本的要領，理解它的角度越要從「法」的層面上出發，不能苛求在太具體化的「點」和「線」上。

李德印：

我們不能夠刻板地理解武術要領。要求一成不變地、刻板地去遵守一些要領，就把自己束縛死了。與這個問題相關，我覺得練太極拳也要練習一些其他的武術，會有好處。你練這個流派的太極拳，也要練練其他流派的太極拳，甚至練武術的人，也要練練其他方面的運動。

余功保：

自然規律，萬法歸宗，可以互通、互相借鑒。

李德印：

每一種鍛鍊方法，都有它的特長，也都有它的不足。練跑步，心肺功能好，腿部力量足，對太極拳就是一種補充。把一些不同的拳種混在一起練，能體會到不同勁力的變化，在動中體會。我們常常說「翻子加劈掛，神鬼都不怕」，說的就是融會的威力。長短結合、快慢結合就更全面了。太極、形意、八卦，既是不同風格的拳術，但又有相通之處，有的人把它糅和在一塊練，處理得很好。太極拳的柔，八卦掌的走，形意拳的剛，互相補充，互相借鑒，是應該提倡的學風。但話說回來，我們反對那種見異思遷，不求甚解，一個沒練好又瞄上另一個，恨不得十個八個同時出擊，那你就學不好。借鑒的目的是先把一個練好。

余功保：

太極拳拳論當中，很多地方都特別強調精氣神的練習，被認為是太極拳「內」的三大元素。您覺得如何才能練好太極拳的精氣神？

李德印：

精氣神的操練是一種內在的操練，不能從外形動作上來找，但是也不應該使它孤立起來。精氣神不是坐禪，不完全是靜坐，它的載體還是動作，是動中寓靜。我們可以把精氣神作為構成太

極拳的重要依據，內外兼修是太極拳的特徵，如果沒有這個特徵，它就只是一個空架子。太極拳畢竟是一種形體的運動，可以採取一些輔助的訓練方法來達到精神內守，最好的辦法還是結合拳術的套路來培養，不然的話就是無源之木，容易枯竭。比如說氣沉丹田，首先需要由意念引導，太極拳的精氣神不是大小周天的那種形式，不是沒有動作，它可以循經結合動作，結合動作的攻防含義、技術要領來體現，效果和一些人練氣功的作用是相同的。使你更專心，更放鬆，在生理上發生良性循環。氣沉丹田，可以由調呼吸來實現，由呼吸方式來放鬆，可以靜靜地做。太極拳的氣沉丹田需要由動作來完成，來配合，要有提升，提升要輕，只有這種「輕」才能襯托出那種「沉」。在此過程中，也有呼吸，但不能機械設定呼吸方式，當時是什麼樣，就應該是什麼樣。不可能像有人說的要完全腹式內呼吸。

在太極拳運動當中，呼吸只有處於深長的狀態，才能夠氣沉丹田。只有在乏力的時候，才用那種短促的逆腹式呼吸，要腹肌的配合。在輕靈的動作上還是要運用自然的呼吸。

余功保：

在練拳中不可能完全把意念集中在一種呼吸的狀態上。從自然的角度理解，好的呼吸狀態應該是輕鬆的，不應該是負擔。

李德印：

所以我覺得，精氣神的鍛鍊要結合太極拳的要領來實現。但是我們應該特別強調，完整的狀態是外形要有，內意也要有。太極拳講究靈活，要頭頂懸，就是要把氣勢和精神提起來，你說這是一個技術要領還是一種精氣神的培養？是兼而有之，既端正了動作，也加強了氣勢和靈活性。你如果萎縮、萎靡當然就沒有了氣勢。所以我覺得，有時候我們說處處都有掤勁，掤勁在很多時

候體現出外形的舒展，也是精氣神的一種飽滿狀態。沒有掤勁，你也提不起神來。我覺得在這些地方，精氣神的培養應該是由形體、動作來培養的。所以我說一個人開始的時候練拳是用手在練拳，然後是用腿，再發展就是用腰來練拳，再發展一步就是用意念練拳，再發展一步可能就是用氣勢、用呼吸來練拳。從內而外的，不同的階段有不同的側重要求，開始的時候也要照顧到內在的精氣神，也要配合動作。不低頭彎腰是不是一種精氣神？也是。在從內部過渡到虛實開合的變化中，當然神態神氣就逐步充盈起來。當然，我也不排除專門提出來操練，沉氣的操練，基本功的操練，站樁的操練，這也還是可以的。但不是所有的人都有那麼多時間，你有了這種需要的時候，你就可以去做這種操練。我不同意一定要先專門做精氣神的操練，有了這種能力了以後，再去進行形體的訓練。教學中要先大再小，先外再內，如果開始學員甚至不知道大動作怎樣做，你就告訴他什麼樣的小碎步，什麼樣的放鬆，這就很脫節，容易亂。我覺得要結合實際，到了需要什麼內容的時候，再把什麼內容提出來，用不著一定要先怎麼樣，讓大家反而不知道你練這些做什麼，誤入歧途。講的很玄虛，學的也很玄虛。就像唱歌的發聲練習，作為專業演員沒有發聲他是沒法練好的，但是大多數人是不是一定要從喊嗓子發聲開始？也未見得。如果都那樣，卡拉 OK 也就流行不起來了。

余功保：

只有結合了太極拳的要領出來的精氣神才是太極拳的精氣神，而不是別的一種什麼狀態。每種運動形態都有自己內在的東西，東方的文化尤其如此，京劇有，書畫有，建築也有。京劇的扮相就是精氣神，中國的很多傳統建築講究大門樓、有屏風，這種佈局就是精氣神。往往從形式上就體現了精氣神。

李德印：

　　所以說精氣神一定要有著落，太極拳中的著落，就是它的要領動作。

余功保：

　　很多人練習太極拳有一個最基本的出發點，就是想由它來強身健體。太極拳之所以在世界上普及得這樣廣泛，除了本身的文化內涵、攻防特點以外，一個重要的價值在於它有健身作用。您認為怎麼練習太級拳才能達到最佳的健身效果？因為有些人練習太極拳，健身效果不明顯。

李德印：

　　我覺得任何項目都不是絕對的，各種運動的鍛鍊效果，是有所差異的。一些平時從不進行體育鍛鍊的人，鍛鍊的效果可能越好，因為變化大，他感覺明顯。我覺得太極拳要想取得好的效果，一定要有一個正確的練習方法。要掌握太極拳的特色，動靜結合，柔和連貫，不能光把它看成是一種肢體的活動。如果練習時，不能保持一種意念的引導，形體的準確，就達不到健身的效果。思想意念的狀態，對於健身效果影響很大。現在國外有些資料表明，有的人常常以進入一種冥想的狀態來鍛鍊，用思維來想像，可以緩解思維的疲勞，可以開發你的想像力，開發大腦右半球的智能。所以我們切不可把這種靜的方面從太極拳鍛鍊當中剝離出去。有人問我，為什麼自己打太極拳效果不太好，而別人效果就很好呢？最起碼有三方面。第一，要嚴格按要求練拳。我們是站著練拳，你是坐著練拳；我們是邁步如貓行，你是散步式練拳；我們是自然地練拳，你是自由地練拳。你是很隨便的，一邊打著拳，一邊想你的事、聊天，不能做到安靜地、專心地練拳，你的效果自然就不好。不管動、靜都要緊扣要領。第二，要科學

地練拳。要因人而異，不要去攀比，不要違反生理規律。太極拳本來是不會發生傷害事故的，但是如果你不做好準備活動，或者你超過負荷，膝蓋也容易受傷。有些人感到太極拳練習時間長了以後，膝關節如何如何勞累，這是強度太大所致。太極拳經過長時間練習以後，膝關節的負載量絕不亞於任何體育活動，要適合自己的情況，進行科學的安排，我覺得也是保證收效的一方面。第三，要持之以恆。有的時候不在於你練了多少，有人認為簡化太極拳的效果就沒有 108 式太極拳的效果好，我認為這是不對的。跑步實際上就是同一個動作的很多次重複，其實你對傳統的太極拳套路，比如說 80 多式的太極拳進行詳細的分析，它也就是 40 多個動作，很多都是相同動作的重複和不同方式的連接。其中可能包括幾個、十幾個、二十幾個主要的動作。關鍵在要領，在持之以恆，數量的、花樣的，要為質服務。你唱段折子戲，也可以唱得很好，你唱四郎探母可以唱得很好。

武術練習講究行家一伸手，便知有沒有。就是說套路的長短並不是決定質量的因素。不管你練什麼，持之以恆是必需的，三天打魚兩天曬網是練不好的，這點很重要。

余功保：

太極拳的練習好像有一個循環，由簡單的動作入手，越來越複雜，而後又逐漸簡化，由博返約了。所謂知微見著，練好了，要領對了，一個動作就可看出功夫，就有效果。有一個報導，好像說有一個人練了一輩子太極拳，最後只重點練一個雲手，效果非常好。

李德印：

還有一點不能忽視的，要有一個良好的心態和環境來練拳。太極拳的鍛鍊，你應該帶有一種愉快的心情，要處在和諧、愉快

的環境當中，包括你和拳友的關係，你和老師的關係，你和鄰居的關係，大家能夠互相得到一種享受。即使身體不好也要擺脫病態的心理，從精神、心理上使你的免疫力、你的體質提高。這樣就能收到很好的效果。為什麼同樣一套拳、同樣一種方法用在你身上效果不好，用在別人身上效果就好了呢，你要檢查一下你練拳的心態和你練拳的環境。

余功保：

在太極拳研究當中，有一個很重要的課題，就是它的發展歷史，特別是它的起源和源流的問題，在這方面爭論也比較大。雖然這一點從實際的應用價值短期來看，不一定是那麼大，但是它是構建太極拳體系當中不可缺少的一個部分。您對於太極拳源流方面是一種什麼看法？覺得應該怎樣來開展這方面的研究？

李德印：

這個問題我想談幾點自己的指導思想。一個是近代太極拳的發展脈絡是很清晰的，大家不用爭論。只是說在 200 年以前的歷史，或者具體來說，在誰是太極拳創始的老鼻祖這個問題上存在分歧。我覺得太極拳的研究，它的創始人、源頭是個學術問題，應該是用科學的態度來研究、推證，不要摻進去一些地方觀念、門派觀念、先入為主觀念，更不應該強加於人。應該去偽存真，以探尋真理的態度辦事，不要感情用事。去掉這些常見的、先入為主的偏見，用一種平靜的心態來對待就很容易了。太極拳源流問題是需要開展研究，但是不應該牽扯進太多的精力。足球、高爾夫球，發源於英國，也沒有人使勁地追究誰是玩它們的第一個人，這並不妨礙這項運動的發展。我們武術常常去爭誰是第一，誰是開山鼻祖，有很多都是假托某人，某人甚至不存在，反而把事情複雜化。我覺得你不要把它看做是馬上要作出結論的事情，

非要弄清，甚至我覺得在目前求同存異，百家爭鳴，可能更會促進學術空氣的繁榮。

我們談源流的發展，切不可忽視新中國成立以後太極拳的發展。50 年代我上大學的時候，是學校的田徑運動員，我不是不想練武術、不想練太極拳，但是我周圍沒有一個人練，到公園裡去都沒有一個人練，你一練就有很多人來圍觀，並沒有形成一個普及的環境，更沒有內容的豐富、形式的多樣。那時候如果把太極拳配上音樂，會有很多人指責你，太極拳哪能夠配樂？我們回過頭來看，這些年來，太極拳的普及發展，真的是很大，特別是太極拳新的內容形式規範，包括傳統套路的挖掘發展，都取得了很大的進步。這跟我們的領導、國家的重視分不開的。那麼多黨和國家領導人、老前輩反覆地提倡武術、太極拳，鄧小平同志還專門題詞「太極拳好」，這絕不僅僅是從運動方面來看，含義是很深的。他的題詞是給日本人看的，不能排除太極拳在開展中日友好交流、開展中國和世界人民的交流當中發揮了良好的作用。說太極拳好，它的含義不能僅僅侷限在太極拳運動健身的作用，所以從這方面來說，我們近代的發展成績是巨大的。常常有人說，到了陳、楊、孫、吳就斷了，這是一個很大的錯誤認識。太極拳一直是在發展的，武術也是這樣。以前的長拳，查、華、炮、紅不是現在這個樣子，在規格上不是很統一，很多人做了很大的貢獻，如蔡龍雲、張文廣這些老前輩都付出了心血。這些人有著承上啟下的作用。南拳的技術原來也很龐雜，包括規則的制定，沒有陳昌棉等一些老師的努力，也形不成現在這樣規範的局面。提到太極拳，我覺得應該充分肯定李天驥、顧留馨這些專家、武術家的貢獻。現在國家規定套路的規範化工作也在進行，在實現太極拳的美化上也有進步。當然，我們不能用一些規範的

東西完全代替民間的、豐富的、多樣性的特色。但是，如果你只有多樣性，你不能成為世界性的運動，不能成為大眾的、普及的項目，不可能在學校、在眾多廣泛的領域推廣。現在北大一些學校一年級的新生，都把太極拳作為必修課，這種普及面很大。我們過去看到日本的學校都把本國的舞蹈當成必修課，如果沒有一定的規範性，大家互相否定就不行。

余功保：

在太極拳的發展過程中，簡化太極拳是具有歷史性的功績的。沒有那個套路就難有這麼多的人去練，它贏得了群眾。有社會學家研究，在現代社會裡，一個東西要想推廣，必須「簡捷」，讓人有機會去接觸，再好的東西沒人去體會，就認識不到它的好處。簡化太極拳給了人們一個階梯，去登堂入室。當然怎樣練好簡化太極拳應該是一個重點研究的課題，不要看它「簡」，要挖掘它的「繁」。

李德印：

在編定、推廣簡化太極拳中也是有分歧、有思想鬥爭的。老一輩武學家的作用和貢獻是不能忘記的。現在的太極拳確實在一些難、新、美上很有創意，我覺得在探討發展的脈絡中都是不能忽視的。至於太極拳的開山鼻祖這個問題，從現有的資料來看還不夠完整，不要急於下結論。

余功保：

對待太極拳起源問題也要講點智慧，現在能研究的，盡量去研究、挖掘，現在還沒有確鑿證據的，先掛起來。不要形成門派之爭，更不能將起源問題演化成個人利益或地方、小集團利益。

李德印：

這一點我同意。

楊振鐸

楊振鐸，1926年生，河北永年人。楊式太極拳主要傳人之一。楊澄甫之子。自幼隨父習練楊式家傳太極拳及各類器械、推手等。1951年移居山西。多年來致力楊式太極拳的推廣與普及工作，1982年山西省楊式

太極拳協會成立，任會長。多次應邀在國際性太極拳大會上做示範表演與教學活動，1979年、1980年參加全國武術觀摩交流大會獲一等獎及優秀獎。1983年在第五屆全運全上被評為體育先進個人。1987年作為特邀代表參加了第六屆全運會。多次赴世界各地進行講學活動，具有很高的國際聲譽，學員遍佈世界各國。1989年應國家武術院邀請，擔任全國太極拳競賽套路訓練班教練。曾擔任中國武術協會教練委員會委員、山西省武協委員。著有《楊式太極拳、劍、刀》等書。

2001年應邀在三亞舉行的首屆世界太極拳健康大會上擔任輔導名家。

閑雲出岫

——與太極拳名家楊振鐸的對話

太極拳最難練的是什麼？

從容。

內勁磅礡，如大海浩瀚，不易。

輕靈流暢，如綠柳回燕，也不易。

但大海給人最強烈的震撼，並不是驚濤巨浪，而是於不動中吞吐萬物的氣概，這是它的從容。

閑雲出岫，有無相生，是大自然的從容。

空山新雨，悠然南山，天心月圓，春華枝滿，平淡之中的充實，從容油然而生。

太極拳的從容是自然界從容的一部分，一種人文狀態。

太極拳的從容是不急不徐的揮灑。知其然，且知其所以然的自信，才能從容；一舉動，內外如一的完整，才能從容；「人不知我我獨知人」的透徹，才能從容。

三亞世界太極拳健康大會上，一位外國朋友看了楊振鐸先生演練的太極拳很感動，連說：「非常哲學，非常哲學。」我告訴他，這叫「從容」。

練到從容的地步不容易。但這是太極拳的必然所向。

也許有一天，你練拳時突然沒有了負擔，突然輕鬆自信，充實舒暢了，這叫「豁然貫通」，你便有了從容。

（余功保）

一、源於發展　順乎自然

余功保：

　　楊式太極拳是中國太極拳最著名的流派之一，在海內外具有廣泛影響。請您介紹一下楊式太極拳最突出的特點是什麼？

楊振鐸：

　　楊式太極拳的主要特點我覺得要從大的方面去理解，當然小的方面很多。

　　大的方面來說一個是「捨己從人」，就是從特殊的方面掌握主動權。另一個是「後發先至」，就是「彼不動，我不動，彼微動，我先動」，這是太極拳區別於其他拳術的關鍵地方。還有一個特點，從風格上來說，就是「剛柔相濟」，有內在的變化、節奏。第四，從練習方式上來講，要求是「用意不用力」。實現了這幾個方面，就基本上把握了楊式太極拳的主要特徵。

余功保：

　　楊式太極拳從拳架上來看，還是有明顯的個性。一般練拳人能夠一眼區別開，比如它特別注重架式的開展，注重中正安舒，這也是很多人覺得楊式太極拳很大方的原因。

楊振鐸：

　　現在流傳比較廣的楊式太極拳架子，基本是以我父親楊澄甫的拳架為基礎的架子。比較開展、寬大。但是寬、大也要有個範圍，如果過大了，就空了。一般說楊式太極拳舒展大方，形象美，實際上是寬大的適度、適當，身體打開，在將展未展之時，直中還有曲。不能外表看是僵硬的。太極拳論說「要在緊湊中求開展」。

錫振鐸先生（左三）在「首屆中華武林百傑系列活動」中
當選為「十大武術名師」

余功保：

即使在「形」的方面也要尋求陰陽矛盾的平衡。練太極拳什
麼時候感覺不到矛盾了，就偏離了「太極」的原則。

楊振鐸：

對，所以說太極拳不僅是拳術，也是哲學，是藝術。練拳要
能琢磨、體會拳架中的「意思」。

余功保：

楊式太極拳的架子也是在不斷變化中形成的，從楊露禪創
立，到楊澄甫先生定型，中間還有很多拳家的修訂，有一個歷史
過程。您覺得在楊式太極拳演變過程中，最顯著的變化是哪方
面？

楊振鐸：

楊式太極拳來源於陳式太極拳，這是大家都知道的，陳式太

輔導外國學員

極拳的特點是快慢相間，楊式太極拳在速度上有了變化，這是第一個大的改變，這個改變是由於群眾的需要，是從楊露禪那時候就有變化的。後來又有了一些動作內容上的變化，楊式太極拳架子是在我父親那裡定型了。

但就是在我父親時期，拳架子也是有變化的，他中年時期出過一本書，和老年時期出的書《太極拳體用全書》，拳架子就有不同的地方。他本人也在發展。可以說，楊式太極拳就是根據社會的需要，根據社會的發展要求，由幾代人的努力，逐漸成熟、演變定型的，使得男女老少都可習練，使太極拳能夠服務於更多的人。

還有一點，在楊式太極拳發展中應該特別提到，就是當時國家體委以我父親的功架為基礎，編定了 24 式，以及後來的 88 式，對太極拳推廣有重要作用，對楊式太極拳也產生了很大影響。這也是根據發展的需要採取的推進措施。

余功保：

對於簡化太極拳您怎麼看？

楊振鐸：

簡化太極拳對太極拳的普及、推廣具有歷史功績。為什麼要另闢簡化太極拳，這也是在傳統太極拳的基礎上，把一些重複的動作、一些難度比較高的動作去掉，從套路來說，式子少了，長度短了，一般人能夠接受。但有些人認為是「簡化太極拳」，在思想上有所錯覺，認為這套拳裡動作簡單了，要領也簡單了，這是誤解。在一些典型動作上，傳統太極拳的精華還是保留了，練習時不能偷工減料，要領一點也不能少。當然，在有些練法上對傳統楊式太極拳稍有改變。

余功保：

楊式太極拳練的人很多，東西南北都有。現在存在一個具體情況，就是大家演練的套路不完全一樣。怎麼看待這一現象？

楊振鐸：

確實有這種情況。這裡有一個過程，我父親過去教過很多學生、徒弟。他本人的拳架也是在變化，中年時期和老年時期有所不同。國家體委選用簡化太極拳是以他最後的體用全書這套動作為依據的，外形和精神面貌比較飽滿。他所收的徒弟並不都是在同一個時期，相對來說，中年時期比較多。有些人原來練別的拳，後來轉練太極拳，所以帶來拳架子上的差異。但我覺得原則上還是基本一致的。大家根據各自的理解有所發揮、發展，是可以理解的。

總的來說，形勢是喜人的。大家都為太極拳的發展做了貢獻。當然我也願意將來有機會大家坐在一起，共同探討探討，做些溝通工作。

二、去僵化柔　刪繁就簡

余功保：

　　現在練楊式太極拳的人很多，由於簡化太極拳的普及，使大家學會太極拳變得容易一些，但要真正學好還是有一定的難度。您覺得練好楊式太極拳最重要的環節是什麼？

楊振鐸：

　　最重要的環節是開始練拳的時候。練拳和從事其他工作一樣，沒有規矩不能成方圓。所以在練拳之初，要先把要領認清楚，做的時候不至於偏得太遠。開始先做些準備工作，對要領有個深刻印象，然後就循規蹈矩地練習。嚴格要求，一絲不苟，練的如此，教的也要如此，這樣才能打好基礎。有的人雖然練拳不久，練的式子也不多，但是一看，是那麼回事。一規範了，效果就不一樣。

余功保：

　　練習太極拳不可避免地會產生很多錯誤，動作上的、勁力上的等。糾正錯誤是學習太極拳重要的內容之一，因為人開始會有很多錯誤的習慣動作。根據您的體會，練太極拳應該如何避免和糾正錯誤？

楊振鐸：

　　練太極拳的一個基礎是

在首屆「世界太極拳健康大會」
上做名家演示

鬆，解決了這個問題，可以避免很多錯誤。鬆包括兩個方面，一個是意念方面的放鬆，一個是肢體上的放鬆。與鬆相關的兩個容易犯的毛病，一個是「緊」，一個是「軟」。

有的人說，練太極拳不能用勁，所以一點勁都不敢使，動作做起來軟軟塌塌的。我們認為，練太極拳是不用拙力，不是不要用勁。一點勁不用你怎麼做動作？我父親在他的著作中一開始就說了「太極拳乃柔中寓剛，綿裡藏針」之藝術。這裡剛、針都說的是勁，講怎樣用勁，是什麼性質的勁。

武術又稱「功夫」，功夫功夫，一個是功力，一個是功法，功力必須要有勁。太極拳雖然現在適應社會的需要，在速度上慢了，但用起來也是很快的，要發力肯定要快，快和慢只是處理上的一種方法。練太極拳首先要放鬆，不要緊張，一緊張了就不冷靜。思想緊張了動作就僵硬了。鬆不是鬆軟，是鬆開、放展，特別是上身。對於「用意不用力」要有個正確的理解。軟是虛無的，柔是有韌性的，不要把兩者混淆。

楊振鐸太極拳式

余功保：

一軟了就不會飽滿。精神上不飽滿越練越萎靡，身體上越練越無力。

楊振鐸：

關鍵是對鬆要有一個全面準確的認識。什麼是太極拳的「鬆」？我認為「放鬆」是練好楊式太極拳的一種方法，也是一種手段，但不是目的。「放鬆」是有意識地使全

身關節、肌肉、整個骨骼鬆開、放展，使其韌帶拉長，避免僵硬。由鬆開、放展，使全身有機地聯繫起來，更好地連結成一個整體，這一點一定要下工夫揣摩。「放鬆」是使肢體放展、引長之後，有沉重的自我感覺，這種感覺也就是具體體現人體與基本要領相互溝通的最初的一種自我感覺，也是勁的內在感覺。這種感覺應該介乎軟、硬之間，既不是軟，也不是硬；更不是局部，而是全身。

「放鬆」猶如高溫熔解生鐵，「放鬆」又如高溫熔解拙力（僵力）。熔解後的鐵水似液體，但絕非食用水，熔解後的拙力似軟非軟，它是柔。鐵水經過錘煉，可以轉化為鋼，拙力經過訓練，可以由柔轉化為勁：「由鬆入柔，運柔成剛，剛柔相濟。」顯然，柔與軟、鐵水與食用水，應該說是兩碼事。

楊振鐸太極拳式

余功保：

對於力和勁的概念不清也給很多太極拳愛好者的練習帶來困惑。

楊振鐸：

力是每個人都有的概念，勁在武術中有專門的含義。這裡的

太極拳式

「力」是自然之力，它是人體固有的也是本能的，分佈在全身。太極拳講的不用力，就是不用這種自然力，也稱之為拙力，但是要用勁的。這種勁稱之為內勁，也稱之為太極勁。這種勁不是自然力，但和自然力是分不開的，也就是說力與勁是有區別的，但又不能截然分開。因為勁來源於力，力是基礎，也就是力經過加工（訓練）才能轉化為勁。比如，沒有鐵，何以能出鋼？生鐵經過高溫熔解，再經過錘煉是可以成鋼的。但鋼的來源是鐵，因之鋼與鐵、力與勁是不能截然分開的。這一點，如果不能正確理解，就必然導致兩者的對立，也使柔與軟的關係不能正確解決，也就必然使太極拳應有的作用不能正確地全部發揮。所謂「柔中寓剛、綿裡藏針之藝術」怎能體現得出來呢？

余功保：

太極拳的身法上也有些容易犯的錯誤。

楊振鐸：

把握身法的一個最關鍵點，就是「正」。比如單鞭、閃通臂等，身體動作不一樣，但保持正直是一致的。

太極拳式

閃通臂就不能向前傾斜，單鞭也不能後仰。「正」就是要不偏不倚，有八面支撐的感覺。但對「正」不能機械地理解，不能把上體硬性豎得筆直，從腳到手不流暢，使勁在腰間斷掉了。

余功保：

太極拳中的「正」應該是個動態的概念，不能理解成幾何上的「正」，成了用尺子量的感覺。有時候空間幾何上「正」了，但意不正，勁沒正就全歪了。

太極拳式

楊振鐸：

楊式太極拳有個特點，比較簡捷。有的學員練習時喜歡添加一些枝節性動作，為了好看，比較囉嗦，就與我們的傳統練法不一致。技擊上不能拖泥帶水，手上不能繞來繞去。勁力必須主宰於腰，你那麼多碎動作就沒法運腰，沒法用整勁。簡捷才能有效，才能從容。在打拳的過程中，腰要始終動，以腰來帶動四肢，這樣才能全身一動無有不動，實現節節貫穿。

余功保：

怎麼減少囉嗦的動作？

太極拳式

太極拳式

楊振鐸：

　　這就是對動作的要領、路線、轉折處很清楚。舉個例子，「摟膝拗步」，腳邁出去，腳著地，重心移，腰帶兩臂彎，由腳跟到腳板，逐漸抓住地，有蹬必有撐，落地生根，轉身推掌，過程很清楚，你就不會有多餘動作。只把動作開始和結束的定型搞清楚了，對過程中的細節不清楚，就會導致做的時間含含糊糊，跟著感覺走，做錯了自己還認為挺好。

余功保：

　　能夠對每個動作進行細緻的分解，並且經得起推敲才行。

楊振鐸：

太極拳式

　　在太極拳練習中，很多人還有個不好把握的要領是「氣沉丹田」。有的學員問我，說老師我練了三年太極拳了，還是感覺到氣一直不夠用，怎麼辦？楊式太極拳很講自然，你平時往那裡一坐，或自然地一站，就是氣沉丹田。我後來了解到那位學員每次練拳前都先跑幾圈，氣往上翻了，你再練拳氣就不沉了，從開始就處於緊張狀態，呼吸也不順，氣就覺得不夠用。我給他講了以後，再練就覺得好多了。他這是由於跑步引起緊張，其他原因也是一樣，你違反了

自然狀態，就沒法做到氣沉丹田。所以，有的要領不要刻意去求，而是從大的原則上去做。

余功保：

練太極拳就是一個返璞歸真的實踐。

楊振鐸：

越練到最後，你發現很多事情原來是這樣的簡單。

三、提起精神　完整一氣

余功保：

練太極拳要從具體動作做起，每個動作的每部分要領都是練拳者所要明確的。

楊振鐸：

練拳動作中最基礎的就是手法。我父親在《太極拳十要》中談了一些太極拳的要領，但篇幅有限，在手法上沒有詳細談很多。對於手上，我覺得還是很有必要進一步明確。

《太極拳十要》中說「掌以微伸，手指微曲」，但這是說的手掌的形狀，掌法沒有具體說明。

楊式太極拳掌法基本上分兩類，一個是坐腕立掌，一個是伸掌。坐腕立掌往前擊打時常用。掌微伸，指對手掌心部位而言。指微曲，是對手指來說的，指頭縫還要離開一些。這樣手掌形狀比較好看，氣、勁也順。伸開時掌根往下彎，彎到什麼程度？往外伸展時要找到力點，在彎的過程中能找到勁的感覺，過了就硬了，達不到，就軟了。這個分寸自己要體會。

在單鞭中左掌就屬於這種掌。坐腕立掌還有一些變形的表現，實質上勁力感覺是一樣的，有的動作中手是正面掌，這也是

太極拳式

太極拳式

坐腕立掌的一種。比如雙手向前按的動作就是這種掌。

另外有一種平掌，但在勁力感覺上和坐腕立掌是一樣的，只是方向不同。還有一種翻掌，「白鶴亮翅」中右手就是這類，也是坐腕立掌。直伸掌是另外一大類掌法，肩、肘、腕、指放鬆了，向前直伸，有勁感，往下落時也有勁感，是整體性的，沒有坐腕的動作。這兩類手法不清楚，練習時就容易混淆，整個式子感覺就不太對了。

余功保：

掌主要是這兩大類，拳法呢？

楊振鐸：

拳也有幾種，有拳眼向上的，有俯腕拳，有翻腕拳等。在搬攔捶中有幾種拳的變化用法，大家要細心體會這一式的拳法。此外還有栽拳、打虎捶、雙峰貫耳捶等。

太極拳雖然叫拳，但拳法實際上並不多，所以保留的這些拳法都是千錘百鍊、極有代表性的。要認真研究每一個拳法的作用和練法。

余功保：

還有一種特色的手法是鉤手。

楊振鐸：

對，鉤手也叫「吊手」，五指向下捏在一起，掌心虛含。在單鞭中右手就是這種手法。吊手有一個要領，就是勁力點要在腕上，否則你手指再怎麼用力，勁力也貫穿不了，沒法從肩到臂。

說到單鞭，各個動作還有一個突出的地方，就是它的右臂是自然伸直的。太極拳中其他動作對手臂都要求是弧形的，只有這個動作右臂是直的。因為它是吊手向下，手臂再收回彎起來，就萎縮了，也不能反關節向上彎，所以是自然伸直，但不能故意挺直。

余功保：

太極拳對身體的其他部分也

太極拳式

太極拳式

太極拳式　　　　　　　　　　　太極拳式

都有一些系統的要求，應該怎樣把握？

楊振鐸：

　　具體說的時候是分開講，但要領的落實是整體上的，同時性的。在練的時候也要掌握這一原則。不要單純地想頭應如何，腰應如何，而是在練每一個動作時想這個動作的整體要領如何。有的人對身體每一部分的要領記得很清楚，但是一練就是串不起來，顯得支離破碎，就是這個原則方法沒掌握好。楊式太極拳大的要領要求都在《太極拳十要》中有所體現，大家可以認真地揣摩對照。

　　在這裡我特別向大家介紹一下我自己鍛鍊中總結的幾點要領體會，可能會對大家練拳有幫助。我編了幾句順口溜，主要是對太極拳上體的要求進行了概括。這幾句話是：「沉下肘尖，空出胳肢窩，肘尖拽膀尖，連手腕，帶手指。」共 20 個字。

因為這幾句話的要領是每個動作都離不開的，所以雖然說的是上體，實際上和全身都有關係。

余功保：

練拳要研究理論，這是它不同於一般體育運動項目的一個要求。您認為哪些拳論對指導楊式太極拳的練習最有幫助？

楊振鐸：

練習太極拳最早、最基礎

太極拳式

的是王宗岳的《太極拳論》。對於楊式太極拳，另外一個很重要的論著就是《太極拳十要》，它是具體講解太極拳的要領，由繁而簡，語言簡明但含義豐富。開始練拳時把這些理論記住、理解，落實到了，就會有很好的效果。

《太極拳十要》中對一些主要的要領闡述得很清楚，要逐條琢磨。比如「十要」上講了「含胸拔背」。含胸拔背是身法要求，是太極拳發勁的需要。含胸拔背中，含是自然含，只有含了以後，才能力由脊發，如果挺胸，就發不出去。能含胸才能拔背。拔背時由腰部往下鬆腰鬆胯，形成上下對拔的勁。「十要」上說得很清楚，「拔背者，氣貼於背也」。

余功保：

《太極拳十要》中也提到了「用意不用力」，還作了相對較多的論述，但還是有很多人對這一點覺得難以把握。

閑雲出岫——與太極拳名家楊振鐸的對話

太極拳式　　　　　　　　　　太極拳式

楊振鐸：

用意是大腦的活動方式，在不同階段有不同的內容。對於初練的學員來說，就是要求思想集中。因為初練，套路、動作不熟悉，不知道意念怎麼用，這時候思想集中就是一種訓練意念的方法。過了一段時間，動作熟悉了，不用經過思維就能做出來了，這時候思想容易開小差，容易不集中了，你的意念就要和動作合在一起，用意念來指導動作。

到了第一個階段，要領也掌握了，這時候意念就要考慮拳法的技擊特徵，它的用法、每一個動作做出來是什麼作用，要很清楚。這時候你腦子裡意念如何，對動作、拳套的質量有很大關係。就像演員演戲，同樣的臺詞，表演起來效果不一樣，就是因為他的感情、他在表演時的思維狀態不一樣。

余功保：

現代社會裡，很多人是從健身的角度去理解、認識太極拳，練楊式太極拳的人可能抱有這一目的的更多。您認為太極拳的主要健身原理是什麼？怎樣練習才能達到最佳的健身效果？

楊振鐸：

太極拳和一般的運動有一個很大的區別。一般的運動一動就靜不了，太極拳則要求動靜結合，既動也要靜，這一點對養生很重要。太極拳練

太極拳式

習雖然慢，但是它練習的時間長，運動量很大。練習的要領如果正確，練習幾趟下來有時候大汗淋漓，有一定的運動量。練起來以後還氣不喘，就是既鍛鍊了，還不損耗，這是動靜結合的妙處。

「靜」對於養生有很多奧妙，比如氣沉丹田就是「靜」和運動一結合，鍛鍊了呼吸，鍛鍊了肺活量，還按摩了內臟。

太極拳鍛鍊還講究陶冶情操，這對養生也有好處。太極拳活動使個人心緒平和，也增加人際之間交往，心情愉快，身體自然就好。

余功保：

太極拳推手是太極拳系列技術中的一個環節，大家好像都很強調推手對提升太極拳功夫的作用。

楊振鐸：

太極拳練拳是知己過程，推手是知彼過程。推手本身包含了

太極拳式

很多攻防的技能，是個訓練程序。有的人把太極拳作為生活中的一項，但不一定是以技擊為目的。這部分人也能練習推手，過去有很多文人就很喜歡推手，所以推手是技擊的技術。但練推手不一定是為了打，在拳完成之後練習，就逐漸變成了訓練的方法，是一種技巧的探索。願意打的人可以進一步練習打手、散打。

余功保：

「精氣神」被稱為太極拳內在三要素，楊澄甫先生也說：「太極所練在神，精神能提得起，自然舉動輕靈。」架子的評判關鍵在勁力，韻味的評判關鍵在精氣神。練拳中如何培養出比較好的精氣神狀態？

楊振鐸：

精氣神是在你練拳具備一定的基礎時，才能考慮。精氣神的基本要求是精力充沛、氣血舒暢、神情安逸。首先一點，是把動作的準確意識表達出來，每個動作是什麼樣的技擊狀態、特點，比如「野馬分鬃」和「斜飛式」，動作有相近的地方，但區別在哪裡？各自的力點、技擊的要領是什麼？你明白了，明顯了，動作的精氣神才出得來。某個動作為什麼是挒？手的動作應該高還是低？精氣神和這些具體的身體形態還是有密切關係的，不是你幾個眼神就能表達的。

可以說，每個動作表達不出明確的技擊意識就不可能有精氣神。

余功保：

傳統的楊式太極拳拳架子很舒展、優美，練起來氣魄很大，有很多人看了您練的拳架，覺得非常有氣勢。大家就；嚮往怎麼樣練出比較宏大的氣勢。

楊振鐸：

太極拳式

從楊式太極拳的架子來說，動作很舒展，你再配合了良好的精氣神，氣魄就有了。我們練到一定程度後，不要把太極拳根本的東西扔掉了。確實有這種情況，一開始練習時還處處注意，依照太極拳要領，比較小心，雖然有的地方不準確，但還循規蹈矩。等到練熟了，就不太在意了，技術上往往走樣，這就是練拳練泄了。這樣你的氣勢就出不來。解決這個問題的方法之一，還是要練習一些傳統的套路。

你初學時可以學簡化的套路，培養興趣，入門，掌握基本的健身方法。如果你想繼續深造，可以練傳統的套路，以加深你對太極拳的理解。

余功保：

傳統套路中，個性化的風格更加突出，個性化的張力就是氣勢的表現。這裡面涉及到對傳統套路結構的理解。

太極拳式　　　　　　　　　太極拳式

楊振鐸：

　　對。你要搞清楚，傳統套路為什麼這麼編排，這麼一個順序。比如傳統套路中有一些重複的動作，為什麼重複？攬雀尾有六個重複動作，雲手有三趟，倒攆猴有三個，如果你仔細體會，你會發現這些重複是有道理的，不是簡單地為把動作多做幾遍。一左一右做一遍雲手和連續做三個，在作用和技法上不一樣，做一次在使用上不完整，在氣勢上也形不成連貫。攬雀尾是太極拳的經典動作，需要反覆練，多次練，它把許多要領串起來了，所以，在套路的不同階段反覆出現，起到貫通效果。

　　從現代體育科學上來說，從事運動必須要有一定的量，拿日常生活中的揉面來講，揉兩下不行，火候沒到，擀麵做麵條都做不好。練拳也一樣，練不到量，只練個 3 分鐘、5 分鐘就完了，鍛鍊效果肯定不佳。每次最少也要練 30 分鐘以上。一趟不行再

太極拳式

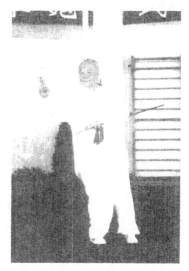

太極拳式

練二趟，量的積累才會產生質變。沒有說你練習很少能出來氣勢的。現代武術發展的一個大問題就是，像過去那樣下工夫的人不是太多了。如果有條件，練了簡化太極拳後，我建議大家有條件還是可以練一練傳統的太極拳套路。都學會了之後，甚至可以反過來，每天先練一遍傳統的套路，再練其他的短套路，感受會不一樣。

喬松茂

喬松茂，1955年生，河北懷安縣人。武式太極拳第五代傳人。

始終把弘揚、發展太極拳、培養武術人才作為自己畢生追求。90年代以來，積極參與發起、組織「河北——永年國際太極拳聯誼會」，連續8次應邀出訪新加坡、馬來西亞等國講學授藝，學生分佈十多個國家和國內二十幾個省、區。多次在國際性太極拳會議上講學、演示傳統武式太極拳、劍、大杆等，所示範的太極拳、器械等已由人民體育出版社正式出版，並在海內外發行，係「中華武術展現工程」的組成部分。被錄入人民體育出版社出版發行的《太極拳奇人奇功》一書，被《中華武術》雜誌推舉為當代中國太極拳六大名師。中央電視臺、中國國際廣播電臺、人民日報、光明日報及許多國內外新聞媒體都曾進行過報導。

現為河北省政協常委、河北省武術協會副主席。

尋找和諧的平衡點

——與武式太極拳名家喬鬆茂的對話

　　和諧是一個狀態區間。這個區間中有個坐標核心，就是平衡點。

　　太極拳的動作不能定型到點對點的坐標定位，那樣就成了標本了。

　　太極拳的風格可以開展，可以緊湊；太極拳的動作可以「剛三柔七」，也可以「剛七柔三」，太極拳的節奏可以行雲流水，也可以起承轉合、收發蓄放。但太極拳不能不和諧。

　　和諧是太極拳的主基調。一切圍繞和諧展開。

　　四季和諧萬物才吐故納新，周而復始。四肢和諧則「流水不腐」，人與環境和諧則內外一體。

　　推手、技擊也是一種和諧狀態，和諧了則隨上對方，彼即是我，我即是彼。手上有敵，心中無敵。

　　和諧的平衡點是游離的，如雲，如水，無常形，無常勢。

　　怎麼把握？

　　在架式和氣勢之間多體會或許是方法之一。

（余功保）

一、不在樣式在氣勢

余功保：

　　太極拳流派非常廣泛，其中最具有代表性的，就是陳、楊、吳、武、孫，一般的俗稱五大流派，武式太極拳是其中重要的一支。您作為當代武式太極拳的重要代表人物，請介紹一下武式太極拳有哪些主要的特點？

喬松茂：

　　武式太極拳的風格很突出，主要特點是非常清晰的，和其他的太極拳流派形成了鮮明的對比。首先我們看武式太極拳的掌，它要求撐開，「勞宮穴」微微外凸，歷史上稱這種掌叫做「五花掌」。為什麼要這樣呢？因為武式太極拳講技擊，講導引，講內功。這種掌的練法過去在「易筋經」中有，這樣有利於內氣的貫通和引動內勁。

余功保：

　　武式太極拳的這種掌型要求在其他幾種太極拳中有沒有？

喬松茂：

　　沒有。其他太極拳對掌的要求基本上是微微的虛

喬松茂先生同記者侃侃而談

攏，只有武式太極拳傳統的練法是這麼張開的，所以從掌上一下子就可以判斷出它的風格。

第二個特點，在勁路上，它要求勁起於腳跟，主宰於腰，實於兩臂，形於手指。五指張開也有利於勁隨腳跟，這種運勁方法體現了武式太極拳的內家拳特點。初級的動作，開始學習時是外動大於內動，到後期是內動帶動外動，而且是明顯的內動大於外動。這些都和掌型、身法有關，不注重體會內動的變化可以說就沒有掌握武式太極拳的要點。

武式太極拳的再一個特點就是架式緊湊、嚴謹。因為武式太極拳的創始人武禹襄先師，是清朝末期的一個知識份子。當時的清朝人穿的是那種長袍，作為文人總感覺撩起袍子打拳是不雅觀的一件事情，也不方便。所以他創編這種拳術都是出腿不超過袍子的長度、寬度，正好蹬起來，一弓，一撐，又很沉穩，步伐不是很大，但神意充足，不追求拉多大的架式，而在於要有宏大的氣勢。

武式太極拳另外一個重要的特點，就是對整體宏觀的要求，用一句諺語來說就是「立定腳跟豎起脊，托開眼界放平心」，這同時也是指導做人的一種原則。它要求脊梁骨豎起來，所謂的「中正不偏」，一出腿上下內勁相合。主要不是說外形，重在內，一出腿，腳跟站穩，前後陰陽分清，頭正身直，眼睛由前手掌心看出去，把眼界放寬，而不是盯住自己的手，是由自己的掌來看向遠方。這是為了什麼呢？要練出那種豪氣，那種氣勢，那種氣派。那種氣派不是由形體的表現來達到，而是由整體的神聚，一眼看上去氣魄很大，內涵很深。

武式太極拳還有一個特點，它的腰胯動作多。因為它勁起於腳跟，從技擊角度說，胳膊扭不過大腿。上手和對方搭好以後，

就不動了，就用腰腿的動作，一出腿蹬起，弓、撐。每一式都是用腰腿，以這麼一種特殊的步型的出腿，做到了完整一氣。除了極個別動作以外，基本上都是這種步型。武式太極拳中有一種說法，說練了半天實際上就是練了個「懶扎衣」。這是什麼含義呢？就是說武式太極拳是練身法的拳，「懶扎衣」集中體現了這個特點。

另外，武式太極拳還有一個很重要的特點，就是要求一動無有不動，一靜無有不靜。無論從外在的肢體上，還是從內氣、內勁上，要求精、氣、神、意、目、力，達到完整的統一，一瞬間同時達到。過去我的師傅李錦藩先生說練拳要「目有所視，力有所達，意有所向」。此外，在打手過程中，武式太極拳不重招勢外形，重接勁打勁，很多朋友說，你講「彼不動我不動，彼微動己先動」，到底是誰先動啊？這實際上體現了武式太極拳的辯證關係。它所說的「彼不動」是指什麼呢？是指內勁不動。對方一來手一扎，雖然皮毛肌膚搭住了，但是對方內勁出來之前，我們不動，只是從內心感覺到他將要動的時候，你先動，這時候腳下一蹬，腰胯一甩，以摧枯拉朽之勢，發出你的內勁。

余功保：

也就是說關鍵在於內勁動與不動，外形可以根據需要是否先動。這裡也是個虛實問題。內勁為「實」，外形為「虛」，實的內勁一定要做到「彼不動，我不動，彼微動，我先動」，虛的外形做牽動作用，有時還可引誘對方先動「實」，形成對方的「虛」處，我的實則入之。這是陰陽相合在技擊上的應用，陰陽一分，就脫開了「雙重」行為，拳法就活了。

喬松茂：

關鍵是內勁的「活」，這也體現了內家拳的後發先至的鮮明

特點。武式太極拳還有一個很出名的特點：「運勁行氣」，用拳論來說就是「行氣如九曲珠無微不到，運勁如百煉鋼何堅不摧」。運勁行氣很細緻，但很具有爆發力，在你走架當中，氣勢與架式達到了完美的結合。武式太極拳別看手不大怎麼動，但是拳論說得很清楚，「走架即是打手，打手即是走架」，由走架來提升打手功夫，由打手來驗證走架的正確與否，它的手、眼、身法、步都來源於技擊實戰，被驗證是高效率的方法。

綜上所述，武式太極拳是武禹襄先師用一生的經歷，刪繁就簡，標新立異，融會貫通，在過去傳統太極拳的基礎上，創編了這麼一種具有獨特風格的人稱「乾枝老梅」的拳法。

二、於緊湊處求開展

余功保：

武式太極拳從拳架上來說比較緊湊，它不像陳式那樣有較大開合，也不像楊式那樣伸展，但是它必須練出來要有一種神韻，一種氣勢，從比較緊湊的架子上練出來一種很大的氣魄，很充足的神韻，這個難度是不是很大？

喬松茂：

有相當的難度，不是每個人都能做得很好。對於武式太極拳的要領，你心裡知道還不行，由心知要達到神知，這裡需要一個很長的階段。關鍵是在你自己的領悟水準。每個人的出身不一樣，生活環境不一樣，職業不同，看問題的方法、處理問題的角度都不同，這對真正掌握武式太極拳也產生了差異。武式太極拳不求外形上的架式大，而求內勁上、精神上的大氣勢、大氣魄，這就是武式太極拳有別於其他拳的一個方面，於緊湊處求開展。

余功保：

關鍵是哪裡「緊湊」，哪裡「開展」。

喬松茂：

這是核心問題。首先目標要明確。緊湊是指它的四肢外形，手、腿伸展出去的幅度不必太大，手、腳、軀幹之間有一種呼應關係。合則「緊湊」嘛。否則即使手腳伸出去很小，彼此之間關聯性不強，那就叫「侷促」了。「開展」是指你的神意要高遠，以有限的身軀容納無限的自然。

喬松茂太極拳式

余功保：

要「緊湊」必須要穩定，架式無論大小，一定要「正」、要「穩」，這樣才能「定」，才能實現有限軀體對無限自然的輻射作用。武式太極拳中是如何實現「穩定」的呢？

喬松茂：

這要從兩個方面解決，身行要穩，中氣要正，一個訣竅就是在根部。武式太極拳動作在出腿時，總是出半步，後腳跟上總是跟到腳跟部，不要過前。往回退時幅度一樣。轉身的時候，步子先調過來，以實腿的腳跟為軸，虛腿的腳掌為輔，以脊柱為中軸，上下同時扭動，就完成了動作的轉換。這是轉身動作，比較典型地說明了腳跟部的作用，其他動作原理相同。

另外一個訣竅就是氣要沉，下部要穩。不管什麼動作，轉換

可以靈，但氣不能虛浮。

余功保：

　　武式太極拳的這種練法主要能獲得什麼樣的效果和作用？

喬松茂：

　　首先從養生、健康上來說，根在腳、氣沉穩使你的整體重心下降，人的思想完全想到了腳跟中心上，這是一種「靜」，對於人的身體好多疾病有康復效果。許多人由練習武式太極拳身體好了，解決了很多問題，如糖尿病、高血壓、類風濕等。從技擊上來說，當你身體成為一個軸的時候，當你在這個軸上轉動的時候，你的重心就很穩，勁力很有基礎。而且你的力點在哪兒，對方難以琢磨，彼不知我，我與大地融為一體，所以稱「乾枝梅花」或「落地梅花」。

三、內修太極拳

余功保：

　　您剛才也介紹了一下，武禹襄老先生本人也是個文人，這種現象很具代表性，就是很多非常有成就的太極拳的大家，在文化方面的素養非常高。您覺得文化素養對於學練太極拳會有一個什麼樣的作用？

喬松茂：

　　文化素養對於太極拳習練的成功與否有著至關重要的作用。我把太極拳分為三個階段練習。第一就是初級，按拳論說的，由「著熟而漸悟懂勁，由懂勁而階及神明」的「著熟」。在這個階段，你文化水準低、文化素養差還能勉強跟得上，這時候練架子，練表面的東西。武式太極拳的架子只是很少很少的一個部

分，不是說我學了一套架子，就懂武式太極拳，那是離題萬里的事。等你進入「懂勁」的階段的時候，中級階段，你沒有、不具備了解中國古代文化常識的一定基礎，自己對事物沒有一定的獨特的看法和把握合乎自然界的那種規律，絕對練不好武式太極拳。所以說，我建議練習武式太極拳的朋友，一定要學習中國的傳統文化，包括古漢語，古代哲學、藝術都要學習，從而豐富自己，吸取經驗。學古文化也是內修的一種方式。因為武式太極拳創編於清代，它的很多語言都是以古漢語形式出現的，如果我們學習武式太極拳用現代語文的角度去理解他，就有可能出現差之毫厘、謬之千里的事情。

余功保：

古漢語有獨特的表現方式，跟現在的語義有所差異，特別是放在特定的拳學環境中。

喬松茂：

對古典拳論的理解是個很高深的學問，要下大工夫，不要從表面上望文生義。比如說武式太極拳拳論當中，有一句話說得很清楚，「人剛我柔謂之走」「我順人背謂之黏」。好多人把它們分開來說，以為對方剛來了我就要柔。實際上這

喬松茂在講解太極拳要領

兩句話必須連在一起理解，就是在人剛我柔的前提下，必須是我順人背，而且說得很明白，黏即是走，走即是黏。又比如說，一句很常用的拳諺「四兩撥千斤」，很多人理解錯誤，都以為是我用四兩去撥動你的千斤，這怎麼可能？在這裡實際上忽略了一句話，古人說話很簡捷，「四兩撥千斤」前面有一個「牽動」，是「牽動四兩撥千斤」。

這是什麼含義呢？就是由我練出的太極拳的內勁，集中精力打擊對方的關鍵部位，很微弱的那一點，致命的一點，這一點就是「四兩」處，從而達到牽動對方全身的局面，就是他的「千斤」。好像作戰一樣，我用我的一個團，集中兵力打掉敵方司令部，他有一個軍、十個軍也完了，就是這個意思。「四兩」不是言己，「四兩」和「千斤」都是指的彼。

余功保：

技擊是武術的靈魂，武式太極拳是如何理解技擊的？

喬松茂：

武式太極拳技擊上的表現，就是「彼不動，己不動，彼微動，己先動」。而且剛才我說過，不重招勢外形，「重接勁打勁」。再一個還要「迎敵變化似聲習」。你有了一定的功夫了，還要有「迎敵」變化才行。

「迎敵變化」的含義是什麼，就是要根據敵人的即時特點來變化，法無定法，也就是說捨己從人，這是武式太極拳技擊上很大的特點。「接勁」打擊，不重招勢外形，以內功技擊，接勁的意思也表明要後發先至。

余功保：

很多拳家都強調以內功打人，這使一些人不理解，內功怎麼打人？怎麼體現出內功打人？

喬松茂：

以內功打人就是用內勁來打人。這是太極拳的必經之路，也就是太極拳的第二階段，「由著熟而漸悟懂勁」的懂勁階段。如果你只以蠻力打人，你就還沒有登堂入室。以內功打人有幾個特點，一是莫測，不被對方察覺，使被打人如做夢一般，得到出奇制勝的效果。二是斯文，你在發勁時很從

喬松茂太極劍式

容，與對方一搭手，可以使對方失去平衡，也可以根據對方來勁的大小，產生反彈把對方發出去。第三是有「禮」，以內功打人，外形有時第三者看不出來，只有技擊雙方有感受，這樣給對方一個面子。武式太極拳還是比較文氣的，對方也不會翻臉，並能友好地切磋。第四是打擊的效果好，以內功打的是對方的整體、內部，全面瓦解對方攻擊力，不像用局部的力，打擊對方的一個部位，其他部位還有戰鬥力。

好多著作都提到了太極拳的勁，但怎麼練，還要練架子。我在國內外教太極拳的時候，有人說，喬師傅，你把太極拳的勁跟我講講，教我太極勁就行了，我不要學架式。我就覺得很可笑，但是也體諒他們。實際上太極拳的勁是什麼呢？是我們按照太極拳的要求，自己日復一日地苦練，日積月累產生的那麼一種自然的勁，不是刻意追求，而是把人的自然能力調動起來了。只要守住太極拳的那些規矩，練到最後僵力化去了，勁就練順了，就成

功了，這個時候就是太極拳的勁了。

余功保：

也就是說太極勁必須要由盤架子練出來。

喬松茂：

一定要這樣。但武式太極拳中叫「走架」。為什麼不叫盤架叫走架呢？就是我剛才說的，因為它出腿就跟走路一樣，步子比較小一些，比較文明一些，比較合乎文人的身份，這種走架很合乎自然。「懂勁」很不容易，拳論講由「著熟而漸悟懂勁，由懂勁而階及神明」，每個過程都要下大工夫，你把所有的要領都掌握了，這才叫「著熟」，把架子畫下來還不算。能懂勁難度更大，有的時候也不是老師不教，更關鍵的是學者是不是窮畢生精力去追求。老師教了以後，你還要獨自揣摩，集中精力，不是說老師給了你一個絕招，你會上天，不會，而是腳踏實地的一步一步去練它，一步一步去品它。

余功保：

要深入、深入、再深入。

喬松茂：

深入理解，深入體會。「著熟」「懂勁」之後，要進入「階及神明」。古漢語很妙，這個過程真要像登臺階一樣，一個臺階一個臺階，逐步達到最高境界。武禹襄老先師說過，太極拳乃天地之至也，如果精誠研習，人人可以得而知之。你要掌握太極拳的文化內涵，掌握它的整體，必須精心研習。

余功保：

很多人深入練習太極拳以後，覺得太極拳應該是生活的一部分。這就說明太極拳的理論和實踐方法含有很深刻的哲理，越深刻的東西可能與人們的日常貼得更近，也是人們都可以得到的，

只是程度的不同。

喬松茂：

是。我自己由幾十年的練習，武式太極拳已經成了我生命的一部分。我在幾十年的工作中和社會實踐中，有喜也有悲哀，也遇到過很多不如意的事情。每當這個時候我就開始走我的拳架，一走拳架什麼煩惱都忘了。吞吐陰陽，俯仰天地，手之舞之，足之蹈之，那種美妙的境界忘掉了一切，所有的恩恩怨怨、功名利祿都覺得很渺小。練到這個地步，使你練一次感受一次它給你帶來的恩惠，練一次使自己思想向上攀登一個臺階，不到這個層次的人，體會不到這個感受。

余功保：

當你真正掌握了太極拳的含義以後，就擺脫了技擊、健身的侷限，你會覺得它是一種很高級的人生的境界。

喬松茂：

對，確實是這樣。你練了以後，交朋友，看問題，處理問題，對待自己和集體，自己和朋友之間，各方面關係處起來很得心應手，感覺一切事情不必那麼計較。這不是一句虛話，是實實在在的，很和諧，感覺四方的朋友都是有緣的好朋友，什麼事情，有利的事來了就來了，不必強求，其他的事情也不要過於放在心上。不要對有些事非追求不可，追求不到就痛苦。所以，太極拳是一種很高的拳術，如果你不用心去練它，是練不好的。要真正從內來修煉。

余功保：

您覺得武式太極拳在運勁上有什麼獨特的地方？

喬松茂：

現在有好多朋友在研究太極拳的勁力問題，劃分得很多，有

太極劍式

摸勁、有聽勁、有化勁等等，太繁瑣，理解不好就容易使人陷入誤區。實際上很簡單，武式太極拳只有接勁打勁，不要去「聽」，你輕輕地去聽啊、摸啊都是錯的。太極拳是武術，對方的勁來了就接過來，「接」就包含了處理，處理掉了就打出去。

能做到這樣的前提，就是你要嚴格依照拳架子的要求練習，由基礎訓練，達到自然形成的太極拳的勁力。

余功保：

現在海內外練習武式太極拳的愛好者非常多，您覺得應該怎樣才能練好武式太極拳呢？

喬松茂：

我覺得練習太極拳最大的對手就是你個人。武式太極拳練習中最大的一個方法就是「克己」。要按照太極拳所要求的技術，每一步該怎麼樣，手該怎麼樣，腳該怎麼樣，渾身上下該怎麼樣，要遵照這種要求來改變你習慣的那種動作，時時刻刻提醒自己，克服掉舊的不自然的身體動作。

第二方面，不要好高騖遠，基礎是很重要的，按照師傅的要求，一步步地把每個動作做好。做好了以後，每次走完拳架以後，回過頭要想一想，我哪個拳架做得比較順，哪個拳架做得不

順，順為什麼，不順為什麼？要進行總結，進行反思，知道錯了就改它。不要一個架式不明白，繞過去，又練另一個架式。

第三個方面，要正確地讀拳論。有些學員練到一定程度的時候，就急於看拳論了，但你如果看不明白或是看偏了，反而誤事。因為太極拳論，尤其是武式太極拳，完全是用古漢語形式出現的，有些不好理解，這是其一。其二，由於過去武術界存在著文長武短，拳術的理論不是說編就編出來的，而是根據他的實踐，上升為理論記載下來的。這裡有個表達問題，用什麼樣的方式，用詞？大多是游離在有意無意之間，言簡意賅。寫拳論的人怕多少年後，自己的心血，也就是這本《拳論》落到別人的手裡，而不是落在自己的傳人手裡，所以在當中打了好多啞謎，好像一本密電碼似的。只有當上一輩的師傅傳給後來學者時，結合拳架，這時候他會把他每一個字的含義，每一個詞的含義，正確的含義傳給你，你知道他正確的含義後，才有可能用拳論指導你往前進，往更高的層次攀登。

第四方面，防止淺嘗輒止。很多人都有這種行為，練上一點就沾沾自喜，不求深入，覺得不過如此。太極拳要真懂了它，你做事、為人，都應合乎拳理要求，你這個人等於完全脫胎換骨。所以習練太極拳的朋友，要靜下心來，不要想著一步成功，好高騖遠。只有腳踏實地地去做事情，腳踏實地地去掌握每一個要求，才可能取得成功。

第五方面，不要傻練，要反思地練。到了中級階段以後，你可能在看一本書的時候，就能悟到太極拳中的奧妙，也可能通過太極拳的習練，對待事物的看法產生了新的認識。所以，必須是靜下心來，練的過程就是總結的過程，思的過程。

另外一點，練到一定程度後，要運用一些輔助手段，比如說

用練大杆的方法來訓練內勁。

余功保：

　　您認為太極大杆是必須要練習的嗎？

喬松茂：

　　如果有條件，最好是練一練，你試一下就知道有作用。它是在訓練內勁。大杆實際等於你的手臂的延長，由你的手，透過大杆，等於把內勁拔出來，我們稱為「拔勁」。內勁練成了要拔出來，放出去。

　　大杆和你手臂連成一體，你能清晰地感到勁是怎樣從你身體裡到體外的運作途徑。除了大杆之外，還可以練一練太極劍。練劍時要求內勁由腳跟上傳，由每一招每一勢達到你劍尖上去，使那種內勁完全灌注進劍身中，再運用到劍法上。武式太極拳的大杆只有十三杆，很樸實，太極劍也只有二十多招，也很簡捷，沒有花架子。跟武式太極拳的風格形成了和諧的統一。

四、準確理解拳論

余功保：

　　對於太極拳的發展現狀您有什麼看法?您覺得在整個國內外的太極拳發展當中，還存在著哪些比較突出的問題？有哪些地方需要進一步加以改進，才有利於今後的發展？

喬松茂：

　　這些年太極拳發展成績是主流。因為三中全會以後，在國家武協、國家武術研究院和國家武術管理中心的領導下，對我們的一些拳式進行了指導、改進，這方面成績可喜，但是，存在的問題也是不可忽視的，主要有以下幾個方面。

首先在傳播中，技術要求不統一，有的學了幾招幾勢，學習了一兩套太極拳架就自認為是傳人，要領要求上不精。好多傳授者本身只學了個拳架，沒有學到太極拳真髓的東西，把最根本的靈魂丟了，他在往下教的時候，造成無人理解，使太極拳失去了它的特性，成了沒有靈魂的軀殼。這種現象傳到海外以後，人們對太極拳有了一種很大的誤解。

再一個是「欺世盜名」。現在是市場經濟，有好多人受名和利的誘惑，不顧自己的品格，只顧用太極拳作工具牟取私利，來騙錢、騙財，甚至騙人。我們在教徒弟的時候，很強調武德，太極拳要講品格魅力，心正才能藝優。德高一寸，藝高一分。太極拳傳播要大張旗鼓地提倡具有中華民族特色的優秀道德品格傳統。再一個問題是缺乏紮實的基本功。太極拳的傳統訓練過程當中，雖然每個人有每個人的心得，但是原則的東西不能變。什麼是原則的東西呢？武式太極拳中身心方面就是「立定腳跟豎起脊，托開眼界放平心」，手型上的根本特徵就是五花掌和我們稱的「鐵胳膊」。這些基本的地方絕不能走樣。有些地方對這些基本功把握不嚴。

另一個問題，在太極拳的發展過程當中，有的人為了錢的利益，生編亂造，欺師滅祖，這在太極拳的發展過程當中造成了很不好的影響。有的人還把官司、把爭論打到國外，給中國武術事業帶來不必要的損失。再有就是故弄玄虛，有的東西自己還沒搞清楚，卻給人大講特講，編神話，這些都應該加以糾正。

余功保：

太極拳是一種內功拳術，它的練習也必須經過一定的肢體形式、運動形式，比如說拳架和推手來表現。在太極拳論當中，很強調內和外的和諧統一，這也是中國文化整體觀的一種體現，內

太極劍式

外合一說起來比較簡單，做到很難，您怎麼看待練習太極拳當中的內外相合的問題？

喬松茂：

一內一外蘊含著很多的東西，前人總結了一些關鍵要領。從武禹襄、李亦畬等先師留下的理論當中說得很清楚，解決內外相合的問題關鍵是要「一身備五功」，「五功」達到了統一，內外各因素就和諧起來了。可是這五功是什麼，有些人產生了重大誤解。他們認為就是要將身體變得像天橋耍把式賣藝拉的那個弓，把胸、手、腿、腰等各部位彎起來，變成弓形，這是不對的。是「五功」而不是「五弓」，是練五種功，不是背五張弓。一身備五功，實際上就是李亦畬在拳論中所說的「五字訣」，一曰「心靜」，心不靜則不專，一舉手，前後左右全無定向，故要心靜；二曰「身靈」，舉手不可有呆相，周身俱要相隨；三曰「氣斂」，務使氣斂入骨髓，四曰「勁整」，曲中求直，蓄而後發；五曰「神聚」，氣勢騰挪，精神貫注。這五步功夫你達到了，內外就合一了。

余功保：

準確理解拳論很重要。拳論是很複雜的體系，裡面既融會了技法要領，也有哲學思想。中國武術的拳論不僅僅是一般意義上的技術指導，還包括了拳學的社會規範、道德教育、品質修養等

方面。

在各派太極拳當中，拳論是一個重要的組成部分，成為理解拳術、指導拳術的綱要，武式太極拳當中最重要的拳論有哪些？

喬松茂：

武式太極拳的拳論主要是武禹襄先師和李亦畬先師留下的作品。他們的著作已經是言簡意賅，無一復辭，後來一些拳論注解實際上都是多餘的。武、李二人的拳論，達到了太極拳的頂峰，而且他們是根據自己的身體力行提出來的，不是空洞說教。雖然兩位先師的拳論合起來沒有多少，但是，形成了對武式太極拳的經典指導。從現在的角度看，這些拳論雖然產生於封建時代，但內容上沒有一點點的封建意識和封建詞語，說明作者的胸懷已經跨過了歷史的長河，是一種科學的方法。所以現在我們學習武、李拳論，越學習越感到開拓眼界，在這種情況下，越學習才能使你的功夫更快提高。

余功保：

拳論本身的質量是一個方面，對待拳論，關鍵是學習者如何接受。同一篇拳論，同一句話，不同的人理解不一樣，即使是同一個人在研習某一篇拳論時，可能在不同的階段來反覆閱讀的時候，他的認識和解釋也會不一樣，這可能跟自己的逐步提升有關係。您有沒有過這種體會？

喬松茂：

有過。這種現象是符合練拳的規律的。我在實踐中感覺到這一點。以前有時練習了一段功夫以後，一看拳論很懂了，感到沾沾自喜，都明白了嘛。但過了一段時間，再看拳論，發現和以前理解的不一樣，有矛盾了，這時候很痛苦，怎麼練怎麼不是味道。究竟哪個對，哪個錯？這時候需要自己靜下來，按照要求繼

太極劍式

續慢慢地去品這拳，熬過這一段以後，回過頭來再看拳論，豁然貫通，又有一個新的體會。還是那篇文章，還是那麼多字，感覺到又是一層意思。這時候對以前自己以為完全掌握了太極拳的想法感到羞愧，感到臉紅。但實際上也不是原來認識得浮淺，認識事物都是在逐步進行的。

余功保：

可能好東西都有一個大的容量區間，就是傳統文化所講的「有容乃大」。當然，真正比較精闢的拳論應該可以包容各個階段的練習的感覺。

喬松茂：

對練拳的各個階段都有指導意義。理論和實踐結合在一起，讓你總有東西品味。武式太極拳外形上有自己很鮮明的特徵，好多人曾經跟我說，這種拳術表面上看是曲高和寡的，但是真正地一練，進去了你就會喜歡上它，就是因為這種拳術是理、法並重的。武式太極拳的拳論對於實踐有很關鍵的指導意義，但是實踐又是它的那種理論的基礎，你不去好好實踐，不好好練功，你不會真正懂得理論。反過來你不好好練習，不懂得理論，你也就不會真正掌握武式太極拳的精髓。

余功保：

中國武術比較重視更深層的東西、更內在的東西，在手、眼、身、法、步、精、神、氣、力、功的因素裡邊，武術家們非常注重精、氣、神各方面的因素。在武式太極拳裡邊，也強調練習太極拳「不在樣式，而在氣勢」，這一點被很多人所接受。您怎麼看待練拳當中的氣勢問題？怎樣鍛鍊才能形成比較宏大、比較內在的、完整的這種氣勢？

太極拳式

喬松茂：

郝月如老師說練拳「不在樣式」，也就是不在外形，不在招式，在於內。如何練「內」呢？具體來說，首先要在收放中練出氣勢。收的時候，是虛的狀態，氣勢上是蓄。「蓄勢」，兩掌張開，意念中把天地之間的浩然之氣全部由兩掌收於自己的腹部。往外放的時候，外形上一弓步，腳跟、腰間、兩臂、雙掌形成完整一體，勁力由雙掌放出去，形成排山倒海的氣勢。如此一收一放，形成流動的氣勢。

另一方面，就是練拳的方向性，要目有所視，意有所向，力有所達，不能渾渾噩噩。要使目、意、力達到完美的統一。有了方向性，氣勢才能澎湃。當然這個方向是靈活的，不斷變化的。再一點，要把「五字訣」練上身，按「五字訣」的要求練。靜若山岳，動若江河，這就是對氣勢的描述。邁步如臨淵，運勁如張弓，發勁如放箭，做到這些，氣勢就出來了。上面這些在每一個動作中都要注意體現，比如「六封四閉」，沉、收的時候，有一

種吸的感覺，一放就像洶湧波濤似的，無絲毫散亂，周身上下一家，成為一個整勁，如高山大海，雙掌一推，自然就有，所謂上身就是一舉動就有。這種宏偉的氣勢，雖然外形不是很大，卻是很緊湊的，而且給人感覺內涵很深。只有經過長久的練習才能達到這種氣勢。

從歷史上看，達到完美氣勢的人，也是鳳毛麟角的。所以說要想練好太極拳的氣勢，必須按照規矩，按照要求，循序漸進，持之以恆，勤思苦練，從平凡處練出神奇。

余功保：

太極拳中的勁法是一個重要的方面，也有很多分類和訓練方法，有的分類還很繁複。武式太極拳中是怎麼看待這個方面的？

喬松茂：

練習太極拳的人都知道，太極拳有基本八法，八種勁，掤、捋、擠、按、採、挒、肘、靠。實際在武式太極拳當中，「掤」不念「朋」，念「bīn」。為什麼呢?起源於古代武士。古代騎馬打仗時，身挎箭筒，為了防止在跑的時候顛簸使箭從箭筒中跑出來，就在箭筒上面加一個蓋子，就叫做「鑌」（bīn）。在勁力上是什麼意思呢？就是在跟對方搭手的時候，這種勁是捂住對方，使對方的勁發不出來，是一種去頂住對方的勁，而不是向外展、向外撐的勁。一字之差，給人的意念上就產生一種誤區，理解不對就相反了。

這八種勁法不要嚴格地區分開，它們是存在於一個完美的統一體中。就像陰陽一樣，不能完全割裂，只不過是在某一種特定條件下，哪一種勁為主，其他勁為輔。不能說這就是採勁，這就是捋勁，因為陰中有陽，陽中有陰，你要完全分割開來，就是雙重，是錯誤的。所以在勁法裡頭，初學太極拳的朋友，或者習練

了一定時間以後的朋友，不能太過於追求，你就按照老師傳授的練，先紮紮實實地去練功，練到一定程度了，就會豁然貫通。

余功保：

「中正安舒」是太極拳的一項基本要領，武式太極拳是怎樣體現的？

喬松茂：

這個問題包含三個方面。第一，武式太極拳有沒有「中正」？第二，武式太極拳中怎麼樣才算「中正」？第三，怎麼做到「中正」？

我覺得「中正」是武式太極拳很關鍵的身法，拳論當中就說到「中正不偏能支撐八面」，我前面所說的「立定腳跟豎起脊」，這也就是「中正」。怎麼算「中正」？武式太極拳有自己的衡量標準，外形首先要正，外形正了你才能安舒。氣還要正，氣正了才能心胸開闊，心不斜。另外，勁還要正，勁正了才能整。怎麼做到呢？還是要注意身法。站的時候要注意自己的頭自然地直立起來，頭頂上的「百會穴」和腳跟成為一個立軸，這就有了中正的基礎。出腿的時候，身體不要往前傾，時時刻刻保持中正的感覺，但要注意安舒，安舒就是不要故意太僵硬了。以左攬雀尾為例，上身不動，腳跟著地，出腿，蹬起，弓步，撐開，動作完整一氣。在別人看來好像上身有點微微後仰，其實不然，這個時候的中正是指內勁的中正，所以，注意武式太極拳的中正、安舒，要內外結合著看，動態地看。在練習時，時時刻刻注意自己，一舉手，一投足，與武式太極拳的各項規矩相合，不合馬上改變。好多朋友不明白，練拳時不注意這些細節，光去追求那種結果。如果不注意完善過程的細節，結果不會好的。所以，按照武式太極拳每一條身法的技術要求去做，去嚴格地規範自己

太極拳式

的一舉一動，這樣就會做到「中正安舒」。

余功保：

有一些太極拳的招式，是下蹲或俯身這樣的動作，武式太極拳在這些動作中怎樣來體現和保持一種中正安舒的狀態，是不是在這裡邊要更加注重意念方面的中正要求？

喬松茂：

武式太極拳典型的下蹲、俯身動作主要有兩個，一個是「按勢」，一個是「下勢」。在這兩個動作中，身體外形上有彎腰、下蹲的動作，但始終有一點，就是內勁、內氣和意念保持在一個「中正點」，有一個平衡的關鍵點，叫做「斜中寓正」。也就是說，不管哪個式子，都有「中正」的存在。這種狀態比外形的「中正」又高級了，無論在層次上，還是在技術上，或是在內涵上，都遠遠比外形的「中正」要求更高。

余功保：

運動當中人都要隨時進行呼吸，在自然狀態當中也要進行呼吸。可能在打拳、運動當中呼吸狀態比平時對人的影響更為明顯一些，太極拳關於呼吸的論述也很多。一些太極拳的初學者，甚至有些學了很長時間、水準很高的太極拳練習者也存在著對待呼吸的問題。關於呼吸的說法也很多，有的人強調什麼「順勢呼吸」「腹式呼吸」「拳式呼吸」等等。有的人認為如果處理不好

呼吸，練習太極拳就達不到一定的效果。武式太極拳對呼吸的要求是怎樣的？

喬松茂：

這是一個很有意思的問題。「呼吸」在武式太極拳中本來的含義是指「開合」，「開」為「呼」，「合」為「吸」。為什麼這麼說?這是武式太極拳前輩們為了讓後人懂得太極拳的拳理，就從不同角度，用不同詞彙，來反覆說明拳術的

太極劍式

道理，所以也用上了人們常用的「呼吸」這兩個字，本義是指開合，而不是我們一般說的這個呼吸。這個問題是個很嚴肅的學術問題，大家一定要弄清楚，「呼吸」是指武式太極拳的開和合。初級是指外形的「開合」，到了中、高級是指內氣的「開合」、內在的開合。李亦畬在拳論中說得很清楚，何為開合？

開就是勁起於腳跟，注於腰間，使於兩臂，形於手指，這為開；合是勁由掌順著原路回腰間這就為合。懂得開合方謂懂勁。這一點希望習練武式太極拳的朋友一定不要走入誤區。

余功保：

那麼，武式太極拳對於我們一般意義上的呼吸是怎樣規定的呢？

喬松茂：

太極拳是自然之道，因此，武式太極拳對於一般所說的口鼻

呼吸，強調順乎自然就行了。這是個很自然的事，你給它設定很多規矩就不自然了。我們誰也不會說拉車的時候，拉是呼，推是吸，那你就把自己束縛住了。

余功保：

這種自然的結果實際上呼吸在不同的練拳階段是變化的，開始時可能一個拳式要呼吸兩個周期，過一段時間可能兩個拳式才呼吸一個周期。有時快練呼吸節奏就快，慢練呼吸節奏就慢。

喬松茂：

自然就是有變化，四季氣候是自然的，它就在變化。

余功保：

太極拳既有技擊的作用，也有修身養性的作用，還有一個重要的功能，就是強身健體養生的功能。現在很多人，包括國外的太極拳愛好者，練習太極拳最直接的目的就是想由這種拳法來達到健身的效果。你覺得怎樣才能夠達到一種最佳的養生效果？

喬松茂：

太極拳的功能可以分為三個層次。在初級階段，主要就是強身健體即健身的作用，達到中級階段，重要的是技擊作用，達到高層次主要是修身養性的作用。所以在初級階段，更要嚴格按照傳統的練法，按各方面的要求，一步步去練，嚴格要求自己，經過一段訓練自然可以達到一種意想不到的奇特的健身功效。這裡要注意的一點就是，如果你是以健身為目的，而不是以研究為目的，要適度控制運動量，不要過度，運動量不需要過大，不然的話身體因素和各方面的因素只會適得其反。

再一個就是雖然以健身為目的，但在執行動作規範上，在遵照技術要求上不能打折扣，如果你掌握不好技術要求，會給身體帶來不適，甚至產生其他問題。

余功保：

太極拳的練習是一個漫長、艱苦的過程。要深入地理解太極拳的精髓，就需要不斷地對傳統太極拳的深層結構、要點反覆揣摩。您由自身幾十年的鍛鍊經驗，覺得要練好太極拳哪些問題是應該重點注意的？

喬松茂：

我在三十幾年的練習武式太極拳中，也一直在思考這些問題。準備把這些體會總結一下。我的感受是，要練好太極拳，首先是樹立一個正確的態度，有一個良好的起

在首屆世界太極拳健康大會「萬人海濱晨練」活動中做示範表演

點，明確練拳的根本目的。為什麼？你可能是為健身，也可能是為大家服務，也可能是為繼承傳統文化的精髓。立意越高，對你練拳越有好處。這不是表面的說教。另外要清楚練拳中的關鍵概念，這樣才能嚴格按照太極拳的要求規範動作。比如說「慢」的概念，為什麼太極拳要慢？不是說一種拳一慢練就是太極拳了。拳論當中解釋得很清楚，慢是為了讓你一舉手、一投足，都要檢查一下自己是否合乎太極拳技術規定，合乎了堅持，不合乎改正。所以要慢不要快，這是概念問題。

再一個，要重點練好「一身備五功」的功夫，備是具備的備，功是功法的功。這裡我有必要對這五方面解釋得具體一點。五功之一是「心靜」，心靜指的是什麼呢？就是說你在一種很自然的狀態下，容易體察到自身的要領、動作變化，你心裡要想，

要察，要求做到位沒有？心不靜，就躁動，就不專，一舉手前後左右全無定向。

二要「身靈」。說白一點，就是說開合，該開的不開，該合的不合，開合轉換就不靈活，這叫身不靈，反之就是身靈。

三要「氣斂」，這時候要心平氣和，不然怎麼斂？這種氣斂也是一種功夫的體現，關鍵在守住。嚴格守住武式太極拳的身法要求、技術要求，經過逐步訓練，就能達到氣斂。

四是「勁整」，就是我們所說的內勁要整，要到同時到，要收同時收，它是四面八方立體的整。

五是「神聚」，精神要團聚，要貫注，前四個要領做到了，神聚才能實現。神一聚氣勢就有了，就可以騰挪展收。

這五功達不到，太極拳就算白練。練好太極拳還有一點，就是堅持。因為很多要領的到達需要一個過程，開始你體會不到它的妙處，你放棄了就永遠得不到，堅持下去才能逐漸體會出來。很多功夫是積累到一定時候才出現，要練夠「量」才能發生「質」變。因此無論遇到什麼情況，對於太極拳的追求不能丟，堅持到底才能獲得真功。

門惠豐

門惠豐，1937 年生，天津靜海人。著名武術家，精通戳腳、翻子、八極等多種傳統武術拳種。對太極拳的理論和實踐有深入的研究。國際級武術裁判，北京體育大學武術教授，中國武術協會委員，中國武術學會委員。

自幼酷愛武術，曾在北京市四民武術社、藝林武術社等處習武。1956 年、1958 年參加全國武術表演大會獲優秀獎；1959 年獲第一屆全運會武術比賽對練第一名。1963 年畢業於北京體育學院並留校任教。先後培養了大批武術優秀人才。曾在公安、部隊教授武術格鬥技術。作為中國武術代表團成員多次出國訪問，並應邀在世界各地講學。1991 年任第一屆世界武術錦標賽總裁判長。多次擔任國內外武術比賽裁判工作。1992 年應《中華武術》雜誌及中央電視臺之邀擔任《太極拳、劍》系列講座主講人。著有《少林武術教材》《48 式太極拳入門》《戳腳》等書。參加編寫了《48 式太極拳》《四式太極拳競賽套路》《太極拳競賽套路》《太極拳推手競賽套路》等。

2000 年世紀之交，全球電視臺共同製作人類迎接新世紀節目，四萬臺攝影機聯合錄播，門惠豐先生被邀請在泰山之巔演練中國太極拳，這一場景傳播到世界各地，成為太極拳形象的經典鏡頭。

高山流水

——與太極拳名家門惠豐的對話

中國申辦 2008 年奧運會成功，是中國體育、經濟、政治生活中的一件大事。是中國融入現代世界大格局的一個壯舉。也是中國影響世界的一個「程序」。

在申辦宣傳中，太極拳形象獨特。其一，申奧標誌以太極拳動作為參考外形，結合奧運五環、中國結的寓意，把中國、東方和世界相連。其二，發揮了重要作用的申奧宣傳片中，共出現七次武術鏡頭，其中太極拳有五次。為什麼？該片總導演張藝謀認為，太極拳充分體現了東方的文化特徵，體現了太極拳作為體育的高境界。

在一個非常專業化、現代化的運作工程中，古老的太極拳引起了格外關注。

這是傳統的魅力。

武術有很悠久的歷史，武術一直都在變革，太極拳就是武術變革的產物。

繼承和發展始終是需要認真對待的課題。對於今天的武術尤其如此。

武術不變革，不適應現代社會，就會逐漸喪失活力。

變革必須深深植根於傳統的土壤，否則就沒有了特性和價值。

誰漠視傳統，誰將會被時代所拋棄。

門惠豐先生一貫強調對民間傳統武術的繼承弘揚，他常說：「武術的根不能丟。」並認為根就是民間優秀的傳統武術，儘管可以衍生出很多樹枝，營養來自於樹根。

不論武術是否奧運項目，在「人文奧運」的舞臺上，必然有包括太極拳在內的武術「大展拳腳」的節目單。

因為 2008 年的奧運會是現代的，所以她需要傳統。

優秀的傳統正如高山流水，萬古不廢。

（余功保）

一、不動之動

余功保：

在您的多次講課中，您都非常強調太極拳的內功，尤其注重站樁的練習。這是比較傳統的練習方式。有的人就有疑問，練太極拳非要站樁嗎？不站行不行？

門惠豐：

站樁對太極拳的訓練是一個獨特的環節，有獨特的作用。練拳必站樁，這是老武術家總結的切身經驗。站樁的作用是什麼，這是要清楚的。它首先解決的是一個身正的問題。太極拳要求身體中正，通過站樁來調身，把身體調整到太極拳所要求的身體形態。第二個作用是使身體穩定，重心平穩，由站樁來培養穩定感，增強腿部的力量，體會虛實的交替。第三，培養心平氣和的心境。在站樁中，身體內外是一種安定的自然狀態，呼吸平穩，身體有序。這些作用完全靠動功是完成不好的，你上來就練拳，練不好，出現過去所說的「花架子」。拳法基本功裡最主要的就

門惠豐先生（中）在首屆「中華武林百傑評選活動」
頒獎大會上被授予「十大武術教授」稱號

是站樁，不僅是太極拳，長拳也如此。站樁是所有武術訓練的核心手段，這個過程不能省略。形意拳的練習，上來先練六個月站樁，三體式，在站樁中體會了很多以後在拳架中要運用的方法。你練太極拳不站樁行不行？也行，但效果上就沒有練站樁來得快，來得深刻。

余功保：

那怎樣才能練好站樁呢？

門惠豐：

站樁有三個基本要領。第一點，身正。你要體會太極拳對身體姿勢的要求，要琢磨怎樣把太極拳對身體的要求在站樁中表現出來。第二點，在身正的基礎上，體鬆，又正又鬆。第三，心靜。在練習之前，必須排除雜念，把一切客觀的因素都忘掉，一心練拳。具體來說，身正首先頭部要正，虛靈頂勁，下頜微收，

眼平視，豎項。軀幹部分，沉肩墜肘，斂臀收胯，含胸拔背，胸椎、頸椎上下一條線。體鬆就是用意念按照太極拳的要求，調整到定式的效果，沒有用的勁不要使，你要用了就叫拙力，就會僵。正確的形態形成了，自然就是放鬆的狀態。心靜就是往那裡一站，很快進入練拳狀態，和周圍環境脫開了，思想意念想的只有身體。這個過程很快，是一種天然反應，一鬆，太極狀態就出來了。這時候對外面一切視而不見，聽而不聞，過去叫混混沌沌。

余功保：

就是精神內守，不外泄，古代所謂「獨立守神」的意思。

門惠豐：

對，就是一心想著自己，練著自己。掌握了這幾點，站樁功就能達到效果。對於不同的人，不同的目的，練習站樁時可以有所區別。年輕一些的人，站樁的姿勢可以低一些，老年人可以稍微高一些，靈活掌握，但關鍵是做到「內外三合」。

余功保：

站樁對推手是不是也有作用？

門惠豐：

有很大作用。推手就是一個破壞對方重心、保護自己重心穩定的過程。由站樁來氣沉丹田，把腿部力量紮住，身體重心老在支撐面內，在輕鬆自然的情況下，身體產生一種渾圓勁。什麼是渾圓勁？就是你拉也拉不動，擠也擠不動，以前叫陰陽勁，練成了就是太極勁。對方來壓，就放鬆了，他著不了力，對方一走，它又彈出去，有了掤勁，增強了技擊的能力。拳論裡說「久練不如一站」，就是這個道理。你別看身體外形不動，實際上內裡在動，動的程度更深。

在首屆「世界太極拳健康大會」上做名家示範表演

余功保：

這就是內功拳的特徵。內功拳的一個要點就是怎樣很好地把人的內在的因素發揮出來，在練拳中體現出影響力。您認為應如何在太極拳中練「內」？

門惠豐：

太極拳的「內」最重要的一方面，就是整個練拳的過程始終在大腦的支配下進行。你首先腦子裡要明白，拳該怎樣練？支配什麼？我在教學中經常強調，意念支配動作主要注意三方面，一是動作規範，二是動作圓活，三是動作連貫。每一個動作，它的起止點在哪裡？經過的路線是什麼？在動作中，每一個著力點都是在變化的，你的大腦不能和這種變化脫節。在全部套路中，意、氣、形要完全統一起來。要領要清楚，要領之間的銜接也要清楚。這就是動作規範。連貫是不能分開，不能斷，規格清楚

了，每一個規格之間怎樣連接，是生硬地串在一起，還是潤滑地連接，感覺就不一樣。練太極拳掌握得好一點，就會有助於連貫，這就是一個動作的

在首屆「太極拳健身月」上擔任總教練

結束，包含著下一個動作的開始，你中有我，我中有你，陰中有陽，陽中有陰。不要把一個動作做「老」了，你再接下一個動作就「生」了。

余功保：

應該是舊勢未盡，新勢已生。解決了連接性問題，就解決了整體性問題。

門惠豐：

對，要做到這一點，你腦子裡就要清楚。拳法的演變程序，在意念的支配下，把手、眼、身法、步結合起來，在腦子裡組合好，連接好。只有連貫了，才能圓活，圓活就是動作、勁力不能有棱角，有時候做起來也很難。比如一個發勁，勁猛地發出去了，怎麼連起來、圓活起來？就要在發勁前後的速度、角度上控制好變化，不能猛出猛收，要有緩、急的過渡。在圓活練拳時精神要高度集中，只有全部的拳勢變化都在大腦的控制下，這才是內功拳。這也不容易做到。有時候你打三遍拳，可能只有一遍能

做到完全的意念支配，在這種狀態下練完拳，你就會覺得非常舒服，是一種享受。一套拳打好了，就跟創作了一件藝術品是一樣的心情。

余功保：

拳家打完一套拳跟書法家寫完一幅字、畫家畫了一幅滿意的畫的感覺一樣。真正的身心愉悅。

門惠豐：

過去老人說練拳練好了，從頭到尾就像練一個式子、一個動作一樣。九九歸一了。動作和動作之間也「合」了。動作一展開，就有一種「勢能」，動中有法，靜中有勢，法無定法。你就覺得全身有一種膨脹的力量，你一動，就是支配這種能量，你一鬆，它就沉下來。這就是動靜結合。

二、以人爲本

余功保：

太極拳的發展有幾個階段，由醫而武，由武而體，文武結合，從山野到城市，從中國到世界，如今遍佈全球。它的發展也是其價值的再挖掘過程，並且不斷結合當時的社會情況賦予新的價值內涵。進入 21 世紀，太極拳得到空前的重視，被不斷提升到文化的高度進行研究。您覺得太極拳的現代價值體現在哪些方面？

門惠豐：

武術現在是作為體育的一個項目，太極拳是武術的一類，重點還是體現在健身價值上。新中國成立後，逐步把太極拳納入全民健身體系中，並且具有「終身體育」的概念，可以活到老，學

到老，益壽延年。我覺得這是太極拳的最終目的。前人寫了很多話，但最後一句是「益壽延年不老春」，健身不是我們現在提出的目標，前輩早就點了

向學員講授太極拳技術要領

題。太極拳的另外一種價值，就是能夠給人們帶來無窮的樂趣。

余功保：

這一點也很重要，有的社會學家和經濟學家認為，人類社會發展到現在，一個項目要發展，其中必須具有娛樂因素。

門惠豐：

太極拳練習的過程是讓你的生理、心理不斷舒服的過程。你原來有一些不科學的身體姿勢得到糾正，你練拳中探索了很多奧妙，你和拳友之間的切磋、交流都是樂趣。

另外，練太極拳還能很好地陶冶情操，就是養性，從太極拳中可以體會到怎麼做人，人格得到昇華。

余功保：

現代人整天沉浸在物質世界裡的時間比較多，對很多生活本質的東西逐漸陌生了。太極拳作為一種返璞歸真的運動方式，從理論到實踐都可以喚起一些人們對生存質量、價值的原始回顧。

門惠豐：

參加國家武術研究院組織
的太極推手研討

太極拳還可以消除疲勞，恢復體能。你在工作學習時，興奮點比較專一，就容易產生疲勞感，尤其是腦力勞動。練太極拳就可以轉移興奮點，又不大量消耗體能，就能提高工作效率。所以現在很多從事研究、機關、藝術工作的人在練太極拳。太極拳的簡化也是為了適合很多人能夠在短時間內學會、練習。

太極拳的另外一個價值就是讓人們可以多了解中國傳統的優秀文化。你學太極拳必然了解它的理論，它的文化背景，比如天人合一、陰陽學說、剛柔的思想。能體會中華民族對世界的認識方法、態度。太極拳在名稱上很多就反映出這些學說的痕跡，「玉女穿梭」「海底針」「如封似閉」，很容易為人們所接受，覺得具有特別的韻味，很親切。我教的很多外國人，一開始是學太極拳，後來就不僅僅侷限在拳上，就開始學中國哲學、文化。這就是太極拳內涵的感染力，這很重要。如果只是為健身，你為什麼非練太極拳不可，有很多健身手段嘛，你練廣播操也可以。所以太極拳的價值是多方面的，是真正的源於中國，屬於世界，成為國際交往的一種媒介。

余功保：

太極拳是一項和平的運動，符合人類發展、和平、進步的主

題。我覺得它的潛力還遠遠沒有挖掘，它的作用還發揮得很不夠。

門惠豐：

太極拳總的說來是以人為本的，是全面提升人的價值的一項運動。我可以說絕對一點，今後肯定會發展成只要有人群的地方，就會有太極拳。

余功保：

您始終參與了太極拳的推廣工作，從編定 24 式、48 式太極拳，到後來的競賽套路等，對整個過程很清楚。我們現在推廣太極拳也要從過去的經驗中進行總結，成功的地方繼續堅持，一些需要改進的地方進行研究變革，以便更好地發展太極拳。從您自身的體會來看，對過去的推廣情況如何分析？

門惠豐：

我最突出的一個感覺是國家很重視太極拳的發展。毛主席曾經提倡爬山、游泳、打太極拳，那是 1952 年。也是響應毛主席的號召，為了更好地普及，國家體委推出了 24 式太極拳，取得了很好的效果。我們第二代領導人鄧小平同志提出「太極拳好」，對我們鼓舞非常大，極大地促進了太極拳的發展。

我們的一個特色是百花齊放，不僅有 24 式，還有 48 式、88 式、競賽套路，還有各種傳統套路，既表現了太極拳內容的豐富多彩，也適應了不同的人群需要。

太極拳發源於民間，但我們把它從一個民間項目，由一定的改造，使之成為了全運會、亞運會、世界錦標賽的體育比賽項目，擴大了影響，變成了規範的正式運動。大大提升了它的系統化、科學化程度，便於交流，特別是在世界範圍內，給它提供了更多的發展機會。我感覺這是我們這些年來一個最大的成功。要

在首屆世界太極拳健康大會閉幕晚會上做示範表演

融入現代社會，不競賽不行，競賽是個指南針、指揮棒，用規則來促進提升，這裡有一個普及和提升的關係要處理好。以前武術競賽是長拳，後來有南拳，再就有了太極拳。但也有人認為太極拳不好評判，這是有些客觀困難，但說它不能競賽我不同意。很多因素，太極拳的「內」的因素，我們可以由研究，想辦法解決，逐步做到科學、公平。競賽太極拳現在已經解決了這一點。

太極拳推廣工作也有需要加強的地方。比如說計劃性再長遠一些，有的措施還要強化一些。特別是太極拳的教學方面，應重點提高質量。24式太極拳出來後，大面積普及了，很有作用，但很多人的練習質量不太好，有的人開玩笑稱為「公園拳」，一是指在公園練的人多，再一個意思指練得比較隨便，一邊說著話一邊比劃，這就影響鍛鍊效果。這和教學有很大關係，我們應該下大力氣有組織、有計劃地培養高水準的太極拳教師隊伍、輔導員隊伍。輔導員光會一個套路不行，教學要有教學方法，還要懂理論。過去練太極拳說「十年不出門」，現在我們打破這種迷信了，但是，練太極拳還是要下工夫，練到一定的程度才能體會到一定的感覺，才能打出內涵。太極拳人才很重要。有人提出來應

該建立一個國家的太極拳學院，我特別贊同這個提議。

余功保：

您剛才分析了練好太極拳規範、連貫、圓活的幾個要領，另外，太極拳練到高級階段，還要練出神韻，充分體現出太極拳的風采。把架子練出來相對容易，但是把韻味表現出來，特別是文化的內涵透過拳架讓自己、讓別人感受到就困難一些。您覺得怎樣才能表現太極拳的神韻？

門惠豐：

最容易失傳的內容也就在這裡。一般人一提神韻就摸不著頭腦，神韻是什麼東西？很虛。實際上內家拳教學訓練恰恰就是訓練神韻這種東西。大腦指揮人體運動系統包括呼吸、運動技能進行運動產生的韻律性的東西，自己感覺很美，別人看上去也很美，這就是神韻。這就跟唱歌一樣，唱歌是用聲音構造節奏，形成韻律，我們太極拳是用身體，由肢體的變化產生節奏，給人一種欣賞，自己也神采奕奕，調動精神面貌。對於神韻如何表現？前人已經說出來了，「以意行氣，以氣運身」，要抓住動作中神韻的成分，要分析你缺少了哪些因素神韻就表現不出來，找到了這些因素，你的拳就練成功了一半，再把這些因素做出來，拳就練成了。剛才說太極拳以人為本，以人的哪些東西為本？神韻是不可少的。

練出神韻的一個方面，是要在拳架中把太極拳的理論練出來，別人一看，他的動作中含有這麼個理，神韻就有了。動作的位置、路線精確到位，但如何到位，就是理的變化。你不能讓人一看，這是長拳慢練，那就沒有味道了。

神韻中有些因素要辯證處理好，如剛柔、虛實、起落、動靜等，神韻就是從這些因素中出來的。一動無有不動，一靜無有不

門惠豐太極拳式

靜，不是把動靜完全割裂開，而是摻合起來。所以太極拳的神韻是一種整體性的神韻，很飽滿的神韻。它的節奏不單是速度的節奏，而是包括了空間因素、內外因素變化的節奏。這些因素有一個完整的體系，就是十三勢，所以練出神韻的一個訣竅，是把太極十三勢做好，由十三勢入手，特徵有了，神韻就出來了。

十三勢中手法八個，掤、捋、擠、按、採、挒、肘、靠；步法五種，進、退、顧、盼、定。把這些結合起來，就是一個體系，就抓住了太極拳的本質。衡量你練的這個動作是不是太極拳就看動作中有沒有十三勢。如果在緩慢、連貫、柔和、圓活中貫進了十三勢，太極拳就有了神韻。姿態好看沒有勁好看，沒有陰陽勁不行。沒有陰陽勁就是雙重，違反拳理。前人的理論，留下來的拳理，不是練套路的理論，而是說技擊的理論，這一點上有人有誤解，拿著拳理來對照練套路，不全面。

余功保：

同樣一句話，可能從練套路的角度和技擊的角度去理解，結論不一樣，至少側重點會不一樣。

門惠豐：

拳理中說的是怎樣用太極拳制敵取勝，以陰陽為基礎，支撐八方，依照這些理論去練拳，要領就對了，神韻就出來了。

十三勢中最核心的是「定」，前人論拳把最重要的放在最

後，這個「定」是統帥前面十二個字的，站樁就是練定，定生慧，「定」是神韻這個層次上的因素，前十二個字還有動作形態可循，但「定」就沒有，什麼是「定」？含義很豐富，你在不同階段就會有不同體會。

三、曲直成圓

余功保：

練太極拳都要練推手，傳統教學中有推手訓練，現在也有推手比賽。很多武術家十分重視推手的練習，您覺得推手在太極拳中是一種什麼樣的作用？

門惠豐：

在推手問題上我們首先要清楚概念，什麼是推手？什麼是太極拳推手？你要訓練的是什麼推手？

推手就是搭手對抗，不懂太極拳也能推手，力的較量，也可以講究一些方法，也可以作為項目，但那不是太極拳推手。

太極拳推手這個定義要理解清楚，定準確。太極拳推手是兩個人按照太極拳的技術要領進行的推手活動。太極拳講體用，推手也是它的「用」的方面。太極

太極拳式

拳推手的核心是四個字、一句話；粘（沾）、黏、連、隨，不是力的對抗。兩個人在不脫離接觸的情況下，依照十三勢的準則去進行對抗，兩個人是統一體，產生矛盾的運動，以對抗的形式表現出來，這裡面有文化的層次。

太極拳推手對於太極拳的訓練很重要，有些勁你必須推手才能體會，比如把對方掀起來，推出去，這就是掤勁，你一試，就很明白。在推手中還可以有人餵手，產生幫助作用。

推手的比賽和傳統的太極拳推手訓練又有一定的區別，它是在一定規則下的對抗，以取勝為目的。訓練推手運動員很難，搞不好就成了力的較量。要和傳統的太極拳推手技法相結合，體現出太極拳的特點，否則就沒有生命力。

練習太極拳我建議有條件的都要練一練推手，對學拳有幫助，你不一定要參加比賽，作為一種自我體驗，有樂趣也有實際作用。

余功保：

太極拳的呼吸是大家關心比較多的一個問題，它和健身有直接的關係。各種運動都有呼吸，一些內功的練習還專門有調息的方法，也涉及呼吸。您認為太極拳練習中應該怎樣處理呼吸問題？

門惠豐：

我覺得太極拳的呼吸應該分階段來對待。

第一步，對於初學者來說，不要去管呼吸怎麼和動作配合，所以現在寫書很多地方都寫「呼吸自然」，氣宜直養而無害嘛。「直養」就是自然對待。人的生理特點就是這樣，無時無刻不在呼吸，你不去想，也在呼吸，和走路、工作中的動作也是配合的。在初練時還是應以太極拳動作準確為主。這是「泛化」階

段。動作還不知道怎麼回事，你還去講呼吸，結果就亂套了，哪兒也顧不上，弄不好還傷內。

第二步，當你的拳架比較熟練了，到了「分化」階段，動作、大腦可以分離了，能夠兼顧其他了，可以適當考慮一下呼吸怎麼隨動作，怎麼更「合」一些，但也不要太注重呼吸。

第三步，你的動作定型了，動作自動化了，怎麼打都不變了，符合太極拳的原則了，規範了，在這個基礎上，可以全面考慮呼吸在拳式中的方式問題。所以是一個先練外、再練內的程序，呼吸屬「內」的成分。

呼吸的方法前人已經總結出來了，就是開吸、合呼，伸呼、收吸，起吸、落呼，蓄勁的時候吸，發勁的時候呼，這是依照陰陽學說來劃分的。

對呼吸進行有意識的訓

八極拳式

八極拳式

練有一些方法，概括起來就是提、托、聚、沉。動作往上起的時候就運用提氣，提氣不是提到胸上，那樣就憋氣。提也是一種勁，把運勁和運氣結合起來，練到後來，氣和勁是一體的，用一種方法，兩種效果都達到了。有時我們說用氣打人，其實還是落實到用勁打人，只是氣、勁結合起來運用。「提」氣時把勁往上提，把重心升高，是為了升高重心的一種勁的運用，便於用力。氣提起來還要穩住，「托」住，托就是使氣息保持穩定，不散亂。這兩個字都是向上動作時的方法，動作向下時就是「聚」「沉」，先把意念沉入丹田，再把氣向下沉，沉的過程是個聚的過程，不能往下隨隨便便一放，泄了，勁還要保持渾圓。這樣的呼吸就是為了達到技術要求的一種要領，不是簡單的換氣，是為動作服務的。

余功保：

有的人認為，在太極拳練習中，由調節動作、要領使自己達到一種最舒服的自然狀態就是正確的呼吸狀態，不必專門去管呼吸，您覺得這種說法有沒有道理？

門惠豐：

我不這麼認為。因為太極拳是一種有規律的運動，你即使在某一式中不去管呼吸，在式子的結尾，定式時，總有沉氣的過程，呼吸總會不知不覺地介入動作完成的過程。我們說開始可以不去管得太多，就是讓它自然，到了一定程度，在自然基礎上還是要進行適度的調節，這樣就把意念和呼吸結合起來。最舒服的時候呼吸就是正確的，開始時可以簡單的理解，但深入了還需要調節，還要結合要領，還要運用我們上面說的一些方法，這樣也有利於勁力的訓練。比如陳式太極拳的某些動作，就是要運勁、運氣，必須要調節呼吸。根據拳法的節奏來進行呼吸，開始可能

太極拳式

有些不習慣，時間長了你會覺得這樣才是最舒服的，是「曲」中求「直」的舒服，實現了更高層次的「氣宜直養」。

余功保：

太極拳雖然是內家拳，但在動作上還是比較刻意的，雕琢精美。在推手中也需要和別人交流，有內就有外。很多老師特別強調「內外相合」，許多經典拳論也把這一條擺在相當重要的位置。您認為怎樣才能做到「內外相合」？

門惠豐：

內外相合是幾百年來太極拳家追求的一種高境界。太極拳為什麼緩慢？緩慢容易精神集中，容易使動作按你的思維去運行。慢工出巧匠。內外合一的一個條件就是刻苦訓練，反覆按要領練拳，拳打千遍，其義自見。領悟、研究固然重要，但最終還是要落實到身上。「合」就是身體內外有序的運動，手、眼、身法、

太極拳式

步，精神、氣、力、功，內外諸多因素協調地配合，對稱起來。在緩慢的狀態下，你有時間去細細體會合的感覺，等拳打到一定的數量，一定的程度，你就體會到內外相合了。所以太極拳是一種最有條件實現內外合一的先進的練習方法。

另外要實現內外相合，還要練習樁功，外靜內動，等你再一練動作，把樁功的體會發揮出來，對應感受，提高就快。

合的目的是技擊，所以往哪兒合，這個合的點、合的順序也要分清楚。比如說有的招勢是用手打人，就要合在掌上。健身也是統一的，全身產生有序化運動，外強內壯，體質就提升了。

在合的問題上容易犯的一個錯誤就是打拳時不「看」手，不用眼睛看，意念也不在手上。手是自由的，手為人體梢節，你不管它，梢節一散，內外就很難相合。

要想練好「合」，就要認真研究拳論中關於「合」的部分，想透它們都是什麼含義。仔細琢磨哪些詞是從哪個角度、哪個方

太極拳式

面來論述「合」的。比如說「欲左先右，欲上先下」，把對立的方向處理好就合了。「上下左右相繫相吸」，手和腳一動，分的時候像有繩子繫在一起，合的時候像有吸力，有一股氣在體內流動。這些都是對「合」的練法的具體指導。

余功保：

把對立的矛盾一統一就「合」了。

門惠豐：

太極拳每一動作都包含對立的矛盾，把它們找出來，統一起來，是在鬥爭中求協調。如果勁都向同一個方向反而不是合。

余功保：

「合」是一種狀態，是勁的合。太極拳中的勁是一個很複雜的元素。對於勁的研究比較多，有的說得也很奧妙，把太極拳的勁分了很多種，比如明勁、暗勁、化勁、彈抖勁、冷勁、斷勁等。你怎樣看待勁的問題？

門惠豐：

　　拳家對於勁的論述很多，講拳就是講勁。有時候用的詞不一樣，但意思是一樣的，方法也是一樣的。我覺得講勁還是從十三勢上講，其他的各種勁的說法都是在十三勢上的發揮。所有的勁裡我看最主要的就是掤勁，萬法不離掤。身體往那兒一站，手往那兒一放，意念沒方向，渾圓的，拉不開，擠不動，產生八方的掤勁，也叫彈簧勁。掤勁沒有確定的方向，跟著你轉。你的勁來自哪個方向，掤勁方向就向哪裡，你來的力有多大，掤勁就有多大。太極拳中可以說處處是掤勁，一動就是掤勁。

　　怎麼練，就是由站樁。你站到一定時候，自然就感覺到掤勁，手一動就沉甸甸的。其他的勁都來源於掤勁，比如纏絲勁中也有掤勁，往往一個動作中包含不止一種勁，很多勁交織在一起，但都是從掤勁中演變過去的。你很好地掌握了掤勁，你的身體就變成了一個球，別人就侵入不進去，控制不了你。身體要求上的「含胸拔背」就是與掤勁相對應的，練拳時隨時保持含胸拔背的狀態，掤勁就容易產生。

　　在勁的問題上我比較反對玄虛的東西。勁必須要在推手實踐中檢驗。過去我跟馬禮堂老先生學習推手，開始我還很客氣，象徵性地推一推，後來我就真正用全身的勁，用大力推他試一試，結果突然就失去重心，力的方向就沒有了，一下子就洩掉了，使不上勁。我就覺得這裡面確實有奧秘。現在我們學勁力，也要在推手實踐中去驗證。

崔仲三

崔仲三，1948 年生，北京市人，祖籍河北。北京體育大學畢業，中國武術七段，國家一級武術裁判員。出生太極拳世家。祖父崔立志（號毅士）是楊澄甫入門弟子、楊式太極拳在北京的主要傳人之一、北京永年太極拳社創辦人。幼年起秉承家學，隨祖父習練傳統楊式太極拳。全面掌握了太極拳、器械及推手，繼承了祖父拳架舒展大方、勻緩柔和、輕靈沉穩、意在其中的風範。

自 1957 年參加各類太極拳比賽，獲得優異成績，多次獲北京市太極拳冠軍，1986 年獲全國太極拳比賽太極劍亞軍並任北京代表隊教練。在第十一屆亞運會開幕式中日太極拳表演中擔任教練工作，擔任第七、第八屆全運會武術裁判工作，多次參加太極拳、推手競賽規則的研討與編寫

工作，參加北京市武術挖掘整理工作並獲嘉獎，多次榮獲優秀太極拳輔導員稱號。

多年來為傳播推廣太極拳作出突出貢獻，培養的許多學生在北京市武術比賽、全國大學生運動會、全國武術比賽中取得良好成績，二十多年來相繼接待了來自十多個國家和地區的外賓傳授太極拳，並數度赴國外教學，1998年被永年國際太極拳聯誼會授予太極拳名師稱號。習武事蹟被錄入《燕都當代武林錄》《世界優秀人才大典》。

在《中華武術》《武魂》等雜誌發表文章多篇，撰寫出版了《傳統楊式太極拳教程》《太極刀》《學練二十四式太極拳和三十二式太極劍》等著作。

曾任北京市東城武術館副館長、北京市東城武術協會秘書長。現任北京市武術協會委員、北京永年太極拳社社長。

智以藏往

——與楊式太極拳名家崔仲三的對話

練太極拳要用智慧。

有沒有學問從練的拳架上能看出來。這種學問不一定是書本上的，更深刻的可能來源於實踐。實踐就是「往」。實踐產生大智慧。

不把太極拳當一門學問對待的，就對不起太極拳。

太極拳的一舉一動中都有「智」，「周身輕靈」就是不執著了，不遲重了，你把架子「拆」了，揉碎了，消化了，「智」就隨了你，老一輩謂之「拳上身」。

「智」是活的，是開放的，拳也是發展的。學會學習比學習本身更重要。不僅向傳統學習，還要向現代學習，不僅向前人學習，還要向今人學習，後者往往具有更大的難度，需要更大的勇氣。時代感不是一句話就能了結的。

練太極拳還要有一種「狠」勁，把太極拳「看穿」。

被看穿了的太極拳原來那麼簡單，「全身透空」，簡單得就是你的自然，簡單得就像你在和人愉快交談時不經意地抻了一下衣衫。

「有意無意之間」，你說這種感覺難還是易？

（余功保）

一、太極拳的現代價值

余功保：

2001 年的 3 月份，中國武術協會舉辦了首屆世界太極拳健康大會，大會盛況空前，在海內外產生了巨大影響。您作為輔導老師參加了這次盛會，您有什麼感受？

崔仲三：

一個最強烈的感覺是，太極拳的發展大有前途。那麼多的人，來自各方面的，對太極拳有濃厚興趣，它們是一些代表，由此可知，在世界各地的人民喜歡太極拳的很多。國際奧委會主席薩馬蘭奇先生給大會的致信充分證明了這一點。

余功保：

太極拳受到了國際體育界的高度關注，很多中國的研究者也把太極拳等傳統體育項目和以奧林匹克為標誌的現代體育項目進行比較、融合。一個例子就是我們申辦 2008 年奧林匹克運動會的申辦標誌。

據設計者介紹，它有三個含義，一是奧運五環，二是中國結，三就是太極拳的動作造型，中國奧委會對此予以肯定，這說明大家覺得太極拳能作為中國某一方面的形象在世界上有很高的認同度。這說明一個古老運動的現代價值正在被廣泛挖掘。您怎麼看待這種趨勢？

崔仲三：

太極拳目前在世界上的發展相當普及了，而且是浪潮越來越大，尤其是第十一屆亞運會以後。因為在第十一屆亞運會開幕式上，有一個中日雙方的太極拳表演，這個表演透過直播傳播面很

崔仲三先生在首届「世界太極拳健康大會」做示範表演

廣，讓世界很多國家的人直接看到中國太極拳的韻味是什麼樣
的。當時的表演是幾千人，以中國為主體，表演確實產生了很大
的反響，更深刻的背景是，隨著社會經濟水準的不斷發展，生活
的提升，人們對於健身這方面的要求越來越強烈了。當然，過去
在中國也有很多人在練太極拳，但是，沒有像現在這樣形成一個
大規模的、群眾性的太極拳運動。

太極拳的價值是由它的特點決定的，它的動作特點是一種緩
慢、柔和、連貫的，所以很適合不同年齡、不同階層、不同層次
的人練習，從小可以練習太極拳，到了中年還可以練習太極拳，
老年人練太極拳更方便，所以才吸引了眾多的人來練習，形成這
麼一種大的太極拳集體，尤其是這些年來，在國外引起了很大的
轟動。

余功保：

您認為太極拳跟現代的體育體系來比較，有哪些方面的不同
和相同？

在首屆「世界太極拳健康大會」上領獎

崔仲三：

太極拳應該說是中國土生土長的一種特有的、民族的東西，我覺得太極拳不同於西方傳到中國來的一些運動項目。它的動作首先是柔和緩慢的，一個人在這種狀態下不停地進行運動，而產生的效果和其他比較激烈的運動方式所產生的健身效果是一樣的，可能在一些方面還要高於其他一些項目。有特點，有個性，我覺得這是太極拳之所以吸引眾多人來練習的一個重要方面。曾經擔任世界武術聯合會主席的伍紹祖先生，對中國武術包括太極拳在內講過一個觀點，他認為中國的武術，有屬於體育的一部分。但在這個範疇之內，太極拳等武術又具有很強的思想性，包含了哲學、文化內涵，有高於現代體育這一部分的內容。我覺得這種想法是有道理的。一方面來講，太極拳作為一個競技項目，可以達到一種技術水準，但它又有很強的普及性。在街面上，每天早晨有很多人在練習太極拳。所以這樣，就因為中國的太極拳包含了很深的哲理，包含了陰陽、正負等哲學元素。在太極拳的

動作領域當中，包括了垂直、上下、開合等等，它是一個對立的又是一個統一的運動形式。太極拳中包含知識、包含智慧。理解不到這方面，太極拳就練不到位。

初學者可能對太極拳沒有一個特別深的感受，但是你經過一個長時間的練習以後，你就可能覺得它的內涵的東西有很多。

余功保：

這也是一個學習方法，開始注重體會一些動作、外形，深一步要能夠體會出它內在的這些哲學、文化等等。

崔仲三：

對，必須要到這一步，否則太可惜了。太極拳不只是一種運動，而且是很深的文化。舉一個例子說，太極拳要求你把胳膊伸直，但是並不像其他運動一樣，把你的胳膊伸得很直很直，而是在曲當中求一個直的感覺，這種方法包含了中國的一個哲理在內，就是趨勢在內。所以從太極拳的手型上，以至它的每個動作上，動作和動作之間的銜接上，都包含著中國古代哲理。就像太極拳裡所講的，邁步如貓行、運勁如抽絲等等，都是很細微、獨特的感覺。

余功保：

所以很多外國人在學習太極拳時都把它作為體驗中國哲學文化意境的一種實踐的方式。

崔仲三：

從我接觸的面來看，很多人透過學習太極拳開始要了解中國了，而且不僅學習中國的太極拳，還要學習中國的文化，了解中國是什麼樣的一個社會，中國是怎樣的一個國家。

余功保：

所以在推廣太極拳當中，要把文化的介紹擺在一個重要位

縱論太極拳理論

置。太極拳的展示，除了要有「武風」，還要有「書卷氣」。把太極拳作為一種文化載體來看待。

崔仲三：

由這些年的接觸，我覺得國外的人學太極拳有兩種情況，一種是屬於咱們東方範疇內的，如東南亞國家、日本等，是跟中國比較相近的一些國家，他們練習太極拳，覺得有一種親近感，透過中國太極拳的練習，有文化尋根的味道，太極拳對他們有一種親合力。而其他國家的人來練習，他就覺得是另一種文化的體現。由動作，他慢慢體驗中國古老的東西是什麼樣的，再由拳理明白為什麼是這樣。有些人一開始一個中文字都不會，後來一點點地由太極拳的練習，學習了中國的文化、學習了中國的方塊字以後，他對中國的文化感興趣了，要學中國文化。前不久我在美國亞特蘭大講學的時候，一開始用英文翻譯解釋做的動作，以後我換成了中文，學員感覺性質不一樣了，他們覺得中國字有意思了，覺得太極拳動作名稱裡幾個字當中包括了很多東西，所以，他們就希望由太極拳的練習去掌握更深一層的東西。

余功保：

太極拳動作名稱是漢字魅力的一種體現。有的人專門研究這

些名稱，甚至提出「太極拳名稱學」，既有技術含義，也有思想含義，言簡意賅。「雲手」，不僅道出形體，還描繪出意境，「如封似閉」，你結合動作就知道用詞的精妙

做太極劍輔導

了。「單鞭」，蘊含了陰陽互動意趣。一些文化學家有這樣一種觀點，就是你認識一個國家的文化，一定要去分析、認識那個國家的文字、語言，推廣太極拳可以推廣漢語。

崔仲三：

我在美國的實踐就證明了這一點。後來我為美國學員開了一個中文班，學習中國話，一些人還很希望今後到中國來。所以我覺得太極拳作為國際的交流，為我們國家走向世界，起到了推動作用。

二、在變化中發展

余功保：

有一種現象很有意思，就是太極拳在中國武術裡邊，算是發展起來形成體系比較晚的，有很多拳種在太極拳之前就已經具備規模了。但是，太極拳形成得比較晚，發展得卻最快，這除了它

崔仲三太極拳式

自身的原因以外，和我們的推廣工作也有直接關係。解放以前就有一些發展，新中國成立以後得到了更加飛速的發展，這跟我們國家的領導人和政府提倡有關係。比如說國家體委編訂了 24 式太極拳等等一系列推廣套路，對太極拳的發展有積極的促進作用。改革開放以後，隨著國際武聯、亞武聯相繼成立，中國武術協會的工作逐步加強，太極拳的推廣逐步地展開，可以說我們有很多成功的經驗值得借鑒。但是推廣當中也存在很多問題，怎樣借鑒過去成功的經驗，將來更好地在全世界推廣，是一個重要課題。您從一個太極拳專家的角度認為，怎樣發展才能更加有利於太極拳在世界範圍內的普及？

崔仲三：

您剛才提到的很對，太極拳發展史並不是很長，但是它發展得很快。這個原因是什麼呢？一個是普及量、群眾量，再一個是1956 年國家體委創編了 24 式太極拳以後，實際上就把民間的太極拳規範化了，有科學性地、有條理性地提升了一個檔次，這樣一來更有助於中國民間太極拳的發展。

余功保：

這種提升好像也是有爭議的，自始至終就有不同的聲音。

崔仲三：

是這樣，因為中國的太極拳流派比較多，同一個流派當中演繹方式也不太一樣。一位老師教的幾位學生，同樣的一個動作可

能由於每一個人的理解程度、文化程度、身體條件等等演繹出來的方式肯定會不一樣。所以就像您說的，24 式是一個很好的拳術，多年來經過實踐檢驗，您已經看出來了。但當初也有些人產生一些他自

太極拳式

己的想法，因為他有自己的一套固定的練習方法，要他去接受一個新的練習方法，總覺得有點跟自己原來的不太合適。但是並不能說 24 式就不好。我覺得中國太極拳的發展 24 式掀起了一個相當重要的、或者說龍頭的作用。

余功保：

24 式應該是作為一種模式，而不單是一個 24 式套路。因為後來又出現了 48 式、88 式等，以及一些規範性的套路，這是一種思路。對於 24 式的評價，不僅是侷限在拳的問題，是一種發展性、前瞻性思維。

崔仲三：

發展太極拳先要有群眾性，有一個金字塔的底座。這個面很大，也就是現在我們所看到的，在中國也好，在國外也好，這麼多人來練太極拳。另外，透過競賽的套路，把太極拳運動又提升到一個新階段。我覺得今後太極拳的發展還是要抓好這兩條線。從太極拳發展史上看，是在不斷地更新，不斷創新，一步一步走到了現代的太極拳這個階段。首先有一個普及面，我們可以定位

說成是「群眾太極」吧，可以不像專業練得那麼精，但是面很廣，有了這個面以後，相對地就產生了一個咱們所說的專業競賽套路，有一些動作有了更高的要求，這樣使得你也產生一種更高的追求，走這兩方面的路，我想對太極拳的發展應該有一個很好的作用。

余功保：

由這幾年一些國際性的活動也可以看到，其實有很多外國運動員也已經達到或者接近咱們專業運動員的水準。

崔仲三：

因為這些年來，一個是太極拳運動在國外產生了很大的影響，練的人多了，再一個咱們國內的一些很有名的老師、教練、專家、教授，以及很多著名的運動員在國外從事太極拳普及工作，所以，把國外的太極拳運動一下子帶起來了。這對國內的人來講實際是個好事，促使我們必須想更多的辦法，把國內的太極拳如何更進一步推動起來。

余功保：

相對於整個世界來說，中國又是一個底座了。一些體育發展的戰略專家曾經給我們一些建議，認為在太極拳的發展當中，我們現在有兩方面做的可能要落後，就是不適應這種發展，一個是我們缺乏整體性的推廣戰略措施，一個是缺乏一個整體性的架構。相對於跆拳道，以及日本的柔道、空手道的推廣，可能我們推廣的現代化的架構做得還不夠。另一方面就是太極拳的普及，在師資這方面還比較薄弱，這兩個問題您是怎麼看待的？

崔仲三：

我覺得師資是一個很重要的問題。因為現在練太極拳的人很多，但是，是否都能達到一定的水準，這個可能要適當地分析一

下。能稱為太極拳老師的人，他不僅是在拳術上，而且在拳術理論上，乃至太極拳的健身價值作用上等等，都應該具有一定的水準。有了一定的師資力量，去發展太極拳運動就更好、更快。但師資不是一個短期之內可以解決的問題，有關的體育部門、領導部門，要有計劃、有佈置、有選擇性地進行工作上的安排，在普及過程當中，去發現一些苗子，去找一些苗子，然後再有計劃地進行培訓，造就一支太極拳的教師隊伍。

余功保：

在您的看法裡，一名合格的太極拳老師最起碼應該能夠具備的基本素質、基本條件是什麼？

崔仲三：

首先來講，他要對他所掌握的這個流派的技術動作有一個比較明確的了解，不管是楊式也好、武式也好、陳式也好，你要把握它的動作特點，要有它的一個動作體系的東西體現出來，這是從動作來說。

從理論來講，首先要明白太極拳的理論是什麼，而且這些理論和你實際的練習是如何有機地結合起來，才能去指導別人的練習。再一個，太極拳作為武術當中的一種，它也講打，太極拳打的形式和其他武術項目不太一樣，它比較含蓄，是以靜帶動的一種打，作為太極拳教師，對於太極拳的技擊也要掌握。

余功保：

楊式太極拳是一個普及程度、知名度非常高的太極拳流派，您作為楊式太極拳的傳人，能不能簡單介紹一下關於楊式太極拳的研究、發展的情況？

崔仲三：

以前電視臺播放過一個電視劇《太極宗師》，這個故事也從

太極拳式

藝術角度上，表現出楊式太極拳是如何發展起來的。現在練楊式太極拳的人很多，這可能跟它的特點有關。楊式太極拳的動作特點是舒展大方、開襠闊步，動作比較大，做起來感覺很優美，而且氣勢磅礴，使人很容易接受。楊式太極拳的發展經過了楊氏幾代人了，幾代弟子不斷地在國內和國外傳播。

再一個就是您剛才提到的，1956 年咱們國家編制了 24 式以後，使楊式太極拳更豐富了。因為 24 式是在中國傳統楊式太極拳的基礎上，提煉出一些精煉的動作，按照現在社會的發展，結合一些規範性元素，使得太極拳更符合現在人們的觀賞能力和接受能力。24 式的普及大大促進了楊式太極拳的傳播。

楊式太極拳創編人是楊露禪，他生於 1799 年。楊露禪宗師是在河南陳家溝學的太極拳，後到了京城，形成了自己獨特的一種風格，具備了楊式太極拳的雛形。當然在那個時候，練習時還有陳式太極拳的味道在裡面，尤其是陳式太極拳的二路，動作當中包括了很多陳式太極拳的動作痕跡在裡面。在我祖父他們練的時候，也就是楊澄甫先生教的時候，打虎勢還有一個二起腳，也就是現在我們的騰空開腳。「二起腳來打虎勢」，由名稱我們就可以看出，他的動作和現在不完全一樣。我們現在的動作套路裡只一個蹬腳，蹬腳以後，變成「雙峰貫耳」，或者是打虎的姿

勢。經過一代一代的發展，在教
拳過程中發現，很多人不善於、
也不太喜歡做比較劇烈的打的動
作，而是希望做一種養生或者柔
化的動作。楊式太極拳從這時
起，就開始逐漸地從原來具有特
定的、特別強烈的運動當中慢慢
轉化了，形成了自己的風格。

太極拳式

楊式太極拳發展到楊澄甫宗
師這一代時，動作已經徹底柔
化，正像澄甫先生所講的，楊式
太極拳乃綿裡藏針之術，先柔而
後再成為一個剛勁。要求要在腰身上動作，以腰為主、以腰為軸
等等。可以說，經過祖孫三代的不斷磨練、研究，以及眾多弟子
們的共同努力、發展，到澄甫先生時，楊式太極拳就已經形成了
一個完整的體系。當然今後還會不斷發展。

我祖父崔毅士生於 1872 年，於 1970 年去世。17 歲時拜澄甫
先生為師。我祖父和澄甫先生都是河北人，是很近的鄉親，在京
城是透過一個宦官認識的。當時澄甫先生住在北京的北兵馬司，
我們家住在故宮東門外、東華門內，兩家的關係相當好。

余功保：

崔毅士先生在跟楊澄甫先生學拳之前有沒有練過別的武術？

崔仲三：

那就太多了。我祖父從小就比較喜歡武術，在農村的時候他
跟清代一位名鏢師學過「三皇炮捶」。我的曾祖父也特別喜歡武
術，我們家鄉有習武之風，這對我祖父有影響。

太極拳式

余功保：

這個現象好像比較普遍，後來成為太極拳大家的一些武術家，在練太極拳之前或是練的過程中都學過很多種武術，這個是不是對練太極拳也有一些作用？

崔仲三：

我覺得有作用，便於對武術的全面理解。因為太極拳是中國武術當中的一種，有些人可能一開始沒有接觸到太極拳，他是先練的其他拳術，最後接觸太極拳以後，經過一些老師同意，正式從這位老師拜到那位老師門下去學習。

余功保：

也有風險，學好了融會貫通，學不好，四不像，拖泥帶水。

崔仲三：

有這個問題。所以在學太極拳時要專心，分清主次。我祖父從農村出來以後到了京城，直接拜澄甫先生為師，後來就一直跟著澄甫先生學習楊式太極拳，十幾年的時間裡從未間斷。跟著澄甫先生走南闖北，尤其是澄甫先生南下的時候，我祖父一直隨著下去，在武漢、武昌、江西、安徽等地代師傳拳，因為澄甫先生當時的名聲很大，學拳的人也很多，忙不過來。那個時候練習太極拳都是在晚上，到了第二天凌晨才回來，所以他們那一代人學習太極拳是費了很多的工夫，也花了很長的時間。

在澄甫先生離開京城南下的時候，實際上他的有些動作已經開始有些變化了，揉進了一些其他太極拳流派的動作。比如當初

在河北有武禹襄老師練的武式太極拳。武式太極拳是以「立圓」為主，傳統的楊式太極拳是以「平圓」為主。傳統的楊式太極拳，乃至現今社會上流傳有兩種練習方法，一種就是兩腳開立以後，兩臂從兩側向前慢慢舉起，與肩平高以後輕輕按下，這個是大家經常看到的。再一種練習方法，就是澄甫先生加進來了「立圓」的動作，也是我祖父常練的這種。我現在所研究的這種方式，由「立段」起來的，虎口向上引到與肩平高的時候，向內劃弧，微有挑掌，到胸

太極拳式

前以後做一個小小的側步動作，然後由一個橢圓弧形向前推出，再慢慢地向下按，按到腿的兩側，這當中實際就已經把武式太極拳的「立圓」有機地，而且合理地揉到楊式太極拳裡邊。這種是澄甫先生所傳，後來北京的我的祖父、杭州的劉春明，還有四川的李雅軒等，都做了這種起勢的練習。還有一個例子，也是澄甫先生的一個發展，就是「右攬雀尾」，現在社會上流傳也有兩種，一種是右手是平開，左手在右手下，成為一個按推的動作，這是一種方式。再有一種就是現在我們所演練的，我祖父傳下來的，澄甫先生改的「立把」，由立以後變成的捋、擠、按的動作。所以太極拳是一代一代不斷變化發展著的，傳統太極拳的練習和現代楊式太極拳的練習，有的地方是不太一樣。

余功保：

現在很多人對傳統的理解也有偏差，他們認為傳統的套路好像就是一成不變的，這個思想看來也不對。有造詣的武術家都是

太極拳式

在不斷地變化著，不斷地變化拳法，也在不斷地變化自己。只有變化才能有效地吸取外來的一些技術。書法也是一種傳統性很強的領域，它實際上變化就很大，裝裱隨著現代科技的進步有了質的變化，表現方法也勇於吸取了一些現代藝術，特別是造型藝術的方式，更富於衝擊力、影響力。不承認變化就是固步自封。

崔仲三：

實際上有些動作的變化不是很大，但是我們可以引導武術家去吸收別人的東西，可以去把別人的東西有機地結合到自己身上來。這是作為後人的我們應該學習的一個方面。澄甫先生提升、改變起勢為「立圓」的動作，是更有利於這個動作的技擊，表現了他的力量變化的豐富性。所以，我覺得這個發展是很有必要的。

余功保：

您的回憶中，您祖父他們練習太極拳的一些過程和方法中最有特點的有哪些？

崔仲三：

印象中比較深的是我祖父和弟子們進行推手訓練。當初在我們家，一面牆上整個是稻草鋪的一個墊子，墊子外面有棉絮，棉絮外面鋪有布，我祖父經常坐在對面的牆邊，輪番和弟子推手，由太極拳的勁力把人發到牆上去。所以每天晚上，在我們家經常

可以聽到「咚咚咚」撞牆的聲音，也經常會聽到「哈哈」的大笑，往往是推到最高興的時候，笑聲一下就起來了，太極拳的技擊確實很有魅力。他們還做太極拳中的打杆子練習。現在由於器械比較長，受場地的限制，運輸起來不太方便，所以練的人很少。但是，我覺得

太極拳式

這個練習，對於體會太極拳內在的力量和如何調動內在力量的爆發，能起到相當好的作用。當初在我們家院子裡練習的時候，有我的師叔吉良晨等人，每天晚上練幾百下，乃至到上千杆子。

我也從那個時候就開始跟我祖父學習太極拳了。我記得是在1953年末、1954年初的時候，我祖父開始帶我練，一手一手地教。小的時候剛毅性不好，而且小孩沒有一個常性，為了提起我的興趣，我祖父就採取一種誘導式的練習方式，這在我印象當中也是比較深的。當初我祖父住的房間特別大，每一次練習的時候，我祖父總是買一串糖葫蘆，把糖葫蘆插在八仙桌上，打一段拳下來，才能吃到一粒紅果，一串糖葫蘆共有10多個紅果，這樣我就要做十幾段的動作，才能把這串糖葫蘆吃完。當然現在想起來比較可笑，但是，那個時候確實為我現在打下了一個特別好的基礎，而且使我體會到太極拳運動以腰為主，上下相隨，手動、腳動，如何做一個整體運動。現在如何教小孩子練拳也是值

得研究的，當然不一定都採用「糖葫蘆法」。

余功保：

對於小孩來說，興趣很重要，但規範程度也很重要。小孩子可不可以學太極拳，怎樣學太極拳，這也是一個課題。

崔仲三：

我覺得小孩學太極拳是很有好處的。關鍵是要研究一套適合小孩練習的方法，和成人要有區別。

余功保：

在楊式太極拳的發展過程中，楊家一門作出了卓越的貢獻，從楊露禪到楊澄甫先生，都是如此。另外一個方面大家也注意到了，就是有一些拳家，有人稱之為「外姓弟子」，這個說法不知道準不準確，在楊式太極拳發展當中也有非常大的作用，可以說沒有這些「外姓弟子」，楊式太極拳也不可能發展到現在這樣。其中比較有名的像崔毅士、董英傑、李雅軒等，這些人也都發揮了重要作用。楊式太極拳之所以那麼普及，除了它的動作容易練習、它本身固有的特點適應的年齡段比較廣以外，它的一種開放式的發展態度也是一個方面。

崔仲三：

我想這可以用一個很普遍的俗話來講，「紅花要由綠葉托」，花只有一朵，但它的葉子很多。太極拳幾大流派過去是用姓氏來命名的，叫「楊氏太極拳」「吳氏太極拳」等，現在都改以架式風格命名，叫「楊式太極拳」「吳式太極拳」，這樣更貼切一些。但這絲毫不是貶低楊家一門對太極拳的貢獻，相反，更加使之社會化，更加擴大影響面，也就更加提升了太極拳開創者的地位。其他流派的太極拳也是這樣。前面提到的 24 式、42 式、48 式、88 式等等，都屬於楊式太極拳的一種變化，參與這

些套路編定、推廣的人就更多
了。但是，有些演練風格和傳統
上有些小的差距，我覺得這也是
很正常的，因為社會在發展，人
們接受的東西在發展，一個傳統
也在發展，如果沒有發展的話，
恐怕也到不了這個面，所以，我
覺得這種差異是允許的。舉一個
小例子說吧，在現代，「摟膝拗
步」這個動作不論左手或右手，
都是五指朝前的，在書本上和教
學上都是這樣的。但在傳統的楊

太極拳式

式太極拳當中，要求的是虎口側向前，因為他強調這個動作的技
擊和防備方法，虎口向前，更適於抓住對方的胳膊，更適於技擊
的動作，所以這一點就和現在不太一樣。

在傳統的楊式太極拳練習過程當中和動作的銜接之間，在左
弓步和右弓步之間，有一個重心的後托，只是重心在前腿以後，
前腳外展 45°，隨著轉體，轉彎，把另一部分提起來以後，邁出
去再全面踏到裡邊，產生一個力量向前不斷的滾動性，這個也是
傳統楊式太極拳和現代有些不一樣的地方。

現代的這種練法也是一種表現形式，由重心的不斷地前弓、
後坐，把你重新拉回來，送出來，讓你體會太極拳當中的一種勁
力上的推拉，推動全身。但傳統就是講勁力向前，使得你產生一
種在柔化當中不斷向前的一種推練，動作上有區別。你不能說哪
種好哪種不好，側重點不一樣。

余功保：

　　整個太極拳，包括各個流派，都是在發展、變化中前進的。如果沒有發展，就會失去活力。從過去的老架到新架，從傳統的套路到國家頒佈的一些規定套路，都是由變化來產生活力的過程。普及、推廣和提升之間又有一個矛盾問題，對於提升來說，傳統太極拳又是一個必不可少的繼承環節，它必須保持固有的傳統的高水準的東西，同時又不影響普及的程度，就是傳統太極拳要成為航標而不要成為礁石。您認為楊式太極拳在今後發展當中，是否還能有所創新？還是強化現有的技術體系？

崔仲三：

　　太極拳是很寶貴的民族文化遺產，這些遺產是老祖宗給我們創造的。對於我們這些人來講首先是繼承。你首先要了解它，知道它，明白它，在這個基礎上你才可以按照我們現在社會的發展去創造它，發展它，把它引到一個新的發展的道路上來。楊式太極拳從楊露禪到楊澄甫成為一個定型，從澄甫先生到現在是不是也在變？我覺得還是在變。我已經講過了，有些動作澄甫先生已經在變化，他細緻了很多，豐富了自己，又創新了一個更加合理、更加完美的東西。所以，我覺得今後的發展也應該是這樣，這樣事物才能夠往前走。對於老祖宗所創造的東西，一些寶貴的、有用的我們一定要繼承，你體會以後再結合現在去創造新的東西、新的類型。

　　例如，我們現在所說的 42 式，以楊式太極拳動作為主，動作舒展大方，但糅進了陳式太極拳、糅進了孫式太極拳，這樣就產生一種新的太極拳套路，不同於傳統太極拳當中的某一個流派，而是形成了自己一個獨特的風格，但是，又沒有失去太極拳動作的意義，也沒有失去太極拳動作的深刻含義。如果太極拳運

動再往前發展，可能還有新的動作出現，要按照時代的發展，把古老的東西運用到今天來，也就是過去我們講的話，「古為今用，洋為中用」。所以，我覺得楊式太極拳還是可以創新的，但要有尺度，就是要在楊式太極拳基本技術框架內進行。

三、看清楚、想明白、模仿準

余功保：

我覺得在武術的發展中，在傳統和現代之間，不是一個取捨的關係，而是一種兼顧的關係。為了普及，我們會編訂一些推廣性的套路，因為要考慮照顧很多人的練習條件和習慣。另一個方面，一些傳統的東西，它所固有的一些練習方法，是由很多時間、很多人的揣摩、實踐總結出來的，有很深的道理。我們現在研究的一個重要任務，就是既要考慮到推廣當中的適應性，同時另一方面，對於傳統的固定下來的練習方法，也應該下工夫來整理繼承。研究它為什麼會那麼練習，現在我們為什麼這麼練習。真正的精華的東西，還是不能丟，還要保留。

您在這方面怎麼看？

崔仲三：

那些真正掌握傳統技術方法的人是武術的寶貴財富。過去最早的關於武術的練習，是由老師口述一點一點地告訴你，你再一步一步地練習。現在科技進步了，用科學手段，用科學的測試，可以做更多的練習。但人是一個很複雜的系統，有些效果還必須親身實踐才能實現，尤其是對於一些具體問題。比如現在有很多學員提出這樣的問題：我練一段太極拳以後，為什麼膝蓋總是疼？我覺得這個問題倒是很普遍，我給他解答，我說疼有兩種，

太極劍式

一種是正常的，就是你因為屈腿，重心不斷地左右移動，在屈腿狀態下，你要承受，起碼要承受你本身的重量，所以它處於正常的一種生理平衡，生理鍛鍊必然有反應。這種情況一般來講，兩周左右慢慢就會消腫。但還有一種就是練了更長一段時間，膝蓋反而更疼了，這個就是不合理的，是一種病態。這種病態，在以往的教學中我也注意到了，這種疼痛的產生就是他的腳尖和膝關節沒有在同一個方向上。動作一般是這樣的：如果是左弓步，那麼左腳尖向前，左膝關節一定和你左腳尖是相同方向。如果在向外轉腳的時候，你的膝關節和腳尖所轉的方向不一致、不協調，每天左右腿的膝關節都在不斷地左右移動，久而久之產生勞損，這是一種不合理的膝關節運動。這樣，我們把傳統練習方法和現代人體生理結構結合起來講解，大家就好懂了。這也是傳統和現代的兼容。

練習太極拳動作的時候，一定要注意到每一個動作細節的要求，就是你通過老師的講解，正確地揣摩，然後有一個正確的體現，這樣才能達到一個正確的鍛鍊身體的好的效果。

余功保：

這個前提就是你對練習的每個動作為什麼那麼做，要心裡明白。

崔仲三：

　　所以，現在有的人只是想學習很多套路，今天會了這樣，明天會了那樣，反正會了十幾樣，但是，沒有完全掌握一個根本的、最簡單的動作，會的套路再多也沒有用。我覺得對於初學者來說，一開始要注意到三個方面，一看，二想，三模仿，這是經這些年的教學，也是我自己努力的經驗總結。我在教學當中，首先要求學員先看，仔細地看，不要急，第一步功夫就是「看

太極劍式

功」，要會看，不能像照相機那樣簡單記錄，要「看進去」，看清楚，看老師怎麼做，他的動作是怎麼在轉換。二想，想什麼，就是老師在做示範的時候，他的動作的路線和他的表現形式是什麼。琢磨老師的意念是怎樣的，想自己能否這樣做，要把每個環節想明白。三模仿，在以上兩點的基礎上，你再開始去模仿，逐步加深印象，模仿開始一定要準確，不能走樣，向老師所做的示範的動作一點一點地靠攏。做到了這三點，練拳的病態就會大大減少。

余功保：

　　在具體要領方面初學者應注意什麼問題呢？

崔仲三：

　　首先一點就是要放鬆。很多人明白這個道理，但是沒有做到這一點。鬆是根本，從起勢我們就要求，一直到結束。在鬆的基礎上，每一個動作都要貫徹一些基礎要求。所謂基礎要求就是在

所有動作中都包含了這些特點。比如，頭頂要有一種向上挺拔的力量，眼睛要平視，頭部要固定在一個直線上，下顎微向回收，口微開，舌頂上腭。然後是肩，一定要鬆肩，所謂鬆肩就是把你兩肩關節、肩胛骨的位置向下。再接著就是「含胸」，在太極拳當中，有些人錯誤地理解這一點，就是故意把自己身體向前，這樣不是「含胸」，而是一種駝背了。如果這樣前傾身練習，容易產生一個弊病，就是練完拳以後，覺得呼吸特別困難，從起勢開始一直到收勢，最後才好不容易有了出了一口氣的感覺，這就不對了。因為你違反了自然生理規律。所謂的「含胸」「拔背」就是不挺，不挺就是含。你把兩個肩胛骨微微內含一點，產生一個呼吸，很自然的呼吸，這樣從後背來講，就肯定產生了很自然的一種弓形，這就是我們太極拳裡所講的「含胸」「拔背」。

有時簡單的東西不要複雜化。鬆肩的同時還要垂肘，尤其在起勢的時候，當你站立在那裡，從併立步開始，你的兩個胳膊很自然產生一個很大的向外撐力，也就是我們所說的太極拳當中的一個「掤」，所謂「掤」，太極拳論裡講「掤」在兩臂，按在腰部。在起勢中實際上兩臂在不斷膨脹，掤就自然產生了。另外就是鬆腰、鬆胯、收腹、斂臀。所謂的收腹、斂臀，練習者在這個問題上往往沒有很好地解決。這個要領應該是這樣體會，如果從側面看，收腹、斂臀的動作，腰背應該成為一個自然的弓形，但還不能過度彎曲，腰腹部有一種渾圓的感受。平常的練習中，你自己可以產生一個坐的感覺，就像你站立在椅子前，然後直體下坐的時候，你可以體會一下，你的背部是什麼樣的感覺。有時你也可以反過來體會一下，就是你故意挺胸、凸臀，你就可以明顯地感覺到身體緊張了，肌肉緊，上下不靈便。在練拳中你就要摒棄這種情況。

初學者自己可以在家裡試一試，你首先設法找出錯誤的感覺、最錯誤的感覺，這是反證法。你練完挺胸、凸臀後，馬上練含胸、斂臀，由幾個動作的反覆，自己可能有一個很強烈的對比，比較容易抓住這種要領。

余功保：

您剛才所說的實際上是一種教學的方法。外形還容易模仿一些，而太極拳中一些內在的感受教起來難度就大一些。但作為教師，你必須想辦法讓學生儘可能地靠近那個最真實的感覺，用誘導、提示、比較等等方法，只要能使學生找到一種逐漸接近準確的道路，就是好的方法。這一點在現代太極拳普及中很重要，要化「無形為有形」。太極拳是「大眾拳」，不是「貴族拳」。過去，為了適應王公貴族的需要，太極拳在技術上做過革新，今天為了群眾的需要，在教法上也要對傳統做些革新。

崔仲三：

應該是這樣。太極拳好，但太極拳功底好的教練還少，好的教法也不多。這其中一個障礙就是很多人太因循傳統，不敢革新。我覺得技術上嚴格繼承，教法上可以大膽創新。我這些年在教學上做了一點探索，我的一個體會是，如何運用最少的口令，能夠產生一個動作的感覺。如果你能給學員說明白，他就容易做出來，比單純的示範效果好，也就是「嘴把式」的功夫很要緊。我覺得這種教學方式效果不錯，我在國外教學的時候體會比較深。我的外語不是很好，我就是透過動作，透過很簡單的語言讓他明白是這樣的，讓他看了一個動作，讓他去想像，再讓他做出來，表現出來。就是首先讓他明白這個動作是做什麼的，應該是什麼樣的，讓他先想像你這個動作，再結合你所做的動作，對上號，最後對出來了，他的印象就更深了。

太極劍式

余功保：

　　就是一個拳法要適應現代社會的發展，要有現代化，首先在教法上要現代化。您剛才介紹的這些實際上是進行現代的工作，把眼睛、大腦、身體都調動起來，把邏輯思維和形象思維結合在一塊兒，不是單純地讓他去看形象，不是單純地去思考。

崔仲三：

　　這個結合必須很巧，很柔化，不是單純說教，有時還可以用一些對比的方法。例如，我有時候給學員講太極拳和舞蹈尤其是有什麼不太一樣時認為，它們都是一種表現形式，都是需要美，尤其芭蕾舞，它需要表現，它的表現方法側重點在哪裡？太極拳是一種很美的藝術形式，由動作的演練讓別人感覺到一種思維的變化，情感在不停的流轉。觀眾可以感覺到你思想的內部在動。在肢體上，芭蕾舞要求挺拔，太極拳要求立身中正，但不是挺胸的，它的髖關節是往裡含的，而芭蕾是開放式的，相似中有不同。你能用一種學員熟悉的、接觸較多的形式來比較，就能促使他在學習中開動腦子。

四、得圓者得太極

余功保：

　　太極拳給人最直觀的感覺有兩點，一是慢柔，二是圓弧形運

動。初學者是介於似與不似之間。其實真正做好這兩點也不那樣簡單。您怎麼看這個問題？

崔仲三：

我們看到的太極拳，是由一個曲線形式，代表著一種運動。曲線型美學當中也有意義。太極拳不論哪家、哪派都講柔化，從起勢一開始，胳膊就沒有直的時候，它可能在屈中求直，在舒展當中求一種緊迫感，但不是絕對的直，不能僵直。弧形讓人視覺上非常舒服，楊式太極拳的動作外形之所以這麼多人能夠接受，跟它給人的弧形美感有關。楊澄甫先生身材高大，體型魁梧，他做起動作以腰為主的旋轉，給人一種氣勢磅礴的感覺，很舒展，很大方，有一種弧形的飛揚動感。

余功保：

弧形的動作不僅具有美的視覺，在技術上、在技擊上也應該具有特殊含義。

崔仲三：

所以在楊式太極拳當中既講到了動作外形的美，而且又提到了動作內在的力量的含義，還有它的技擊的方法，很多方式都是用弧形來體現。例如「掤、捋、擠、按」，右手向外掤，由臂到身，呈大弧形，臂、掌之間，有小弧形，環環相合，從小指到前臂外側，是一種由下向外膨脹的力量。從虎口上講，要求虎口成圓形，掌既有撐，又有托。下面左手，是一種防備，力量是從中指開始到前臂外下側，是一種向斜外下方的防備動作，這樣結合起來給人一種飽滿、力量很強的感覺，處處是弧形。你看我做這個動作，並沒有使很大的力量，但是我得給你一種感覺，有一種氣勢、有一種力量在裡面。實際這個動作外形大家也可以看出來，就是一個「陰陽魚」的形狀，魚尾、魚頭相銜接，產生了一

太極劍式

個陰陽相抱的動作，兩臂加起來就很自然地形成一個太極圖形。太極拳幾乎每個動作都有這種形態，都是一個一個弧形組成的「圓」，平時練習可多加體會。

古代兵家云「得中原者得天下」，套用過來，我覺得「得圓者得太極」。圓就是太極拳的「要穴」。

余功保：

要做到一舉動周身皆是圓。

崔仲三：

對。一抬手手上都是圓，一邁腳腳下也是圓，這就是太極拳的主要特點。就楊式太極拳來說，它的手形要求是五指漏縫，成圓形，掌心內含，而且五指要富有彈性，五指要在同一個平面上，這實際上是一種意感的體現，也是一種意感的接觸。楊式太極拳在練習的時候，首先要注意到它的手型，手型對了，下來的動作才能對。

余功保：

過去我們常說「太極十年不出門」，這說明練太極拳有一個曲折的過程，這個過程中需要研究、琢磨。從您幾十年練拳、教拳的體會中，您覺得這個過程最關鍵的應注重哪些方面？

崔仲三：

太極拳看似簡單，裡面的學問卻很深。「十年」倒也不一定，但確實需要一段時間，時間的長短每個人不一樣，也取決你要達到的標準，還取決於你的訓練方法，你下工夫的程度。我記得小時候學習太極拳，祖父對我們要求相當嚴格，除了剛才我講過的插糖葫蘆那種誘導式練習外，更多的是為了實現對一個動作的感覺、體會，就要反覆不斷地單純地練習，盤架子，這種練習往往是枯燥無味的。比如說打一個單鞭動作，你就要不斷練習，手高還是低，高到什麼程度，低到什麼程度，腿弓到什麼程度，這都很有講究。

楊式太極拳在弓步的時候，提到了「腿要自然伸直」，你不經過反覆練習，體會不到「自然伸直」的確切含義。自然伸直，你蹬腿的後腿軀幹不完全是直的，而是一種弓虛狀態，而且後腿的膝蓋，也就是後腿的膝關節在 45° 方向上。太極拳的基本步法以 45° 為界，共涉及八個方向，包括正、反、左、右、斜等方向，傳統說法是「四正四隅」，每一個角度都是變化 45°，這樣便於穩定。在身體隨步型變化的過程當中，把對方引發到一個斜方向，引發一個弧形的方向。所以左腳在前正中步的話，那麼右腳是斜向 45°，也就是右斜前方 45°，這樣後腿的膝蓋肯定和腳尖是在同一個方向。現在有很多人在練習時，沒有注意到這個問題，而是把他的髖關節轉成一個正角，實際上是擰著做這個動作，就不是弧形運動了，而是產生一個病態。我們小時候練習時，一開始也沒有這個動作的概念，是經過一遍一遍練習糾正過來的。現在回想起來，在祖父的嚴格要求下打下了很好的基礎。此外，剛才提到的借鑒一些其他的武術對練太極拳有作用，祖父特地讓我去學一些別的東西。我曾經在咱們新中國第一所業餘武

術專科學校學習，我在那裡學習了長拳，還接觸了很多其他拳術，刀、槍、劍、棍等，後來把它們揉化到自己的楊式太極拳裡邊，對我的教學和技術上的提升發展有很好的作用。

余功保：

很多太極拳家好像非常強調在太極拳練習當中器械的輔助作用。

崔仲三：

器械練習有獨特作用。我祖父在教學生時，有器械的專項練習。記得那時候，我們一開始只允許使竹劍，而且是單支竹劍，就是竹片做的一把劍。以後變成了雙支竹劍，合在一起，竹劍重量上有所增加了，而且樣式上讓你看著有點像劍了。逐漸逐漸地，開始讓你使一種劍，這種劍分量比較重，是為了練習你的腕部力量，久而久之再讓你去練一種你應該使用的劍，很有章法、層次。為什麼，就是讓你由練劍體會拳路、勁力。

還有大杆子，當時我們家有院子，種了很多向日葵。祖父每天就坐在一邊，讓我們拿著大杆子對著向日葵不停地抖、打，一是練你的力量性，二是練你的準確性，主要的目的是為了把你周身的力量，通過抖杆子的時候發出來。一丈多長的大杆子，抖出來讓外人看起來是一種波浪形的、弧形的，一重一重的波浪，杆子在波浪裡往前走，要把後腳的力量通過全身運勁送到杆尖上。由這個練習，可以體會到太極拳內在的力量是怎麼爆發出來的。這種器械練習是一個很好的方式，對於拳術有一個特別好的啟示作用。還有刀術、劍術等等。在練習這些器械的時候，不僅是一種方法的運用，而是一種力量的表現。每種器械各有特點，共同的特點就是弧形運動，就是太極勁。在這個共性基礎上，還要練出每一種器械的獨有特性。如果你練劍，但給人的感覺就像耍棍

一樣，耍來耍去就不行。

五、練拳的修養

余功保：

聽說您保存了一些過去珍貴的練拳照片？

崔仲三：

是有一套。那是 60 年前，在我們家的院子裡，在澄甫先生親自指導下，我祖父所拍攝的一套楊式太極拳的動作照片。很遺憾的是有些照片在「文革」期間丟失了。我現在保存的這些照片，基本上能夠反映出傳統楊式太極拳在 60 年前的動作風範。由這些照片我們看到他的步法相當大，也就是說我們現在所講的開襠闊步的一種感覺，動作氣質上給人一種挺拔的感覺，從動作外形上完全體現出楊式太極拳的要領和規格要求。有些動作和我們現在的不一樣，尤其是分腳和蹬腳中的動作，他的高度都是在對襠、對髖關節和腰之間產生一個很強烈的攻擊感。尤其是分腳，由照片可以看出他的分腳與現在不同的地方，就是他的分腳不是以腳尖來繃腳面做動作，而是扣腳面，以橫向動作攔截對方的腰間。他認為分腳是從裡向外，以無形動作分出來，所以叫分腳。我還存有一些我祖父用毛筆錄寫的太極拳論，由這些我們可以看出老一代的武術家之所以成為「家」，不僅是在拳術上，而且在文化上下了很大的工夫。當然從這些字體來看，並沒有像書法家那麼成為一種派別，但由每一個字，可以看出老人是在用這種方法，運用精神，一心一意、專心致志地進行太極拳理論的研究和學習，加深對拳論的體會。

透過這些東西我想說明一點，要想成為一代名家，不僅在技

太極劍式

術上，而且在道德品質、風格上，達到相當的境界，才能得到人們的公認，才能得到社會的認可。

余功保：

　　崔毅士先生不是書法家，但他所書的太極拳論，從書法藝術的角度看，也還是有很高的文化內涵在裡面。我覺得過去很多有造詣的武術家有一個共同特點，就是文武相輔相成，一些武術家本身的文化素養也非常高，並非「一介武夫」。這樣也有助於他在武學上的發展，這可能也是中國武術的一大特點。過去意拳創始人王鄉齋先生和國畫大師李苦禪先生以拳畫相論就是很精彩的例子。我也聽很多人介紹，說您本人也非常注意這方面，注重在文化上、在現代體育上的修養和造詣，在太極拳上形成了自己比較獨特的教學和研究的氛圍，能不能給我們介紹一下這方面的體會？

崔仲三：

　　我覺得問題是這樣，每一個人有自己不同的愛好。太極拳是我的一個專項，但我的愛好比較廣泛，也可以說比較多，文藝上也好、或者是書法上也好、或者飼養動物上也好，但我覺得這些對我練習太極拳有一些啟示，或者說是一種提示性的東西。例如說我很喜歡養魚，熱帶魚。你看到這個熱帶魚，尤其是神仙魚或者七彩魚，在水中游動的時候，它是很用力的，但當它在轉彎的

時候，卻很輕巧。那個時候給我一種感覺，我就覺得這個魚應該像太極拳裡所說的那種以腰為主、帶動上下相隨的一種轉動。所以當看到它時，我馬上想到太極拳了，只要實現了以腰為軸，完成動作的轉換就非常省力。書法也是我的一種業餘愛好，我比較喜歡看書法，但是我不會寫，很遺憾。當看到一個好的書法作品的時候，我覺得好像它的每一筆一畫、一捺一點給你一種感覺。他一落筆，筆鋒的轉動實際就代表寫字人自己的內心感覺。由這個就想到太極拳了，左掤也好，右掤也好，就是左右呼應，就是在這種動作的韻味的過程當中，你從外形上加進了內在的力，給人一種力量的感覺。音樂是我特別愛好的，我也跟幾位很有名的老師學了唱歌。唱歌的音樂旋律，我覺得與太極拳更有相通之處。尤其是音樂旋律的變化，音符的高低，和你練拳的時候，你本身所要表現的動作外形、勁力內涵、力量的大與小、柔與化完全是一樣的。舉個最簡單的例子，從「摟膝拗步」到「白鶴亮翅」到「手揮琵琶」，動作外表都很簡單，摟膝過來往前一跟、一拉、一出、一合，很簡單的動作，但是，如果你用一種音樂上的旋律來代表你的動作力量的表現的話，我覺得那就是很好的一種表現形式。按出去，這是一種重音，收回來是個慢拍，當慢拍由身體的柔化把音符合在一起的時候，這是一個合拳，產生的效果是什麼？就是把力量送出去，最後產生一種什麼？是給你一種震撼。就像好的音樂，你聽完以後，給你一種回味。好的動作一看、一做，由內心的感受，也能迸發、表現、回味。所以我覺得有很多東西，在生活當中是相輔相成的。

余功保：

真正優秀的人類文化遺產，在本質上、在最根本的層次上是相互融會貫通的。

崔仲三：

　　越是民族化的，越是這樣，也越便於推廣。因為它有利於和世界其他國家、民族的文化相融合。太極拳源於中國，屬於全人類，雖然最早的發源地是中國，但是，現在不僅是中國人在練太極拳，世界上很多人都在練太極拳。所以，我覺得太極拳的發展對於我們這代人來說擔子相當重，壓力相當大，如何把傳統的風格和現代的生活節奏有機地結合起來，由我們作為一種轉化，這裡面必須有文化的東西，有修養的東西。

六、保持技擊的意識狀態

余功保：

　　文化是必不可少的成分，尤其在國際化推廣中。太極拳畢竟是一種武術，它的動作當中，意念當中，一定還要包含一些技擊的概念在裡頭。在現在的太極拳發展當中，也有一種矛盾，因為它的普及面比較廣，很多人在練習時，可能比較側重於去追求它的健身目的，甚至想追求單純的健身，就是對於太極拳技擊的東西不太感興趣。但太極拳如果離開了技擊就不成其為武術，不成其為拳，怎麼來看待這個問題？

崔仲三：

　　不管你出於什麼目的練太極拳，技擊的意識狀態必須是要始終保持的，因為這是靈魂，丟掉了技術要領肯定會走形。舉個例子，楊式太極拳中有個動作叫碾步，它是一個轉體動作，有的人做的時候很輕鬆、隨意地向左轉過去以後，跟著向外一轉，或者向裡一扣，往往失去了「碾」這個意思，這是因為沒有技擊意識。碾步最簡單的講法，就是你在一個平面上，作為一種平面的

有力的動作，這種步伐有相當強力
的攻擊，就是我把腳放在對方的腳
後的時候，由向裡扣，或者外纏，
再加上你的弓步產生一個對對方的
前小腿迎面部產生一個最大的殺傷
度。

　　所以，在傳統楊式太極拳裡，
一般的練習就是左弓步到右弓步的
旋轉，裡扣也好，外展也好，要求
是你把腳尖揚起來，近似於貼著地
面做一個很圓活的圓周運動，以腳

太極刀式

跟為圓心，以你的腳的長度為半徑，畫了一個圓，這叫一個碾。
明確了技擊含義，有了技擊意識，你就能做準確。

余功保：

　　所以有的拳家在教學時對每個動作都作一次說明，就是一種
技擊的「解構」。

崔仲三：

　　中國武術的發展是從最簡單的開始，後因為作為戰爭的手
段、生存的手段，所以從徒手變成了有器械，逐漸複雜起來。它
的很多動作適合於不同類型的人進行練習，也具有健身的一面。
現在有很多人講，我只是想透過太極拳的練習鍛鍊身體，我覺得
這是可以的。但是我覺得既然是武術範疇，它就有技擊含義在裡
頭。太極拳理論中談到氣到、意到、手到。氣到、意到是你練拳
的狀態，手到實際上就是一種技擊和一種打的形式。你學練太極
拳，明白了它的技擊用法和攻防含義，並不意味著就要去打架，
就要去如何如何，而是有助於對這個動作進一步的理解，更好地

太極刀式

把握住這個動作的關鍵要求。

大家都知道，在太極拳動作當中，有一個「提手」的動作，有些人錯誤地理解了要領，和手揮琵琶混在一起，這是對這個動作勁力上的理解有問題。「手揮琵琶」和「提手」從動作外形上是左右之分，一個是左手在前，右手在後，成為弧形，一個是右手在前，左手在後，成為一個弧形。但是，這兩個動作卻有著不同的意義。

提手，我覺得應該注意在「提」字上，實際上，提勁在太極拳當中是一種勁力的表現方式。外形上，當動作完成以後，你的內心感覺和力量，是右手向右斜上方有一種提的感覺，你在練習時可以把這種動作加以誇張放大來體會一下，感覺怎樣提，往哪個方向提。手揮琵琶呢？應該力點放在「揮」字上，有的人對這個動作只強調在「合」字上，沒有把「揮」字一起強調，就欠缺。「手揮琵琶」的用意，是把對方引進來，化掉以後，抓住對方的前臂，看住對方的手腕，產生一個反關節動作，順著對方抽拉的時候，把對方推送出去，所以它叫「手揮琵琶」，而不是叫「手提琵琶」。怎麼區別，就是加強技擊意識。

余功保：

看來太極拳的很多動作名稱本身也不是隨便起的，都是有一定的講究的，也要去琢磨。從字面入手，也是一種學習方法。

崔仲三：

是這樣的，尤其還有一個動作「白鶴亮翅」，現在有些人往

往隨便地把動作一擺，好像外形上是仙鶴把翅膀一亮就算完成了。但是你想這些鳥和仙鶴也不是很隨便地就把翅膀亮開了。白鶴亮翅，尤其是右手，在傳統楊式太極拳當中，它是一種勁托著，平托著，從動作外形看，我的力量在虎口，以虎口為力點，帶動我的右臂向右提上來，插起來，左手是「採按」，最後產生一個什麼呢？就是我起手攻擊下方，對方的下部。所以太極拳的每一個動作，每一個動作的設計都包含了很濃重的攻和防，把這一對陰陽矛盾很柔和地融合起來。所以太極拳練到一定程度，你一定要去體會、去理解動作的技擊含義是什麼，這樣對於練習太極拳有很好的幫助。現在為了普及，國家武術管理部門編定了一些入門套路，24 式、16 式、8 式，這是為了讓更多的人來學習太極拳，以普及簡單的動作，使你對太極拳產生濃厚的興趣，再一步一步地深入，最後找到一種傳統的練習方式。不管哪一種套路，都離不開技擊意識。前些時候，我出版了幾本太極拳的書，在書中我從技擊的角度，著重對每一個動作的正確練習方法和錯誤動作進行了分析，大家可以作參考。

七、用意的關鍵

余功保：

　　太極拳中的「意到、氣到、手到」，首先是意到。不管健身、技擊還是表演，在太極拳練習當中，大家都非常注意意念的運用，在拳論當中也有很多地方非常強調用意，有「意為君」的說法。那麼，您覺得在練習楊式太極拳時，應怎樣運用意念？

崔仲三：

　　意為主帥。所以在練習楊式太極拳的時候，你首先要注意到

太極刀式

自己思想的放鬆、精神的放鬆，隨之而來的是身體外形的鬆弛，這種鬆弛不是我們所想的軟癱無力的鬆弛，而是一種挺拔的鬆弛。鬆和懈是不一樣的，柔和軟是不一樣的。太極拳需要的是柔，是柔和的動作，而不是軟癱無力的動作。也就是說，運動過程當中，比如「按式」的變化，從右「按式」到左「按式」，動作過程很簡單，但是，要求在放鬆的同時去體會到力量的不同變化。

余功保：

　　只有在鬆的狀態下才能體會到變化，緊的狀態可以把動作做出來，但體會不到變化，太極拳的關鍵還是在「變易」。

崔仲三：

　　變化的關鍵是思想意識上的變化。練習太極拳，首先精神上要集中，意識上放鬆，這樣才能變得「輕靈」。

余功保：

　　還有個「氣到」，有人說練太極拳要有「氣感」，否則就是沒練對，怎麼理解？

崔仲三：

　　我體會練太極拳還是有「氣感」的，但氣感並不神秘，不要玄虛化。太極拳是一種調動你本身內在功能的一種運動形式，它和其他運動不太一樣的地方，是由「動」來表示靜，動中求靜。怎麼理解靜？速度均勻也是一種靜，動作柔和也是靜，意態安詳

也是靜。太極拳中還有些靜態的練習方法，比如站樁。靜極又生動，這個動是內在的動，「氣感」是內動的一種感受。有的人可能感覺很強烈，有的人感覺一般。太極拳要求你在練習的過程中，不是刻意去追求一種外在、內在的動態，而是由動作的感覺，把周身的力量和諧地調動起來，產生一個很好的氣血的循環。呼吸的代謝，由呼吸對內

太極刀式

臟起到一個很好的內部按摩。由不停的運動，加強骨關節之間軟組織的潤滑。所以說，太極拳的練習對周身能夠起到一個很好的保健作用，這也是從意到氣，最後到動。動在動作外形，不能是僵直的，在內不能憋。鬆肩是為了放鬆，沉肩也是為了放鬆，「含胸」「拔背」實際上是為了讓呼吸更平直，也就是通常我們所說的「腹式呼吸」了。

呼吸不要去刻意追求，是自然達到。有的老師在講的時候，要求你起吸落呼、開吸合呼，這個理論是對的。但是，在你剛剛開始練習的時候，我認為千萬不要這樣追求。因為你動作的路線、弧度的距離、呼吸的長短還不能精確一樣，還不能把你的氣體呼到你應該容納的地方，但是，動作又到了完成的時候，那你就自然產生一種憋氣，或者吐氣，沒有氣體了，最後什麼起吸開呼、開吸合呼都不行了。經過一段時間的練習，動作順了，達到了動作與呼吸之間的很自然的結合，也就達到了所謂的起吸落呼、開吸合呼的要求。

余功保：

剛才談了技擊，那是一種方法。全世界各地的愛好者，練習太極拳尋求健康是他們的一個最直接的目的，您覺得在練習太極拳當中怎樣才能達到一個最佳的養生效果？

崔仲三：

有幾點具體意見。一是練習過程當中不要過量。初學者都有一種迫切心理，希望自己很快達到一個什麼樣的水準，在這個時候容易產生副作用，就是欲速則不達。例如壓腿，本來自己的韌帶很短，韌性不是很好，你想快速達到目的，就用一種生硬的辦法，狠壓、大運動量壓，不注意控制幅度，就容易受傷。太極拳從一開始練習，要保持一個平衡的心態。因為太極拳動作本身就是一種連貫，你在平穩當中去體會自己內在的力量，要在各種各樣不停的過程中轉換。所以我覺得太極拳練習不要過量。

二是在初學的時候，一定要找一個「明師」，應是明白的老師，而不一定有「名」。這樣從你開始接觸時，就接觸一個比較正確的練習方法，能為你今後的練習打下很好的基礎。很多有經驗的老師，一般有這種想法，就是願意教不會的，不願意教會的。學拳容易改拳難，當你形成一個錯誤的動作的概念的時候，要把它變成另外一個概念，是要經過一段時間，自己要不斷地變化，比新學還費勁。所以，我希望初學者找一位明白的老師，這樣他在動作外形上、理論上、勁力上能給你特別好的一種感覺。

第三就是注意一些練習方法。每天在練習過程當中先做一些熱身運動，哪怕是很簡單的。每個人的特點不一樣，採取的熱身運動也不一樣，但是做熱身運動有助於太極拳的練習。還要有一些輔助練習方法。小時候祖父教我時，就從「渾圓樁」開始，有一套準備練習方法。為什麼？為了讓你對太極拳的動作有一個直

觀感覺。太極拳的勁力比較難說，勁力在哪？你要真正體會了再表現出來，這是一個過程，也是磨練你的過程，在這個過程中，除了拳架子，輔助方法也有幫助。比如「渾圓樁」，由平屈、捧勁達到一種身形外形的練習。「調息」也是一種柔和，是身體內在的練習，訓練呼吸和你動作的開與合有機的結合。

第四就是加強分段、單式練習。太極拳的各種動作可以體會太極拳勁力的不斷變化，我們經常所說的起沉轉合，有起有沉，轉合是最重要的，最後達到成為一體。在練的過程中，可以利用幾種方式，一個是整套的練習，再一個就是分段練習，由某一段的著重練習體現和體會出這一段動作勁力的主要表現方式。還有就是單式練習，反覆練習一個動作，不斷體會這個動作的要求，強化體驗，也可以舉一反三。尤其是把自己覺得難度大的動作「提」出來練習，細緻體驗。

第五，運用默想法練習。就是你可以坐在那裡去想，去想這個動作，透過你的大腦意識活動，把動作變成有機的動畫片，變成連續的一個影像片，從每一個分解動作到全套都可以這麼做，用意識能「打」一遍太極拳的益處是很大的。

第六，做定式練習。這種練習是為了很好地體會每一個動作，也是為了增加某一個動作的勁力。加強對身體各個不同部位的肌肉感覺，乃至你的身體骨骼成為一種什麼形狀，最後達到太極拳所說的天人合一的感覺。

以上這些方面是從實踐中總結的，我覺得比較實用，按照這些方法練，能達到很好的健身效果。

余功保：

太極拳是個理法兼備的體系，在理論研究上有很多建樹。您覺得楊式太極拳中最重要的拳論是什麼？

太極刀式

崔仲三：

太極拳的理論相當多，有很多歷史上的名人對太極拳論作了很簡單而且很概括的論述。對於楊式太極拳來講，我覺得首先是楊澄甫先生的《太極拳十要》，這是每個練楊式太極拳的人都應該好好讀的一篇文章。《太極拳十要》從頭開始，對身體的各個部位都提出了一個合理的、科學的要求，你只有達到了這個要求，才能很好地體現出楊式太極拳的動作和風格。另外一篇就是楊澄甫先生所著《太極拳之練習談》，其中也提到了練習的時候應該注意什麼事情。還有一個非常重要的，就是在各種太極拳譜當中都提到了的《太極拳論》。我覺得《太極拳論》對太極拳是一篇指導性文章，對各流派太極拳都有作用。武禹襄先生寫的《十三式行功要解》也有很高價值。我們由這些文章的學習，可以用太極拳動作，結合太極拳的理論使自己提升到一個理性的高度，然後把這些東西再運用到實際的練習當中去。不要小看了拳論在練拳中的作用，它能把你的朦朦朧朧的一些感覺定型化，是對，是錯？得到鑒別作用。舉個例子說吧，掤、捋、擠、按，這是太極拳當中的「四正」，各家各派都是這樣的，但是具體來說，掤在什麼地方？拳論告訴你「掤在兩臂」，按呢？「按在腰功」，按的力量從哪兒發？從腰，主宰於腰，從腰的力體現到了手上。「擠在手背」「捋在掌心」，很明白地告訴你，簡單、有效。我希望太極拳的練習者都看些理論上的書。

馮志強

馮志強，1928 年生，河北束鹿人。陳式太極拳名家。幼年開始習武，先後學練了少林椿功、達摩易筋經、形意拳、通臂拳等。20 歲時隨在北京的陳發科學習陳式太極拳，成為北京地區陳式太極拳具有代表性的人物，且影響逐漸擴大，在全國及國際上享有盛名。多次應邀出國講學，獲廣泛贊譽。

十分注重武術內功的研究，在陳式太極拳內功基礎上，系統整理了「太極渾元功」，強調練養結合、全面發展的武學思路。其演練的陳式太極拳套路氣勢宏大，渾然一體，剛柔相濟，具有很強的感染力。勤於著述，出版了《陳式太極拳精選》《陳式太極拳入門》等書。應中國武術協會邀請，擔任了中國武術國際教練員培訓班指導教師，多次參與傳統武術的調研和規範化工作。

為北京市武術協會副主席、北京市陳式太極拳研究會會長。

2001 年 3 月，應邀擔任首屆世界太極拳健康大會名家輔導工作。

氣以直養而無害

——與陳式太極拳名家馮志強的對話

練太極拳有人稱之為「打」，有人稱之為「盤」，有人稱之為「養」。

開始時一定要「打」，打手，打勁，與人相較，非打不可。

也一定要「盤」，盤者，繞也，要轉來轉去，圓轉，圓活，琢磨，揣摩，要盤活，盤出去。

到最後，卻非「養」不可。

養是把注意力返回自身了，養什麼？怎麼養？

養氣，「吾善養吾浩然之氣」。

養性，「野蠻其體魄，文明其精神」，不養怎麼行？

「虛其心，實其腹」。養性才能虛其心，心胸遠大，虛懷若谷；養氣才能實其腹，氣沉丹田，開合鼓蕩。

打、盤屬開，主陽，養則屬合，主陰。不養的太極拳是一個發散的結構，縱有滔滔河水，也有油盡燈枯之時，有了「養」，則是蓄池養魚，活潑潑生機盎然。

馮志強先生一次在講話中風趣地說：「打了一輩子拳，悟出了一個道理很重要，練拳要養。」

如果要用一個字來概括太極拳的練習要訣，那麼「養」至少可排在候選的前三個字之列。

（余功保）

一、鬆靜爲本，旋轉乾坤

余功保：

    您開始學武術時，先練過其他拳種，後來學習太極拳，並且終生研究、傳播太極拳。作爲當代陳式太極拳的重要代表人物，請您談談陳式太極拳的傳承情況和您的學拳經歷。

馮志強：

    陳式太極拳源於明末清初，陳氏第九代陳王庭所創。那個時候太極拳還不很完整，也吸收了別的武術的精華，比如說戚繼光的 32 式長拳等。太極拳並不是生來就有的。我比較反對玄虛的太極拳起源的說法。陳式太極拳的歷史記載比較清楚，到陳長興的時候，太極拳就形成了比較完整的套路，有了陳式太極拳一路、二路，他傳給了楊露禪，後來形成了楊式。

    我的老師是陳發科，陳氏第十七代。陳發科就是當初把陳式太極拳帶到北京來的。我在陳式太極拳來說應該是第十八代。從北京來說，陳發科是第一代，我是第二代。當時跟陳發科練太極拳的人中有袁世凱的兒子，還有許禹生（北京武術館的老館長），還有京劇泰斗楊小樓也跟他學。我是解放初期學的。您說得不錯，我最早學過別的拳，後來學陳式太極拳。

    一開始我對陳式太極拳不太

馮志強太極拳式

理解，以前也沒見過什麼樣，不是太感興趣，覺得它太慢。接觸了以後，逐漸很感興趣，越練越覺得有名堂，有意思。練太極拳關鍵是有「後勁」。

余功保：

每一種武術都有自己鮮明的、突出的特點，很多人喜歡陳式太極拳，也是因為它本身具有突出的特點，有它自己的味道，你覺得陳式太極拳最重要的特是什麼？

馮志強：

陳式太極拳的特點，講究無極生太極，要運勁抽絲，比較強調纏絲勁。它跟別的拳不同之處在於，突出了纏絲、旋繞。在這個方面，它的根據來源就是天和地的運轉，陰陽的旋轉。天在轉，日月在轉，地在轉，人也在轉，都在轉，所以拳也要轉。經絡是一個遍佈身體的網，只有轉它才有活力，轉才能夠打通經絡，以小力勝大力，就是由轉來完成的。

舉例來說，所有的力，所有的動力，飛機、輪船、汽車都是螺旋的轉動力，轉是必然的。從身體來看，從養生的角度來說，七經八脈，都是旋轉的。「轉」裡面的奧妙很多，沒有掌握「轉」就沒有掌握陳式太極拳。

陳式太極拳的纏絲勁分很多種，如內纏絲、外纏絲等等。不管是哪一種，首先要求意念上要動，然後才是外形上動，內動帶動外動，腰帶動全身，這是要領。不是別的帶動腰，而是腰帶動全身，太極拳就是以腰帶手、以手帶腰、周身一家、全身協調的這麼一種運動。

太極拳的內功中有纏絲內功，屬於基本功，又是太極拳的上層功法。「練拳不練功，到老一場空」。過去我的老師教我練拳的時候，就專門強調要練這種太極拳的內功，我學了以後，也不

敢「貪污」，把它傳出來，就是太極拳的「混元功」。

纏絲勁中既有內纏、外纏、周身纏，也有順纏、逆纏。一個動作裡面就包含了逆纏，順纏。向裡合就算順，向外就是逆，開就是逆，合就是順。

由這個轉動，來達到四兩撥千斤。你打我，從技擊來說，我不受你的力，我把你的力再還給你，這個就叫「四兩撥千斤」，不轉動，四兩絕對撥不了千斤。

太極拳式

身形也是這樣，拳打到我的胸口，我想不受他的力，我就在胸這個地方來轉動來化掉，在轉動中把他的勁化掉。再比如說肘，我拿肘擊對方，若不轉動去擊就容易被對方卸掉，但是轉動當中去擊對方他就不好招架。

陳式太極拳中有一式「掩手肱捶」，從胸由內向外地旋轉擊出去，像子彈一樣，旋轉著往外打，有一種穿透力。擊出時胸要穩，不能亂抖，左肘要掛住對方，眼睛看著對方，右手旋轉，打出去，是一個周身完整的勁。火箭、導彈也好，出去要穩，不能亂晃，汽車也一樣，不管開多快，但是不能亂搖晃。

余功保：

陳式太極拳是不是每個動作裡都要求有纏絲勁？

太極拳式

馮志強：

每個都要有，有轉動，由內動轉到外動，意念帶動全身。首先，思想是第一位的。要有「轉」的意識，如果沒有這個意識就不行。意到，氣到，這叫以意帶氣。

我們要練意不練氣，練氣不練力，你要單純地追求意，而單純地追求氣就是虛無的了。練意練氣練力要結合在一塊兒，練意要遠，練力要實，練氣要大。無論是養生還是技擊的效果，都是以意行氣，貴在精神，這個很重要。

陳式太極拳還有一個特點，就是講究鬆，要會鬆。比如說打「掩手肱捶」，打出去之前要鬆，打完之後也要會鬆，收的時候還要會放鬆，一定要鬆。練拳的時候練鬆很難，但必須做到，因為一動，氣就開了，周流全身，一靜一放鬆就回來了。鬆好了，你就可以得到好的效果。你若不會鬆，看著很軟和，實際上沒有效果，不透剛。

余功保：

如果不鬆下來就不能夠形成緊張點，沒有緊張點，就沒有辦法化掉，就鼓蕩不起來。

馮志強：

一鬆氣就歸丹田了。

余功保：

只有完全鬆下去，最後才能徹底地「整」起來。

馮志強：

　　對，就是這個道理，鬆到家，自然就「整」了。你鬆不好也「整」不好，鬆好了，才能搭配好全身的力量。

余功保：

　　「鬆」是一個手段，「整」才是最終的目的。

馮志強：

　　比如說推人一掌發力，如不會鬆，看來勁很大，實際上會被人鼓回來。但是你如鬆了，在最後一點上突然緊起來，這個力道就可以比較完整地打出去。握拳也是一樣，收回的時候鬆，要

太極拳式

形成一個趨勢，打的一瞬間整，整起來的一瞬間，也就完成了進攻。

余功保：

　　實際上是過程要鬆，最後完成的瞬間要緊，要整。

馮志強：

　　對，只有一鬆，氣才能通。而且最重要的一點，要氣沉丹田，你沒放鬆，氣就沉不下去。鬆的時候，要鬆到家，身體、呼吸、意念都配合在一起。光外形鬆不行，氣沉不下去，裡邊還是鬆不了。所以，練拳很要緊的是要練放鬆。但是，我說的鬆不是懈，雖然很鬆，但他的精神是飽滿的。如果你鬆了晃裡晃蕩，就是懈怠了，這就不是鬆。

　　我多年來的一個體會就是，最要緊的是要會鬆。有很多人對陳式太極拳有誤解，認為鬆不重要，這是不對的。拳收回的時候

太極拳式

要放鬆，氣沉到丹田，出去的時候也要放鬆，鬆到梢節。你只有鬆到梢節以後，才能把全身的力氣打到梢節上。

余功保：

拳論裡面講「氣沉丹田」，實際上是講「鬆到丹田」。

馮志強：

比如說「金剛搗錐」，有些人認為是跺腳，這樣理解是不對的。實質是放鬆，不光是形上放鬆，還要氣上放鬆，以氣來配合。動作往下，配合的發聲是「哈」；動作往上，配合發聲就是「哼」。往上要「哈」就泄了氣了。氣往下鬆配合「哈」氣就不往上返，這裡有學問，大家如果細細體會就會發現妙處。如果你只是單純用力跺腳，力道就會反彈上來，反彈到你的內臟，反彈到你的神經，對你身體不好，練不好，還要傷身。

太極拳講究「哼」「哈」「嗨」三氣，要和意念融合。練拳多長就要養多長，纏絲能達到氣吞經絡，還能達到形體的鍛鍊，你不纏絲，經絡就不暢通，發勁直接攻擊進去就不成，要旋轉著進去，這樣才有穿透力。練拳是綜合性的活兒，要全面結合。

陳式太極拳還有個特點就是靜，練拳要從無極始，虛實開合認真求。練拳的時候，沒有太極、沒有陰陽的時候就是無極，這就是「靜」。動作、意念一分，就分天地了，就是陰陽了。太極拳要注意保持靜的感覺，開始練拳的時候先要靜片刻。

余功保：

　　在動中保持靜就比較難了，就是在太極中保持無極，所謂「動態的平衡」。

馮志強：

　　靜到一定的程度，就想動了，一動就是太極。有些人靜不下來，其中的關鍵是要心靜，思想上靜不下來就不行。陳式太極拳有一個混元內功就是練靜的，也是練氣的。混元內功在練拳之前，是打基礎，它既是基本功，也是高級功，過去都是不傳的。它能治很多病。練太極拳要混元一氣，太極拳的最高境界是混元一氣。混元一氣的表現之一，就是在勁力運用上不光是局部纏，全身都要纏。雙手纏絲，看著是雙腕在纏，實際上胸也在開合，腹也在開合，全身都在開合運動。一動無有不動，全是用腰來帶，肘也是一樣，是一種自然的旋動。要養成一種習慣，不用思想去故意想，一來就轉。

二、泰和順養　理法相生

余功保：

　　您剛才實際上是結合練法介紹了一些陳式太極拳的特點，在練習拳架子時還應該注意哪些方面？

馮志強：

　　練拳架子的時候要求一身備五弓，要有彈簧力。這時你要舒展，但不能直，不管你展多大，都是弧形，胸不能挺，一挺起來就不是弓了。兩邊看是兩張弓，正面看也是弓，兩腿也是弓。腿要不形成弓形，氣到膝蓋就會不足。在五弓基礎上鬆徹底，氣血身形都要鬆。要鬆到家，鬆到家以後才能產生彈簧力。

太極拳式

練拳還有一點，要避免雙重。雙重就是病。單重有變化的時間、空間，你雙重，就沒有變化了，動作就不靈了。虛實還要分清。邁腿的時候，要隨著重心轉過去，要把氣鬆到腳下，兩腿的重心轉換就是氣在兩腿之間的轉換，這樣才能轉得靈，轉得輕。還有一個注意事項，起來時，不要平起。如抬腿的時候，要有弧形起來，你直愣愣地平著抬起來就不行，弧形的提腿在技擊當中有一種攔的作用，鏟的作用。

對於拳架子的動作，不要拘泥死板。同樣的動作，隨著練習的深入，會有變動。比如說「三換掌」。三換掌這個動作看著簡單，實際上每一階段練習時都有變動，一開始是小，然後逐漸變大。後掌順著前手的手臂、順著經絡推出去，裡面的感覺很豐富。我的這個動作拳路總共改過 7 次。

練拳的時候，要像在空氣當中游泳一樣，像周圍有水，練拳就是在水中休息，是一種放鬆的感覺。練拳還要注意感覺，動生陽，靜生陰，雖然不用勁，但是氣魄很大，頭頂著天，腳踩著地，有與天地同體、日月同大的感覺。氣在裡面運行，以纏絲功和混元功、拳架三者合一，要練出這種感覺。

余功保：

說到感覺氣勢，有很多人認為馮老師練拳的一個突出特點就是氣魄很大，怎樣才能練習培養這種比較大的氣勢？是不是架子

越開展，氣魄越大？

馮志強：

　　這也是一個方面。要從架子上求開展，另外還要跟精神上合一，從頭到腳感覺跟自然連起來。意念上更重要。比如說在技擊方面，你把對方看得很厲害就不成，要把他看得很渺小。一功，二膽，三技巧，要具備這三方面。這方面容易犯的錯誤就是拘謹，不舒展氣魄就不夠，一拘謹氣就縮了，舒展不夠氣就達不到梢節。

　　還有一個關鍵點要注意，就是頭部。頭處理不好就會歪，要不然就是自由亂晃。你一仰頭督脈的氣就上不來，你一低頭任脈就堵住了，內氣周轉不開，內功就練不好。頭領一身之正氣，所以練拳時要隨時保持頭的端正，要不然別的方面練得再好，頭一斜，整個拳架就散了，氣就縮了，氣魄就小，即使外形再大，看起來也是小裡小氣。

余功保：

　　除了氣勢以外，您覺得練習陳式太極拳還應注意哪些問題？防止哪些錯誤？

馮志強：

　　一件很要緊的事就是處理好剛柔。許多人練拳該剛的時候沒有剛，該柔的時候沒有柔。你放鬆的時候倒是放鬆了，可是該剛的時候剛不起來，鬆也就沒有達到效果。剛中有柔，柔中有剛，在柔的時候就要想著往剛的方面轉化。練拳不能努，練拳要泰和，太極者泰和也。吾善養吾浩然之氣，你只有和氣了，五臟才能夠安泰。

　　練拳時絕不可用拙力。太極拳是內功拳術，若用拙力，則周身血脈不能通順，筋骨不能舒展，導致全身拘謹、四肢不活。身

太極拳式

為拙氣所滯，滯在何處，何處成病，當時不覺，必於後發。在推手中若用拙力，必為對手所乘，以至於傾跌。若雙方均用拙力，必發生頂抗的毛病，不能體現太極拳的沾、連、黏、隨的特點。練拳也不可努，努則力剛易折，氣容易阻隔於胸，肺被排擠，久之必得胸憋肺炸的毛病。

還有一點，練拳要正心。什麼是正心？就是不要存「打人」之念，這裡所說的「打人」是你主動去侵犯別人。心地不乾淨，不乾淨就不能舒展、不泰和了，你就「養」不了。在兩個人交手時你不能怒氣、生氣，否則就先亂了己，要很自然地化解。所以練拳要靜修性，動修命，要性命雙修。要練好太極拳，必須明白太極拳是怎樣一種拳術？它具有什麼樣的內涵和性質？我認為，概括為一句話：太極拳是一種性命雙修的內功拳術。性命雙求也可稱為心腎雙求，心主性，腎主命；心像火，腎像水。性命雙修就是要由練習太極拳達到身體內部水火既濟、陰陽調和，從而健康長壽的目的。

另外，一套拳練完了，要做好收勢。你剛打完一套拳，不能馬上使全身的氣血都回位，一定要放鬆一會兒，調節一下陰陽，意守丹田，有那麼幾分鐘，再靜，氣就歸位了。但如果做表演那就另說。

還要注意太極拳的呼吸，拳打出去就是呼，收回來就是吸，

要掌握好節奏。不要用鼻子大量地呼吸。練拳時在意念上不要太偏重於呼吸，不要管它，自然地呼吸，讓氣自然地順下來。你即使不去想，練拳時呼吸比一般的呼吸量都會大很多倍。陳式太極拳的呼吸最後要結合轉小腹、轉丹田，丹田一轉起來，呼吸就實現了由外向內。

太極拳式

此外，練拳要注重理論研究，在理論指導之下練。太極理論，可以說是東方哲學中的一種極具代表性的理論。在我國，從它出現到現在的 20 多個世紀中，吸引了無數學者對它進行研究，使這個理論日趨完善而嚴密。太極拳的創造者，也正是引用了前人的研究成果，加以延伸和推廣，使它和武術運動相結合，使練武者由練習這種拳術，既可以防身自衛，又可以祛病延年。

太極理論認為，「太極者，無極而生，陰陽之母也」。無極的狀態是「空空洞洞，混混沌沌」「無一物而包萬物」。由無極而有極，再生太極，出現陰陽。所以，有的人形象地比喻太極為一大皮囊，內中陰陽旋轉、互相調濟以生萬物。古代學者就把它畫成圖，這就是太極圖的由來。

後來一些學者又以「無極」「太極」的道理運用於人身，把人體看成一太極，既為太極必有陰陽，而陰陽的代表即為心、腎。心屬陽，陽中有陰，腎屬陰，陰中有陽，上為陽，下為陰，陰陽相濟，太極為真，人才得以長壽。這就和練法對應上了。

宇宙中陰陽相生以致生生不息。陰陽互調又生三才，三才就是天、地、人。上天下地人居其間，行之於人體則有三身，三身的含義即為精、氣、神。精、氣、神之舍為三丹田，上為天門（百會穴），下為地戶（會陰穴），中為氣海（丹田穴）。天門主神，地戶藏精，氣海蘊氣。精、氣、神充足，即為性命之根，造化之源，生死之本。明白了這些含義，練太極拳時必先求無極。拳論上說：「練拳先從無極始，陰陽開合認真求。」所以學拳開始必先站無極勢，使自己心定神定。

　　練拳要懂得道理，動作是一方面，理論很重要，要讀拳論。但是也不要把它看得太玄虛，有些拳論脫離實際，寫得虛。拳論必須是說拳的，說其他的就離題了。注重理論研究就是把練拳和拳論結合起來，你體會到了拳論所說的東西，你才算理解了拳論，也證明了拳論是對的。理解拳論要從大的方面掌握，比如說練拳不是運氣，是行氣，以意行氣，以氣運神，要是運氣就是有力了。意就是身，身就是氣，練拳要用心意，要心、身、意念合一，貴在精神，精神飽滿，意念不能亂。意念、開合、纏絲、剛柔、虛實這些都是拳理所講的內容，需要在實踐當中驗證，不要死讀拳理。

　　在理論上還要特別強調一點，就是要懂一些經絡學說。經絡發源於臟腑，佈於肢體。經絡中氣血暢通則百病不生。因為內氣發於丹田，貫於經絡之中，腰隙內腎左右抽換，通過旋腰轉脊，纏繞運行，使氣流佈於周身，而達於四梢，復歸於丹田。太極陰陽之理結合經絡學說，使武術與導引互為表裡。練時內外相合，上下相隨，周身一家，一氣呵成。在練太極拳過程中氣不離丹田，發於丹田，收於丹田，無極象始，無極象終。身內常保持一種中和之氣，以求延年益壽。

余功保：

您在傳拳過程當中，特別有一套「心意混元太極功」。你剛才講到了混元功，還特別強調，它既是一個入門的功，也是一個高級的功法，為什麼叫「心意」「混元」？

馮志強：

這個太極拳的內功方法是老師親自教的，只不過根據我自己的體會給它修改了一點。陳式太極拳比較老，但很多前輩都在不斷地發展它。

演練太極拳內功

比如說楊露禪編定的就是楊式太極拳，武禹襄編定的就是武式太極拳。太極拳講的就是陰陽的道理，還有中醫的理論，經絡學說。太極拳是逐步完善的，把這些理論融合在一起，並且吸收其他武術的特點，逐步完成發展起來了豐富的太極拳體系。

我們老師講，實際太極拳是無形無象，各派實際上都是一家，這派那派是大家為了方便給起的名稱。現在有人對我說，你練的拳有些特點，跟別人不一樣，有自己的特點、個性，你是不是也叫馮式、馮派太極拳？我說這個堅決不行。我們老師也講，太極拳也不姓陳，也要發展。太極拳就是從心、形、氣上去找，要從纏絲上、從混元上去求，以心意為主帥，達到混元一氣。「心意」是個核心的東西，所以內功中加「心意」二字，無非是強調。「混元」是整體特徵，為什麼前面加一個陳式呢？是為了記憶方便，別忘了，所以全稱叫陳式混元太極拳，簡稱陳式太極拳，你要叫陳式混元太極拳也行。叫什麼其實不是很重要，關鍵

是掌握太極拳的實質。

　　在具體方法上，要特別重視站椿。站椿發力，站椿放鬆，站椿養氣。你別看站椿不動，很多奧妙都在裡面，你要靜下心來體會，體會不動中的動，體會無極中的變化。內功內功，你要向內求。

余功保：

　　您除了太極拳外還練習過別的武術拳種，一些有成就的太極拳家也有這種情況。您覺得練習其他武術對練習太極拳有幫助嗎？

馮志強：

　　中國的武術拳種，每種都很好，關鍵看自己怎樣練。練得好互相借鑒，練得不好就互相影響，練成四不像。

　　武術的根本點上都有相通的地方，特別是幾種內家拳之間，比如形意拳的練習。形意拳屬於短拳，太極拳屬於長拳，外形不一致，但意念上是一致的。

　　太極、形意、八卦是一家，都要求身法完整，身體各部分互相能跟得上，太極拳有旋轉，八卦掌也是講究轉圓圈。他們在理論上共性

太極拳內功

太極拳內功

很大，太極講究兩儀，形意講究三才、四象、五行，八卦講究九宮，都來源於古代哲學。鍛鍊人體的各個內臟的思路也一樣，都圍繞心、肝、脾、肺、腎。

內家拳和外家拳也有相通的地方，比如練太極拳要能放長，要講究一個鞭子勁，手要放得很長。陳式太極拳雖然手不往外甩，但是勁也要打長。劈掛、形意裡面很多勁法跟陳式太極拳也是相通的。我過去也練過鐵砂掌，一掌下去打碎幾塊磚沒問題。但是，那個勁是外在的，後來我練了內家拳以後就不打了。所以，我覺得各種拳術可以結合著練，中國武術都是一種文化，源流都是一樣的。

余功保：

我看過一些關於您在推手實踐方面的報導，您很注重太極拳的技擊訓練。

馮志強：

練拳、練功都是一個人練習，推手是兩個人練習。推手不一定就是對抗，兩人練習也是提高拳功拳技。推手中有多種練習方式，不僅是簡單地推來推去。比如有活步樁、進步樁等，互相體現一下勁力，步法上有順步、有拗步，還有散步。推手中練習效果是綜合性的，要練習聽勁、懂勁、看勁，練習步法等。對勁的處理是推手中的核心，對方來多大的勁，我怎樣做到不丟、不偏、不頂、不抗，讓他的勁進不來，丟不來，這就是通過推手要解決的問題。以小力勝大力的關鍵在於不能頂上，一頂上了就只能是大力勝大力了。

陳式太極拳的技擊練習除了推手之外還有散手，散手可以單練，有的時候散手可以單獨重點練幾招，不怕千招會，就怕一招熟。推手、散手最好結合著練。

趙增福

趙增福，字克安，1939年6月生，河南宜陽縣人。趙堡太極拳名家。自幼體弱多病，16歲起經人介紹，隨趙堡大架太極名師鄭錫爵先生習拳。數十年堅持不斷，全面掌握了趙堡太極拳的拳架、器械，並且先後參學了各式太極拳以及八卦太極拳、太極劍、太極棍、長穗梅花劍、回龍棍、鎖口槍、春秋大刀等。

近年來，在全國各地開展了大量的太極拳傳播工作，參加了眾多的太極拳交流活動，如河南溫縣國際太極拳年會、河北永年國際太極拳聯誼會等，應邀到湖北、廣西、瀋陽、北京、寧夏、山西等地授拳，受到一致好評。在各報刊雜誌發表太極拳論文數十篇。著有《中國趙堡太極拳》等書。擔任趙堡太極拳總會副會長、西安趙堡太極總會會長、中國武術協會顧問、中國武當拳法研究會特邀研究員等職。

拳掌之間

——與趙堡太極拳名家趙增福的對話

中國武術多以拳名。

八極拳、翻子拳、南拳、形意拳、太極拳等，但在用法上卻絕不僅僅限於拳法，有掌、有指、有腿，這構成中國武術的一大特色。故稱之為「全能性武術」。

除拳外，用得最多的是掌。

有研究者對 100 多種中國武術流派的統計表明，在各種武術招式中，以「拳掌配合」的模式為最常見，拳不離掌，掌不離拳。

太極拳也如是。

拳是拳，掌是掌。拳為五指合攏，掌為五指伸開。拳力聚千鈞一點，擊打剛猛迅捷，掌乾坤在握，變化靈動有度。

拳非拳，掌非掌。拳為收，掌為展；拳為剛，掌為柔；拳為直，掌為屈；拳為陽，掌為陰。

正確認識拳掌關係就是正確認識拳法中的陰陽。

太極拳雖名為拳，但掌法居多。蓋因太極乃外柔內剛、以柔克剛之道。「不到頂點」是掌法的中庸精髓。

「搬攔捶」中拳掌交互的組合為其相互關係的典範，一掩一映，一收一擊，盡顯個中玄機。

太極拳的奧妙，盡在拳掌之間。

（余功保）

一、源流與特點

余功保：

　　趙堡太極拳是太極拳的一個重要流派，現在影響也越來越大，習練的人也不少。但也有些人對它還不是很了解，請您簡要介紹一下趙堡太極拳的源流。

趙增福：

　　我認為趙堡太極拳的源起是來自於山西王宗岳老師首傳。

　　在趙堡地區，長期流傳著王宗岳傳拳給蔣發的傳說。王宗岳是山西人，他家所在地小王莊距離河南溫縣很近。有一次，他要到鄭州一個弟子那裡去，還帶著一個小徒弟。經過趙堡鎮這個地方的時候，在打麥場看到了有幾個年輕人在練拳。當時他們練的這個拳，不是現在的趙堡太極拳，也不是其他門派的太極拳，是長拳。王宗岳老師在這個打麥場停頓了一下，在停頓的過程中，他對他的徒弟說：「你不要看這麼多孩子在練拳，中間那個穿紫花衣服的孩子，身法很好，是一個練武的材料，將來會有出息。」他說的那個穿紫花衣服的孩子就是蔣發老師。

　　王宗岳說的這話，被蔣發聽到了，感覺到王宗岳這個人可能是武術高手。王宗岳說完就轉身帶著他的徒弟向正南走了。為什麼向正南走了呢？他要通過趙堡鎮的南邊過黃河。他在前邊走，蔣發就在後邊跟上，一直跟到黃河邊，拉住了王宗岳老師，要拜師學武功。王宗岳說我什麼也不會，你跟我學什麼武功呢？蔣發就跪地不起。王宗岳一看蔣發確實有誠意，就給蔣發出了一道難題。他對蔣發說，你一定要跟我學武我可以答應你，但是，我們有沒有師生關係的緣份還要看。明年的今天我從鄭州回來，還從

這裡過黃河。假如明年的今天，這個時間你能接上我，咱們就有這個師徒的緣份，我可以收你為徒，要是接不到，我想教你武功也沒機會。他是要考驗一下蔣發這個人腦子靈活程度怎麼樣，他的耐性怎麼樣。

第二年，蔣發果然在黃河邊上接到了王宗岳。據說那天還下著小雪，蔣發把王宗岳領回家中。進蔣發家大門的時候，大門外邊拴了一頭牛，這是一條半大牛，還不會做農活。王宗岳老師在牛背上順手拍了一巴掌，隨口稱讚了一句，說這頭牛現在正是好的時候。意思是什麼呢？就是這頭牛的肉是營養最豐富的時候，是最嫩的時候。當時大家都沒在意，在院子裡一坐，泡茶、點煙、聊天。到了中午要吃飯的時候了，上來的飯菜是牛肉，很好的牛肉，而且味道燒得很好。王宗岳就問蔣發說，你們這個小地方還有這麼好的牛肉吃。蔣發就說，這是老師您進大門時看到的那頭牛，你說他正好吃呢，我馬上叫鎮上的屠戶把它宰掉，這就是那頭牛的肉。

這麼一來，王宗岳大受感動，也知道蔣發是下定決心要跟他學武了。他就對蔣發家裡的長輩們說，蔣發一定要習武，我把他帶回山西去學，這不是一天兩天就能夠解決問題的。家裡人也很同意，就這樣把蔣發帶到山西去了。

以後，蔣發在王宗岳老師家裡就等於一家人一樣，每天吃飯幹活，早上習武，這樣習了三年。蔣發感覺王宗岳沒有教給他什麼武功，沒有教給他什麼拳，他就提出想回趙堡。他對老師說，我出來三年了，我想家了，我想回家。老師說可以呀，你要回家嘛，帶一點吃的東西。他就拿了幾個乾饅頭，包起來就走了。王宗岳也沒送他。他出村大概走了有幾百公尺，迎面有一條小河，這條小河跨一大步就可以過去了。

但是，對面有一個女孩子洗衣服，不讓這個路口。兩邊種的都是莊稼，他不能把秧苗踩壞了，所以他就向下走了幾步，找了一個缺口想跳過去。但這個女孩子提著一件濕的衣服，也到了下邊。他向上，她就向上，他向下，她就往下，就是擋著不讓他跳過河，也不說話。蔣發很生氣，很想跟這個女孩吵一架。又一想，不行，我來到老師這裡習武三年，這個村莊都知道我是老師的一個入門弟子，我要是在老師這個村邊上去跟一個女孩子吵架，我就給老師臉上抹黑了，也顯得我一個男孩子沒有大度。因此，他一賭氣拿著吃的東西又回來了。

　　王宗岳就在庭院坐著，端了個水煙袋，咕嚕咕嚕在那兒抽水煙，眼睛都沒有睜。蔣發就對老師說，我不想回了。老師問，你怎麼又不想回了呢？蔣發說我想家是想家了，回去也沒有啥事。老師說你不回去就算了，放下東西幹活。

　　蔣發又在王宗岳那裡習武四年多。他先後學習了七年，這個在趙堡鎮太極拳書上是有記載的。這時候蔣發實在憋不住了，就跟王宗岳老師提出，我出來七八年了，我該回去了。王宗岳說，行了，你出來時間確實也不短了，你該回家了。但是，你在走之前拿鐵鍬到後院，把那塊地給我翻出來，拿耙子摟平了，你走了以後我還要種點菜。這些話使蔣發很不滿意：我來了七八年，你也沒有很好地教我武功，我來的目的是跟你學拳來了，但每天就是幹活，臨走還讓我做。但他又不敢跟老師發脾氣，就慪著一肚子的氣，拿著鐵鍬到了後院翻地，翻完了拿耙子摟平。他很快就回到前院說，老師，我把這地翻完了，也摟平了。王宗岳一聽說，我不相信你做得這麼快，蔣發說你不相信可以去看。到了後院，老師還沒有說話，蔣發就感覺不對了：沒見進來人，誰在我剛摟平的地裡踩了這麼多的腳印？一抬頭，看到後院蓋的一個木

板樓上窗戶開著，站著一個女孩，就是在四年前不讓他跳過小河的那個女孩。他以前來學拳的時候，聽說老師有一個女兒，但在那裡呆了七年多沒有看到過。他意識到，很有可能是她從上頭跳到我這個地裡，練了一套拳，就上去了。他就對老師說，有人在我這個菜地裡練拳了。王宗岳說你怎麼知道有人在你這兒練拳了呢？蔣發說你教給我那個單式，就是這個腳印。王宗岳說我不相信，你說這裡像打拳的腳印，你給我下到地裡去，照著這個腳印你走一下，看是不是打拳的腳印。蔣發就照著這個腳印比劃了一下。這一練蔣發恍然大悟，認為冤枉了老師：我一直認為他沒有好好地教我武功，實際上老師每天都在教我武功。王宗岳教他的時候，不是像現在這樣是從哪一招起勢，哪一招連哪一招，一直練到收勢。他是把這一套拳拆開，就是我今天可以用中間某一個動作單獨教你，明天又用另一個動作教你，不是前後一個順序。最後叫他翻這個菜地，讓女兒擺下這個陣勢，練一套連貫的拳，意思就是叫他連起來，就成了完整的套路。

蔣發恍然大悟，知道老師每天都在教拳，現在一下體會到妙處了。他就說老師我不回了，我還要繼續跟你練。王宗岳說不行啊，你可以啦，你學到家了。你今天能看出來這些腳印是我教給你的每個單式，你能照著這個腳印把這一套拳路走下來，你已經學成了。

這時王宗岳的女兒在樓上窗戶裡說：不行，他有兩個動作沒有做到位，一個是「單擺蓮」，一個是「指襠捶」。王宗岳說那你下來跟他說吧。他女兒從樓上跳下來，給蔣發糾正。所以在有些趙堡太極拳的資料裡記載，說蔣發在王宗岳家學拳時，因為王宗岳年老了，拳架多由其女兒代授，然後再由王宗岳指正。後人戲稱其拳為「大姑娘架」。

趙增福先生在西安市趙堡太極拳學會成立大會上

余功保：

您所講的這一點是有關蔣發學拳的傳說故事，是有關趙堡太極拳源流的。其細節的真實性的考證是另一回事，我們這裡姑且不論。從您所講的情節中我們可以看出三個方面，一是過去武術教拳授徒很嚴格，老師都把拳術當做寶貝，一定要選擇合適的人來繼承。二是好的老師很注重因材施教，根據學生的特點來教學，讓他學到家。三是說明了一種練拳的方法，可能很有效，就是注重單式練習，先練基本功，練紮實。這時候可能很枯燥，但很重要，單式練好了，就是做好了準備，手、腳、身法都歸了位，功夫就有了雄厚的根基，至於連成套路就是水到渠成的事。

對於武術的這些傳說，我們不要只把它當成趣聞，裡面也包含了一些學拳的寓意，這可能也是一些武術家樂於傳講武林軼事的原因吧。

趙增福：

蔣發學拳回去以後，趙堡鎮有個人叫邢喜懷，仰慕蔣發拳

趙增福先生（左一）參加「太極拳名家座談會」

術，一心向他學拳。每年集鎮相遇時，邢喜懷都對蔣發加以照顧，還幫助蔣發賣東西。蔣發見他人挺忠厚，對自己非常誠懇，就把從王宗岳那裡學來的拳術傳授給了邢喜懷。之後，邢喜懷又將此拳教給了他的盟弟張楚臣，張楚臣又傳授給了本鎮的陳敬柏，陳敬柏教的範圍比較廣，據說收徒 800 人，其中功夫最全面的是張宗禹。再後來又傳張宗禹的孫子張彥、張彥的兒子張應昌以及陳清平等人，他們都各自授徒，代代相傳，此拳就在趙堡流傳下來，因此也就被稱為「趙堡架」。

　　我是跟隨趙堡太極拳名家鄭錫爵學的太極拳，為趙堡大架，從 16 歲開始幾十年從未間斷。

余功保：

　　趙堡太極拳有哪些突出特點？

趙增福：

　　每種太極拳都有獨特的東西，也有共性的東西。一般在練太

極拳的時候，要求要行氣。趙堡太極拳也很注重，特別注重的是運丹田之氣。練習時，不僅要把氣運到手上，運到四梢上，還要圓轉丹田之氣。從前丹田鬆到後丹田，然後從後丹田再翻過來，這是練太極拳必須做的一個過程。推手發人靠什麼？就是靠丹田的力量來旋轉，靠內涵的勁力來發手。趙堡太極拳的另一個特點，就是身體動作章法有度。怎麼有法度？就是太極拳通常所說的，整個人往這兒一站，這個姿勢就是兩儀，一起勢就叫做四

趙增福先生在美國傳授
趙堡太極拳

象，邁步就有五行，一動作就形成了八卦，這些都是章法。趙堡太極拳每一個動作對這些章法的體現都是比較明顯的，你不能隨便亂動。趙堡太極拳還有個特點，就是動作要和運氣完整地結合起來，絲絲相扣。你運行一個架子的過程，就是和氣勢相配合的過程。運的是內氣，這樣才能做到該鬆的一定要鬆下來，該發的一定要發出去。趙堡太極拳在推手上有一個特點，也是與眾不同。它的推手方法是用手背向對方的，而不是手心去按對方。這裡有道理，咱們每一個人從生下來會走就會去抓東西，經常拿東西就用手心，手心的肉皮是比較僵硬、老化的，有的還有老繭。

　　而手背的敏感度是非常強的，尤其是在放鬆的時候。比如，夏天在你放鬆的手背上落了一個小飛蟲，你馬上就能感覺到，假如你把手背用力繃起來，這個飛蟲在手背上，你感覺就很輕，甚

至沒有。所以趙堡太極拳推手時是以放鬆的手背搭向對方，靈敏也富於變化。這些是趙堡太極拳總體上的特點，具體的技術上的特點就更多一些。

余功保：

雖然趙堡太極拳有很多人在練習，但還是有一些太極拳愛好者不太了解，而且趙堡太極拳在社會上流傳的架子也不太一樣，有很多種。您能否給解釋一下？

趙增福：

可以。趙堡太極拳的內容十分豐富，包括拳、器械、推手等，據我所知，光是拳架就有十幾種。一是「大架」，拳架步子、幅度較大，架勢較低，主要練技擊，練內功，是趙堡太極拳的主要形式，與之對應的還有中架、小架。再有就是「領落架」，其特點就是練習時上下起伏，輕鬆自動，下落時動作輕如狸貓，有的動作帶有快速的發勁，特別適合青少年練習。另外就是「騰挪架」，屬於行架，以柔為主，包含了閃、展、騰、挪的動作，動起來柔軟而奔放。還有一種「代理架」，據傳由和兆元所創，這是一種綜合大、中、小架及其他拳架特點、適應性更廣的架子，特點是易學易練。還有「功夫架」，是以增長功力為主要目的的拳架，架子很低，外柔內剛，剛柔相濟。還有「呼雷架」，以練習發勁為主，練習時很多動作都有發勁，要求快猛彈抖，迅如雷霆，發勁時要配合呼吸。還有「車輪架」，練習時每一個動作像車輪般的圓轉運動，柔和流暢，以腰、足為軸，以手為輪，大圈套小圈，有平圈、立圈、斜圈等，結構比較複雜。還有「走架」，架勢較高，邊走邊練，輕鬆柔軟，靈活自然。還有「跳架」，有比較多的跳躍性動作，連續性較強。還有「內功慢架」，以鍛鍊內氣、內勁為主要目的，比較強調內在要領的把

演練劍術

握。還有「跟頭棍架」，練習時手法上的變化比較多，上下翻轉，指東打西，變化莫測。練習這個架子要有一定的基礎。另外有一種「飛架」，這種架子很少在公開場合演練，也不輕易外傳，它的特點是動作快捷，圓活連貫，內勁為主，神意為先，有形似無形，內涵豐富。「打不露形」是太極拳技擊的高級境界，飛架就是鍛鍊這種境界。

據傳說，太極拳先輩在練習這種飛架時點燃一根香，香燃完要打夠一百遍，可見要有很快的身手和很高的精神狀態。這些拳架外形姿勢基本上是相似的，主要在內功的功力方面有所區別。不管哪一種架子，趙堡太極拳的每一式都要全身整體配合，協調一致，上下相隨，內外相合。所有套路的編排，都是由淺入深，由易到難，鍛鍊都比較全面。在行功走架時、推手時，都要運動全身，一動百動。每個動作對人體各部位有嚴格的要求，這些要求對於內功的增強，對於氣血運轉、提升技擊水準有重要意義。趙堡太極拳對「大架」和「小架」有一種不外露的說法，大架叫

「喇叭口架」，意思就是放開手腳，誘敵深入，再關起門來打。小架叫「佛手架」，意思是變化多端，封閉嚴密，在門外打。你如果在實踐中加以體會，就會知道其中的妙處了。

二、個性比規範更重要

余功保：

請您再具體講解一下趙堡太極拳的技術特點或規範要求。

趙增福：

趙堡太極拳對身體每一部分的要求都是很細緻的，在練習時馬虎不得。

具體來講，頭部的要求，練拳時要正，不能亂晃，下頦微微內收，頭頂像有一根線頂起。頭正了，精神才能提起來，有神，頭腦也清醒。頸部，要挺，支撐頭部的正，頸後要直，頸前放鬆，這樣精神才能貫頂。眼睛，要自然平視。舌，要輕頂上腭，這樣能產生津液，有助於養生。兩肩，要做到鬆、沉、活、垂、扣，能夠使氣順利通過肩關節，達到肘臂，肩如果鬆不開，則會氣湧於胸，就做不到含胸拔背。兩臂，要撐圓，所謂「兩臂撐圓，如懷抱門」，臂撐圓的狀態就是在含中有展，蓄中有張。肘部，向下鬆垂，不可露尖。手，要塌、要頂，手指要自然伸直，撐開，使氣貫指尖。身體要中正，身體中正了基本身形才具備，氣血在體內循環，身法的轉換才能靈便，在技擊方面，身體中正了，閃、展、騰、挪才自如，左搖右晃肯定要挨打。胸部，要含，不要向外硬挺，含胸了才能氣沉丹田，否則就會氣血虛湧，造成上重下輕，根基不穩。脊要挺，脊挺了才能氣斂入脊骨，發至四梢。對腰部以下的各個部位來說，腰、胯要鬆，鬆腰虛實變

趙增福太極拳式　　　　　　　　太極拳式

化才靈，鬆胯有助於鬆腰。臀部不可外凸，要垂、斂、提，外凸就使氣滯於臀部，不能使臀氣相交於會陰。腿要挺，腿挺下盤才能穩固，氣血才能暢通，才能使發於腳的勁向上傳遞。膝要正，不能歪，不能扭。腳要十趾抓地，如樹盤根。

余功保：

　　趙堡太極拳對每個身體部位的要求還是很細緻的。綜合著看還是互為呼應的。太極拳中的很多要領，分開來覺得很複雜，從整體上看，是互相聯繫的，你只要把主要的要領做到了，就有助於其他要領的完成。對於太極拳要領的本質的理解應該是，最正確的要領最終應該是最自然的。

趙增福：

　　趙堡太極拳在練習時特別要求全身每一部分要整體一致，協調配合，每個要領都要到位，否則沒有效果。要注意綜合運用。

舉個例子，趙堡太極拳中有個動作「上金剛」，對於身體的要求是含胸拔背，從上到下都要達到上面說的要領，同時丹田還要內氣旋轉向上，內外合一。怎麼樣「含胸」？兩個肩向前一合，這就是「含胸」，胸向前微翻。「拔背」的時候，拔起來了，拳頭向上走，把氣也領起來了。所有的運動是整體協調的。

余功保：

除了身體上的要求之外，趙堡太極拳對呼吸好像比較注重，這方面有什麼要領？

趙增福：

呼吸是練拳的重要環節，不管你注意不注意，都對拳功有影響，這是個很關鍵的問題。趙堡太極拳要求練拳時一定要配合呼吸，要運用逆腹式呼吸。吸氣時小腹內收，呼氣時小腹外凸，在練拳架和推手中都如此。丹田還要與呼吸、拳架相配合，呼氣時丹田要轉動，催動內氣達於四梢，吸氣時由四梢落入丹田。趙堡太極拳的拳架和呼吸關係密切，其中陰陽、虛實、分合、進退、起落都與呼吸相關聯，如果練習中實現了拳架、呼吸的合理統一，久練必長內功。

余功保：

現在我們看到，在社會上流傳的趙堡太極拳也有很多風格，您也介紹了趙堡太極拳有很多種架式，是不是趙堡太極拳在規範上不太強調？您怎樣看待太極拳的「規範」問題？

趙增福：

在「規範」和「個性」兩個方面，我更加注重「個性」。太極拳就好像是一個公式，老師教給你了，把一個課題給你，怎麼運算是你的事。因為今後遇到的題太多了，老師不可能給你一個一個算好。因此練太極拳要有個性。

隨曲就伸——中國太極拳名家對話錄

余功保：

那是不是意味著一個人練拳一個樣？

趙增福：

也不完全是。最基本的方面大體是沒有太大區別的。沒有區別的部分是你必須要模仿的。還有許多是你要發揮的，你要為你自己練拳，你可以把這架子放到最低，把你的筋拔開了，骨解開了，把你的底盤上的功夫練好。你也可能由於身體上的原因把架子放高一點，先練高架也可以，只要最終練好就行。程序上不必規範，動作上也不一定要千人一面。

太極拳式

余功保：

您的意思是要讓學拳者有較大的自由發揮的空間？

趙增福：

對，拳術本身沒有什麼

太極拳式

規範，太規範就不叫拳了。但在練習中你過於規範，在實用上就有影響。比如遇到了壞人，他要出手，你不能說等一等，不要著急，我這還沒有規範呢，這是不可能的。雖然是笑話，但你練的

時候總是先想規不規範，實際中一動你就有這個想法。用拳要因地制宜，對方來了一個高個子，我還在考慮下盤的事就不行了。你高我用高的方法，你低我用低的方法，我就是我這一套拳的方法。要做到這一點，在練拳時也要因人而異，這是趙堡太極拳的特點，它不是要求你這個手勢必須都是在這個位置上，腳必須在那裡，完全規範地去練，絲毫不差。我認為那是一種「死板」的方法，那樣個人就沒有發揮。

余功保：

這裡面也有一個矛盾問題，因為規範對於很多人來說比較容易學習，容易普及，尤其對於初學者更是這樣。如果趙堡太極拳在規範化方面不強調的話，是不是學起來難度會大？而且在拳法的一些特別根本性的理論和技術上也應有相當的統一性，這樣才能形成風格，才具有科學性。

趙增福：

趙堡太極拳也有統一的要求，像我剛才介紹的那些基本要領

太極拳式

就是統一要求。不同就是每個人在落實上理解會有所差別。我在平時的教拳中就很注意這個思路。有些老師教拳是先教單式，一個單式一個單式地教，有的是從頭開始按套路順序教。我的教法都是按照套路教，就是從頭至尾一次性地往下教，每一天教什麼動作，必須教到哪裡，都有計劃。每天熟悉一

個動作，再教新的。每次教完後，留下的復習時間，比教拳的時間還要長，就是要不斷揣摩，這在趙堡太極拳裡叫「捏架子」。要把他捏得合乎規律，這既是規範，也是發揮。所以，我不是完全反對統一規範，只是更強調個人理解發揮。

三、拳是基礎，器械爲輔

余功保：

太極拳練功過程中，不僅有拳架，還有很多器械的方法。別的太極拳流派都強調這一點，認為器械的練習是對拳架子的一種提升，一種深化，由練器械把握太極拳當中的技術要領、內勁有輔助作用。趙堡太極拳在器械上有哪些套路和練習方法？

趙增福：

趙堡太極拳在器械方面有刀、劍、棍、槍四種器械，沒有楊式那種抖杆。趙堡太極拳的棍也是蠟木杆，也像齊眉棍那樣長。有的人說趙堡太極拳有很多器械，我認為那都不是趙堡太極拳的東西，那是把其他的東西、甚至把外家拳的東西都拿進來了。真正的趙堡太極拳的器械都很清楚的，就是這幾種器械，很簡單。我的老師在西安體委教拳

太極拳式

趙增福先生示範太極拳推手　　趙增福先生示範太極拳推手

時，和其他老師、教練都在一起。那時有的同好們對趙堡太極拳
也有一種看法，說你們趙堡太極拳的器械很少，就是這幾種器
械。其實不在數量多少，關鍵是練好，要想多很容易嘛，許多流
派的器械都可以拿過來，但那不是趙堡太極拳的。不能因為要充
多就把別的東西也放進來。

余功保：

　　這幾種器械裡，是不是每種器械都有自己的練習套路？

趙增福：

　　是。每種器械都有自己的目的、用途，練習方法也很講究。

余功保：

　　有的人覺得，其實器械多少沒有關係，你如果把這個拳，比
如趙堡太極拳練熟了，隨便拿來一種任何器械來練，都能成為你
本身的器械。

趙增福：

　　我也是這樣認為。所以，我剛才講的趙堡太極拳沒有太多的

器械實際上也包含了這個意思。小時候，一件事印象很深。我當時很喜歡一個刀的套路，就跟一個師兄學，學得很起勁，這趟刀基本學完了。後被老師發現了，他二話沒說，一把從我手上把刀奪掉，把它摔到公園的冬青樹裡邊去了。他說你現在不會走，就想學會跑，你把拳練好了，到時候自然而然刀你就會了。當時我對老師很不滿意，但後來慢慢體會到老師說的是完全對的。對器械不要追求，拳是基礎，拳練好了一切都有了。

趙增福先生演練器械

我們現在隨便拿起外家拳的一個器械，要把它練成太極拳的味道是完全可以的，這沒有問題。什麼叫做太極裡的器械？太極拳功夫有了，練什麼都是太極器械。

余功保：

這可能也是「無就是有」的道理。但這個「無」還是要有實在的基礎，這個基礎就是拳架。那麼，您覺得練拳架的過程中應重點注意什麼？

趙增福：

怎樣才能把趙堡太極拳練好？我覺得有幾點要特別重視。首先是注意要「節節相對」。就是在拳架中相應的關節要對上，要合，肘關節和膝關節要相對。比如「伏虎式」，手臂在上舉起，腿在下屈膝，這兩個關節就要相對。節節相對中有個要訣，就是不能「探」，也不能「欠」，什麼叫做「探」和「欠」呢？膝蓋以下為下盤，這條腿要向後縮，不夠 90°，這就叫「欠」；腿向

演練器械

前撲了。膝蓋超出了腳尖，這就叫做「探」，向前探，中心向前移了，不穩。第二點要做到均勻。在練拳的過程中，每一個動作都要均勻，不能斷勁，始終是連綿不斷的練法，似動非動的，不能忽快忽慢，這個不符合太極拳的練法。第三，動作到位。太極拳的動作你做得雖然很像，但就差那麼一點，往往你就體會不到那種正確的感覺。架子大小因人而宜，但一定要到位，到位了你就知道這樣才是對的。第四，要上下相隨。只有做到這一點你練的才是太極拳，否則就是別的武術。

余功保：

練拳中的另一個重要問題是呼吸，說法也很多，您覺得應該如何處理這個問題。

趙增福：

我個人體會，練拳時還是要自然呼吸。但怎麼才叫自然呼吸，不是雜亂無章，而是配合著拳架的均勻呼吸。在練習過程中，速度是由你來控制的。平常在練功時，我的體會是越慢越好，又不是比賽，不用趕在幾分鐘練完的。你就慢慢練，這個過程中呼吸很自然。那麼，這裡面就有個「呼吸比」，什麼叫做「呼吸比」呢？就是練一個動作，呼吸次數的比值。開始練的時候，速度降不下來，因為功夫的原因，性情還比較急的原因，呼吸比可能是 1：3，就是練一個動作呼吸三次，或者說呼吸三次做完了一個動作，是你自己默念著，控制你的速度。隨著練習時

間長了，你的功夫深了，你可以達到 1：5 到 1：6，呼吸 6 次完成一個動作，這時候你的太極拳打得很熟練，打得也很順，還可以達到 1：9。在趙堡太極拳裡達到 1：9 的呼吸做完一個動作，拳就練得很好了。練完了以後，感覺非常舒服。

四、養用結合

余功保：

很多人練習太極拳，尤其是現代社會的很多人，包括國外的太極拳愛好者，練太極拳一個最直接的目的就是強身健體。您覺得練習趙堡太極拳怎樣才能達到最佳的健身效果？

趙增福：

現在一般人練太極拳的最終目的都是為了強身健體，養生長壽。我覺得太極拳完全能夠滿足人們的這種願望。但要做得很好，還是有一些講究的。我這裡談幾點體會。

第一，要輕柔緩慢地練。我前面講了，配合呼吸有時候可以做到練一式呼吸 9 遍，我現在練一趟拳用 1 小時 5 分鐘，這樣就會很柔和，體會對身體各個部分的影響，能夠不斷調整自己。

第二，練拳中要貫徹技擊意識。技擊和養生並不矛盾，太極拳包括了技擊，這是它的特點。有些年輕人跟我學，首先就要求他要有很好的、正確的思想觀點，有很好的武德，然後我才能夠放心地教他。為什麼？因為我在教拳的過程中，每一個動作都是從「打」教起的。太極拳每一個動作裡都有打的含義，但並不是教你打人，是教你領悟拳。只有領悟了拳也才能掌握養生的真諦。這是相輔相成的。同時明白打也有助於記憶。

第三，要堅持不斷。要經常練，不要認為只要一練太極拳，

演練器械

我有什麼病都可以練好，百病可治。太極拳可不是仙丹，一吃就能好的，必須要堅持，用持之以恆的精神來練，時間長了你的身體才會達到健康。就拿我個人說，我在年輕的時候為什麼學了太極拳？因為我的身體很弱，我的家庭條件很差，別人推薦我跟老師去學太極拳了，幾十年下來我感覺就有了很多效益。這裡面堅持是很關鍵的一點。

第四，要「零存整取」。什麼是零存整取，就是細水長流，每天要練夠一定的量，由量變到質變，最終取得一個健康的「整」。如果你雖然也堅持了，但每天就比劃一兩遍，草草收場也不行。既要堅持，還要夠量，每天要練上若干遍。練一遍僅僅是熱身，練到五遍你才能有「利息」。你要說練一遍太極拳我就算練太極拳了，那就等於你一點利息也沒有，練拳沒有堅定的信念那是不可能的。

第五，要注意防偏。練太極拳一定要在老師的指導下正確地練，不正確會練偏的。練偏不但你的身體不會練好，還會出毛病，練的量越多毛病越大。一般毛病出在什麼地方？膝蓋、手腕、肘、肩比較多，有時發疼、發脹，這就是姿勢不正確，要經過老師進行調整。在思想上不要認為我不管練什麼，一練就能好，那種觀點不太正確。

余功保：

　　練拳還應該懂點醫學知識。很多武術家強調武術和傳統的醫學要結合，這樣更有益於養生。

趙增福：

　　這個很有必要。太極拳中的動作是符合醫學，特別是中醫學原理的。懂些醫學知識有助於理解動作的內涵。我個人還有一點小小的體會，就是太極拳的手法作為中醫的按摩、

演練器械

點穴法運用往往還能有治病的作用，我就曾經用太極拳手法給我的學生治療，效果不錯。

余功保：

　　太極拳不可能一下子就練完備了，練習方法始終是最值得關注的問題。在練拳過程中允許犯錯誤，也不可能避免錯誤，有些錯誤還帶有共性。但是要學會糾正錯誤，錯了時要明白，在還沒有形成錯誤定型前糾正過來，這是練太極拳的一個要點。您能否結合趙堡太極拳中容易出現的錯誤講解一下怎樣練好太極拳？

趙增福：

　　練太極拳一段時間後，你這個架式就會有一定的偏差現象，這是免不了的。因為老師不可能整天和你在一起，隨時糾正你。練著練著架子裡就有不符合太極拳的動作了，不是身形不正，就是腿法不正，手不到位，或者是兩手超過兩膝等。怎麼辦？你在理解太極拳動作時要抓住內在的核心要領，每個動作有外形的要

領，還有內在的要領。舉個例子來說，單鞭，右手鉤，左手掌，把架子擺出來了，但這個時候還不能叫單鞭。為什麼？要領還沒有完成。什麼時候算完成了?要把膝沉下去，肩肘要沉，氣沉下去，形和內合了，只有在沉氣動作完成了，這時候才可以叫單鞭。單鞭就跟咱們農村用一個擔子擔東西一樣，上下的合力要平衡。

再有一點，要練好一個拳種，你要抓住它和別的拳的區別點在哪裡，特別是相同或相似的動作中。還以單鞭來說，趙堡太極拳的單鞭是不看手的，眼睛向前方看，而楊式等其他太極拳的單鞭是看手的。我們有一次去比賽，我們的得分很低，裁判對我們趙堡拳不了解。他把我叫去問我說，趙老師，你把趙堡太極拳單鞭最後一個動作做給我看看，我就做了。他說你的眼睛為什麼要正方向看，不跟手看。我說趙堡太極拳就是正方向看，不需要眼睛隨著動作看，用餘光就夠了，你隨便「採拿」都沒有關係，我隨便都可以「反採拿」你。他這才了解。

還有一點，對於基本要領要不折不扣地執行。我前面講了身體各部分的要求，這些外形很簡單，但很嚴格。比如身形要正，你不能撅臀彎腰，這就不行了。特別是丹田要正，丹田不正氣就偏了，氣就跑了。在合力的練習上，不能露形，比如腰、襠、胯，這上面講究很大，這三部分就有合勁在裡頭，但是，絕不是叫你把外形露出來。練太極拳講究的是不能露形，露形必不贏。很多人把握不好，練的時候外形凸出得太大，這是合力沒有把握好的緣故。

練好趙堡太極拳還有個關鍵，在於掌握好「背絲扣」勁。拳諺上說「意上寓下後天還」，講的就是背絲扣勁。「背絲扣勁」的意思就跟我們吃的麻花一樣擰著，你那邊有勁，我這邊也有

太極拳式

勁，你那邊倒開我這邊也可以倒開，我能擰上，我就能打開，這就叫「背絲扣勁」，絕對不是一個簡單的勁。背絲扣是太極拳之母，為太極拳根本功夫，氣機、勁力一向一背，分順分逆，渾然天成。

另外一個要緊的因素，就是要注意趙堡太極拳步法上的特點。有些人練習趙堡太極拳，不能把握它在步法上的要領，和其他的太極拳相混，這是容易出現的一個錯誤。趙堡太極拳步法上有什麼特徵呢？它也強調「輕如狸貓」。還有一個特點就是腳到手到，在趙堡太極拳的練法上叫做「填坑」。什麼叫做填坑呢？就是說我始終要把你填進去，不給你喘氣的機會。趙堡太極拳在技擊上就是不讓敵人發揮，就是始終要靠近你，把你貼上，用步法擠你，不讓你有空檔可鑽。我始終有一個位置填在你中間，就是不讓你發揮，這就叫「填坑」。

還有一個叫法叫「憋死牛」。為什麼叫憋死牛呢？就是和牛耕地一樣，它耕到地頭了，你要把這個繩子一拗，這牛就轉頭回來了。因為它鼻子有一個圈，你一拗就把它拉回來了，它的力量不能再發揮了。你若讓它發揮，它就犁到別人地裡去了。在練習趙堡太極拳的時候就要牢固記住這一點。

余功保：

說到技擊，趙堡太極拳在推手上有什麼特點？

趙增福：

趙堡太極拳的推手十分靈活，技法上很豐富，運用上是立體化的。比如單推手，有平圓，還有立圓。在很多太極拳流派的推手中，對於跌、拿手法傳播的不太多，因為跌、拿容易致傷殘，有的甚至認為推手中沒有跌、拿，這是誤解。趙堡太極拳十分講究運用拿法，順勢拿人，以拿還拿，以拿解拿，還經常運用反關

太極拳式

節拿人。趙堡太極拳推手中還有秘傳的完整的上、中、下三盤二十四技法，有很高的實戰價值。上盤是指人體襠部以上的部位，上盤八法為挪、抒、擠、按、採、挒、肘、靠；中盤指膝部以上、襠部以下部位，中盤八法為起、落、進、退、騰、閃、圓、

太極拳式

轉；下盤指膝部以下部位，下盤八法為纏、跪、挑、撩、劈、
壁、掛、蹬。上、中、下共二十四法的使用總體概括為以意承
先，因循為用，順勢借力，四兩撥千斤。最重要的是要在實踐中
不斷體會掌握。

鍾振山

鍾振山，1948 年生，河北永年人。武式太極拳傳人。中國武術六段，河北省永年縣武式太極拳研究會副會長兼秘書長。13 歲拜師於武式太極拳名家姚繼祖先生，苦練不輟，習練武式太極拳、刀、劍、杆（槍）、推手等。演拳循規蹈矩，鬆靜自然。推手端正嚴密，以善化為長。在拳法、拳理上頗有造詣。

歷任中國永年國際太極拳聯誼會千人表演總教練，獲三屆中國永年國際太極拳聯誼會武式太極拳法金牌。在武術雜誌上發表了《太極拳聽勁與懂勁》《太極拳中柔與剛》等多篇論文。和世界各國太極拳愛好者進行了廣泛交流，受到普遍好評。

1995 年應邀參加中國武術院組織的武式太極拳競賽套路編寫工作，1998 年協助姚繼祖先生整理、編著《武式太極拳全書》，2001 年 3 月應邀參加首屆世界太極拳健康大會擔任名家輔導工作。

捨無可捨

——與武式太極拳名家鍾振山的對話

軍事家說：「欲先取之，必先予之。」「予」就是「捨」，「予」的是局部，「取」的是整體。

政治家說：「外交的最高境界是善於適度的妥協。」「妥協」中的重要元素也是「捨」。當然，這裡的「妥協」並不是真正的退縮和讓步，而是「迂迴前進」。

文學家說：「曲徑通幽。」捨卻通衢成大道。

太極拳家說：「曲中求直」「隨曲就伸」「捨己從人」。

一位高僧說道：「捨無可捨處便是可得。」

生活中處處需要「捨」。捨惡向善，捨驕從謙，捨浮躁趨平和。

太極拳中更要「捨」。捨僵轉柔，捨拙尚巧，捨力化勁。捨外逐內。

一個體系中把握住平衡點，一些旁枝末節均可捨去。只有捨了，才能集中力量把握根本。捨去了干擾，才能一片空明澄澈。

捨的是被動，取的是主動。

當捨處須敢捨，當得處才得之有法，得之有道。

武式太極拳捨了張揚，以「小」見「大」，捨了俯仰，以「正」得神氣浩蕩，深蘊取捨之道。但其中法度嚴謹卻是「不可捨」。

「捨無可捨」，捨得徹底，不徹底形同不捨。關鍵是把握住「無可捨」的尺度。何為「無可捨」？參透其中關竅乃得太極三昧。

一位卓有成就的大企業家總結畢生經驗，慨嘆：「最重要的是學會放棄，有所放棄，才有所獲得。」

會「捨」的人才能成為太極拳大家。

（余功保）

一、拳從無極歸太極

余功保：

您是習練武式太極拳的，而且一直在邯鄲——武式太極拳的發源地。武禹襄曾從楊露禪習陳式老架太極拳，後自稱一派。一個流派的形成必須有鮮明的特點，您覺得武式太極拳突出的特點是什麼？

鍾振山：

武式太極拳的外形動作比較緊湊。左右手各管一邊，左手管左邊，右手管右邊。拳的架式比較高、穩健。在步法上，是自然上步，提膝、邁步都順乎自然，怎麼叫順乎自然？就是不生硬，不彆扭。手和腳步的關係上，是在每一個定式中，手都不超過腳尖，保持身體的中正。除了外形以外，武式太極拳特別講究內氣運轉，由內氣的運轉來調動身形，「內固精神，外示安逸」。在呼吸上，運用腹式呼吸，吸氣時收腹，呼氣時向外鼓起腹部，這樣做到腹部鼓蕩，內臟也隨之產生運動，全身內外都以各種方式綜合協調運動起來，在健身、技擊上都有作用。

武式太極拳還有一種常用的呼吸方法就是「躍息法」，主要

鍾振山在首屆「世界太極拳健康大會」上做名家示範表演

運用六個字「噓、呵、呼、呬、吹、嘻」，對臟腑有調養作用，分別對應肝、心、脾、肺、腎、三焦。這也是中國傳統的健身方法，效果顯著。在內功鍛鍊上，還有站樁。站樁是太極拳的必修課，練好了對練習拳架大有幫助。

余功保：

站樁具體應如何練習？

鍾振山：

站樁的基本要求是：兩腳自然分開，與肩同寬，身體要站正，不要歪；頭頂向上微微提起，叫提頂；眼光平視前方，下頦內收；兩手環抱在胸前，比肩略低，要抱圓，像抱著大樹一樣；雙腿微屈，放鬆，脊骨下沉，拔開，這樣身體上下既直又鬆。站好以後，要調呼吸。吸氣時，意念中從湧泉穴升起，經過後背、腦後，上升到頭頂，再由百會穴經面部，經胸前、腹部，再經兩腿返回腳下，完成一個周期循環。開始意念不必守丹田，全身自然放鬆（圖示），這樣練一段時間後，可以感覺到手上發脹、發

鍾振山多次擔任永年國際太極拳聯誼會千人表演總教練

麻,有很強的氣感,腿部也有充實感,腳底下也發熱。這個樁叫「渾元樁」。

武式太極拳還有一個重要的樁法是「虛實樁」。虛實樁的練習方法是:兩腿前後站立,分開,前腿是虛的,後腿是實的,後腿要微屈,不管是前腳還是後腳,都不要用力。後背脊柱也是微微下沉,目視前方,平視。兩臂環抱在胸前,但是一高一低,一豎一橫,豎著的手要坐掌踏腕,手指則自然向上,下橫的手臂要抱圓,整個感覺是虛實分明(圖示),呼吸自然。武式太極拳最主要的樁就是這兩個。

余功保:

武式太極拳是不是要求所有練拳的人都要練習這兩個樁。

鍾振山:

是這樣的。你要想提高太極拳的水準,就必須練習這兩個樁。樁是無極,從樁到拳,就是從無極自然處練太極。練習的順

序是這樣的：先練一段時間的拳，有了初步體會後，練習樁，然後再練習拳架，反覆錘煉，就能不斷提升。站樁一方面是練感覺，對身體的認識，一個是練入靜，靜止的站樁比動態的拳架開始時容易入靜，再一個是練身法。

余功保：

練入靜大家比較容易理解，練身法主要是中正和虛實。我覺得練感覺相對比較難把握一些，含義也更廣，但很重要。這實際是認識自己的第一步，我們常說認識自然、改造自然、順乎自然，「人體」也是「自然」，站樁能幫助你認識太極拳中的「自然」，你就能更好地順應、改造它。

另外，人好像一部機器，由各個部件組成，在靜態的站樁中細細體察各「機械部位」的特點，以及相互關聯，對於運用拳架來組合、高效運轉這部機器是十分重要的。「察而後知機」，站樁所具有的這個「察」的功能不可小視。

鍾振山：

太極拳本身就是樁，是活步樁。開始練習時，很多人難以各個部分兼顧，顧得了手顧不了腳，所以，靜下來細細體驗全身的對應關係，然後定型，就比較容易。站樁過程中對意、氣的訓練作用也很突出，意到氣到，以氣運身，使周天貫通，所以，站樁對練意也很關鍵。

余功保：

武式太極拳中「練意」的具體含義是什麼？

鍾振山：

太極拳就是練意的拳，所謂「用意不用力」。武式太極拳中的「意」可能和其他拳法中的意相比較，有所不同，它不僅是指「意念」，還主要指「開合陰陽」，練「意」就是練「開合陰

陽」。比如前面說的虛實椿，就包含著開合陰陽，練拳時內裡要微微右轉，這個轉不是指身體上的轉，而是體內的氣在轉，這樣才達到「意氣相合」。

武式太極拳的「意」是上下左右、內外合一、呼吸相隨的「意」，不能片面理解為打人的「意」。但你練好了，身體的整體能力加強了，也就具備了較強的技擊能力。

余功保：

您覺得太極拳在健身上能發揮哪些作用？

鍾振山：

鍾振山太極拳式

太極拳的健身作用體現在它的練法上。比如說呼吸，呼吸和健康的關係很密切。每個人都會呼吸，但如果能有效地運用呼吸來調節身體，就是健身方法。

太極拳每一動作都有開合，開合就是呼吸，開為呼，合為吸，一呼一吸就是「鼓蕩」，鼓蕩起來氣就有了活力。這樣在練拳中就配合上了呼吸，體內橫膈膜產生上下運動，內臟也就有了運動，與外部肌肉運動形成了連動，「周身一氣」「一動無有不動」。一個人是否健康，不能只看外表是否強壯。有的人外表很強，但身體內部臟腑很虛，就不能算健康。內臟的健康才是真正的健康，打太極拳的過程就是鍛鍊內臟的過程。

太極拳還有一個鍛鍊要領是「鬆靜」，這和健康也密切相

太極拳式

關。鬆靜是古代中國傳統鍛鍊方法中的一個特色，中國古人發現了鬆靜和健康的關係，把它運用到太極拳等運動中。在鬆靜的狀態下，精神就不緊張，肌肉也不緊張，身體的各部分機能得到自然的發揮，減少不必要的損耗。

人在生活、工作中，很多時候處於長期緊張、興奮中，這就是一些慢性病產生的根源，藉由打太極拳就能消除這些病態因素。

我自己就是一個例子。我大概在15歲時得了嚴重的胃炎，相當厲害。每天吃完早飯後，胃漲得特別難受。我的太極拳老師就叫我每天早晨堅持練太極拳。早6點鐘開始，天天不斷，主要就是練兩個字「鬆」「靜」，練了一個冬天，第二年就好了。一鬆靜了，大腦不再興奮了，就對神經有良好的調節作用。

余功保：

技擊和健身是相輔相成的兩個方面，武式太極拳在技擊上有什麼特別之處？

鍾振山：

武式太極拳在技擊上的突出特色表現在勁力上。它除了具有其他太極拳流派所強調的一般勁法外，還有自己的獨特的地方。

武式太極拳講究以勁打勁，不是以招制敵，決勝的不是一招一勢，而是勁力。有幾種勁是特別強調的，一個是講究打「悶勁」，就是當對方的勁將要出來但還沒有發出來的時候，迎頭給

他打回去，給「悶」回去，這就叫打悶勁。

余功保：

一下子就打亂了對方的進攻結構、節奏。

鍾振山：

另一種勁是打「截勁」。就是對方的勁已經出來了，但是還沒有發充分，威力剛剛發揮，還沒有到最大時，就給他截斷，給他打回去。就像對方剛衝鋒、還沒有佔據有利地形、我就截斷他的退路一樣。

太極拳式

余功保：

就是從根本上瓦解對方的攻擊力。

鍾振山：

還有一個勁法就是打「回勁」。對方的勁力已經發出來了，待他要往回收的時候，順勢打擊他，打他一個措手不及。

余功保：

就是變被動為主動，變守為攻。

鍾振山：

這三種勁法如果在實際中運用好了，技擊的威力非常大。

二、勁從「頭」「尾」斷取捨

余功保：

　　這些勁法的純熟運用也是一個複雜的過程，需要一定的「功夫」。您覺得平時應該如何訓練太極拳的技擊功夫？

鍾振山：

　　太極拳是一種武術，技擊是它的特徵之一。訓練技擊能力是衡量練拳水準的一個標誌。我覺得，要提高技擊水準有幾方面要做到：第一是要有「明師」指導，現在練太極拳的很多，教的也不少，但「明師」不多，懂得技擊奧妙的不多。找一個懂的老師，他把他的體會、經驗傳授給你，就能讓你少走不少彎路，讓你懂得怎樣練。

太極拳式

　　第二是要堅持練功，功夫要練到一定程度才出得來，你再明白也必須要練夠數。

余功保：

　　有些屬於「積累」的東西是代替不了的，不能「跳越」。

鍾振山：

　　第三，要提高自己的「悟性」。在練拳中，還是有一些需要悟性的東西。有的人下的工夫雖然大，但悟性不夠，終生也得不到。所以不要傻練，

要有感悟。太極拳中有的功夫看不見，語言也表達不出來，通過鍛鍊你才能悟到。

余功保：

太極拳是一種綜合修養，「功夫在拳外」，不是一句空話。

鍾振山：

第四，要認真練拳。太極拳的「拳」從技擊的角度看，是基本功，練拳架就是紮實基本功，練的意氣力合一，技擊過程中一舉一動都和基本功有關。基本功好了，出手不會亂。

第五，要練推手，推手是訓練技擊中的感覺，推手本身不是真正的打人。有的人有誤解，認為推手就是實戰，不是的。推手是用來訓練沾黏連隨等勁力的方法，是技擊的過渡階段。通過這些方面的綜合作用，對於提升技擊能力有幫助。

余功保：

您怎樣理解「四兩撥千斤」在技擊中的運用？

鍾振山：

所謂「四兩撥千斤」，就是充分體現了以勁打勁的特點，在對方勁力將出未出，以勁力對其引進落空，使對方失去平衡，就像站在牆頭一樣，我再以巧力勝拙力，以小力勝大力。是「四兩」的勁勝「千斤」的力。這是一個比喻。

余功保：

既然練拳架對於養生和技擊都至關重要，如何練好拳架就是個很關鍵的問題。

對於拳架來說，有哪些具體要領需要重點把握？

鍾振山：

這需要一項一項來。各個部分的要領都要準確，然後綜合起來要協調。首先是手，五指自然分開，手心不要向外鼓，手指微

太極劍式

微彎曲，不要挺。眼，基本上是平視，神光內斂。但是，眼神有時要和動作、意念配合，拳式合的時候，吸氣，眼神內收，拳式開的時候，呼氣，有時配合發勁眼神外放，意、氣、形合一。

身法上，總體要求是中正安舒，頭部要提頂，百會穴微微上頂，但不要硬頂，是意念上的領起，起到提領全身的作用。與之對應的下面要吊襠，就是襠部尾閭往前翻，用尾閭托起小腹。還要裹襠，怎麼裹？用兩膝微微內扣，襠部自然就呈現圓形，臀部同時微微內收，裹襠就形成了。鬆肩沉肘，肩要放鬆首先要把肘沉下來。含胸，胸部不要外挺，是自然的含蓄。兩肩微微向前合，這樣脊柱也就自然鼓起，前後相應。尾閭要始終保持中正，正對鼻子，在練拳過程中，不管是身體向哪個方向轉，尾閭都要保持對鼻尖。身體的轉動以腰為主宰，帶動上體、下體的運動。把這些要領都同時達到了，身法才算合乎要求。

武式太極拳在步型、步法上比較靈活，有曲步、弓步、貓步、墊步等，與各種拳式相配合。放鬆上有幾個層次，要逐步做到。一個是身體放鬆，關鍵在鬆肩，肩一鬆，胸部、腹部、背部就自然放鬆。一個是臟腑放鬆，這是內鬆，光有外鬆沒有內鬆不

行。最後是中樞神經放鬆，這是意鬆。幾個方面都鬆了，就有練氣的作用，練丹田氣。丹田氣是人體的內氣，是人的元氣，先天帶來的，由太極拳的鍛鍊，再由後天的培養，可以強壯。

太極劍式

余功保：

「以柔克剛」是太極拳的一個技擊原則，武式太極拳中如何體現？

鍾振山：

「以柔克剛」具體運用方法很多，各派太極拳也各有理解。在武式太極拳中有一個訣竅，概括成一句話，叫做「引勁頭，打勁尾」。什麼是「勁頭」？就是對方出來的勁的前端，力點所在。什麼是勁尾？就是對方勁的根梢。引勁頭，就是把對方發來的勁引進來，不去硬頂，給他一條道，接過來。以弧形引，動作要小，是用內功引，動作越小，功夫越高，動作越小你的身形變化越小，受對方牽制越小。

太極拳講究「小圈制大圈」「小圈至無圈」，前者講圈越小功力越深，後者說練功的程度，由大圈到小圈再到無圈。勁頭引進來後，敵人的武器失去殺傷作用，他就失了先機，我要乘勢還擊，「打勁尾」。打勁尾是以直勁打擊，簡捷迅速，以本身內力擊打。在操作中這兩個步驟是同時的，一氣呵成的。往往是一手為引勁頭，另一手為打勁尾。這也是「引進落空」的方法。

余功保：

「以柔克剛」也好，「四兩撥千斤」也好，前提條件是要懂勁。太極拳論中講述練拳階段時講：「由著熟而漸悟懂勁，由懂勁而階及神明。」這個懂勁是個關鍵的過渡階段，您認為怎樣才能懂勁？

鍾振山：

懂勁與聽勁相聯繫。太極拳中把感覺察覺對方動作的輕重快慢及方向稱為聽勁，把了解對方的勁力情況，恰當地作出判斷並根據對方的動向與企圖，制定出攻防方案，而制敵於未動之先，稱為懂勁。太極拳的懂勁是由黏走來達到的。拳論指出：「黏即是走，走即是黏」「人剛我柔謂之走，我順人背為之黏」。當對方用強大的勁力來攻我時，我不與之硬拼，而是以圓弧的動作來承接，把他的進攻方向改變，勁力卸掉，攻勢化掉，不被對方所制，這就為走。

黏即是制，只有我順人背，才可以制人而不被人所制，我得機得勢，對方失機失勢，使我處於主動地位，這就是順，反之則是我背。我順人背的機會和形勢，就是通過沾黏連隨而感覺並加以判斷，這也是黏。在黏走過程中要不丟不頂，審機應變，因勢利導。完成這些環節就是懂勁。

余功保：

每一位太極拳老師在自己的練習和教學中都總結了一些行之有效的體會經驗，您覺得應該怎樣練習才能得到良好的效果？

鍾振山：

對於太極拳套路來說，有一個基本的練習順序，這就是先大架，再中架，再小架。大架的姿勢比較舒展，對於身體外形要領相對容易把握。練好大架後，到了中架，就要更多地注意步法，

更多地練習靈活度。小架的步子更小，更注重內功鍛鍊，主要體會體內的種種變化的狀態。

太極劍式

在具體招勢上，注重套路的整體性學習。拳套中的每個動作之間是有一定關聯的，不是孤立的，你由學習一個動作，對另一個動作也會有幫助。要理解一個動作，除了反覆練習這個動作之外，也可以從其他動作那裡獲得收穫。所以在學拳時，不一定非要把一個動作練得完全精確、徹底練好再去練另一個動作，而是可以循環練習，把一套先練完，再回過頭來，逐一完善，這樣也能激發學員的興趣。

另外一點，關於器械，一定是要在拳套練好之後再去學習，身法、步法具備了器械的要領才能做對，否則，容易走樣。

隨曲就伸——中國太極拳名家對話錄

夏柏華

夏柏華，1937 年生，安徽郎溪人。武術教授，著名武術家，國際級武術裁判。

1961 年畢業於北京體育學院，留校任教。先後任本科、青訓隊和院代表隊的教學與訓練工作。1978 年開始任兩屆武術研究生導師。歷任班主任、級主任、教學組長、教研室副主任。參加了全國體育院校通用教材《武術》的編寫工作。自 1979 年起參加武術對抗項目的試點及其競賽規則的研究制定。1985 年擔任全國武術遺產挖掘整理領導小組副組長。多次作為中國武術專家組成員出國講學、授課、示範。先後擔任了各種類型的國際性和全國性重要比賽的裁判工作。

曾任國家武術運動管理中心技術部、理論部主任，中國武術協會副秘書長，中國武術學會副主任等職。

多年來專注於太極拳的研究，主持、參與了國家體委組織的許多太極拳研究活動。在國內外進行了廣泛的太極拳教學、推廣工作。

風雲三千里

——與著名太極拳專家夏柏華的對話

新千年伊始，參加一次關於北大的學術研討會。一位老教授以自己的切身體會總結北大文化精神，概括為「兼收並蓄、兼容並包」。

這一點已深深為北大學子所認同，這是百年北大發展的法寶之一。使北大代代相傳傳統的理念，又永遠立於時代的潮頭。

「文無第一，武無第二」是一些傳統陋習的詬病，建立起封閉的堡壘，佔山為王，「老死不與人往來」是某些武術拳種瀕臨失傳的重要原因。

任何一個傳統拳種都不是石頭縫中蹦出的孫大聖，它必然取材於更為「傳統」的武術門類，並與之互為借鑒和影響。太極拳更是一個典型。

開放意味著活力，太極拳的發展就是一個活生生的例證。

開放就要有胸懷，能看到別的流派、別的拳種的長處，吸收過來，為我所用，實現了就是集大成者。

在與夏柏華先生談話中，他特別強調了中國武術一體化的問題，要研究不同拳種的異同，進行比較性研究。

敢於比較、善於比較者方為英雄豪傑。

可喜的是，中國武術界代代都有這樣的豪傑，各領風

騷，留芳武林。

有人放言，現代武術發展成敗的一大因素，取決於對門派壁壘的破除。

曾經在一位朋友家裡看到一幅對聯：「風雲三千里，靜氣含秋水」，為其遠大沉著意境所動。這是一種自然的包容胸懷。

（余功保）

讀懂太極語言

余功保：

太極拳現在開始在世界上得到了廣泛的普及，這是由於太極拳具有的獨特的功能。作為一名武術家，也是太極拳專家，請您談一談對太極拳的認識。

夏柏華：

太極拳之所以受到國內外廣大群眾的喜愛，我覺得是因為實踐證明了它具有幾方面的突出作用，功能比較全面。

第一個方面是具有很好的健身作用。太極拳強調內外兼修，對於人的關節、內臟、肌體都有鍛鍊價值。特別是太極拳強調以腰為主宰，身體保持正直，人的很多疾病產生於腰部，腰部一靈活，身體正直減輕壓力，就減少了病源。一處動處處動，全身柔韌性加強，避免了長期腰不動帶來的勞損。腰一提起來，精神就提起來了，這一點，對於體弱者、老年人，長期坐辦公室的人尤其效果好。太極拳還有一個鍛鍊要求，如下蹲，虛實要分清，邁步如貓行，腳下走的是貓步，對下肢的力量鍛鍊很有好處，曲伸

練習對關節有益處。人老先由腿上老，太極拳鍛鍊可以延緩衰老。太極拳還注重內修，動作要意、氣、力的配合，意念要集中在練拳上，排除一切雜念，心平氣和，還主動和攻防動作相一致，使神經得到有效調節。呼吸上氣沉丹田，腹式呼吸，對內臟器官有一種按摩作用，能使氧氣在體內充分得到交換，淨化體內環境。在養生上有一種說法，叫「大勞傷身，小勞養生」。太極拳柔和緩慢，運動量可以控制，是「小勞」，以養為主。所以有些外國朋友說太極拳是一個終生受益的項目。不像有的項目，到了一定的年齡就練不了了。

　　第二個方面，太極拳是拳，是攻防技術，盤架子盤好了，再把內在的勁使出來，可以防身自衛，增強人們的安全感、自信心。

　　第三個方面，可以陶冶人的情操。太極拳練拳時講究心靜氣穩，在方法上是後發制人，講究謙讓，而且是柔化為主。對於一

著名武術家聚三亞首屆「世界太極拳健康大會」
（左三為夏柏華先生）

些脾氣暴躁的人有調和作用。你太剛了就不平衡。從太極拳中可以體悟為人處事的原則，對修養有好處。

另外，太極拳還有娛樂功能。練太極拳以武會友，大家在一起交流，溝通感情，增進了解。在國際上還是一種文化交流的手段。

余功保：

太極拳現在成為了一種「國際語言」。

夏柏華：

很多外國朋友由太極拳的交流和中國進行文化的溝通，進一步加深對中國的了解，能促進世界的健康、和平。

余功保：

太極拳是一個很好的項目，但也要採取適當的推廣措施。中國武術協會非常注重太極拳的傳播，採取了一系列有效的舉措，在發展中也涉及一些具體的方法，有一個策略問題。根據您長期

夏柏華（左一）與馬賢達、習雲太、蔡龍雲、門惠豐等
出席全國武術工作會議

工作的體會，您認為應如何更好地推廣太極拳？

夏柏華：

太極拳的功用是在實踐中檢驗出來的，它的發展還應該緊緊依托實踐的需要。太極拳發展應多元化，比如競賽、表演、文化研究、科學研究等。但我認為太極拳在現代發展的主要定位應該是全民健身，這就是實踐的需要。中國武術協會 2000 年在合肥召開了全國武術工作會議，確定武術在新時期的重點工作是健身，我覺得這是很正確的。要立足於服務廣大群眾。廣大群眾最需要什麼？健身。我們的功夫應下在這裡。

定位定好了，一些具體工作應跟上。一個是宣傳，宣傳上我們開展了很多工作，但還不夠系統。比如說我們宣傳了很多小平同志的題詞「太極拳好」，但太極拳究竟好在哪裡，挖掘得還不夠透徹。太極拳的好處我們都能講，我剛才也講了一些，但還要以更加堅實的科學研究作為依據。還有太極拳的文化內涵，也要深入開發。透過系統的宣傳，讓更多的人更深入了解太極拳。另

在國際武術培訓班上擔任主講老師

一個是組織工作要跟上，要普及就需要很多輔導員、教師，各省市可以設立一些太極拳研究會，建立推廣機構，把包括段位制在內的一些推廣措施落實下來。與國外交流也要有一些相應的正規途徑和渠道。組織工作中的重點是抓人才，應進行培訓、考核後上崗。對教練員進行技術、文化、道德方面的教育，要保證教學質量。再一點是辦一些有影響的大型活動，這很有必要，能迅速擴大太極拳的知名度。比如我們辦了很多屆的中日太極拳交流活動、天安門廣場萬人太極拳演練活動、三亞世界太極拳健康大會等，都在國際上反響很大，也吸引了很多群眾參與。綜合性活動的內容豐富多彩，能全面展示太極拳的風采，調動大家的興趣。

余功保：

在太極拳發展中有一個問題爭論比較大，就是規範和普及的問題。太極拳過去在民間流傳有很多豐富多彩的套路、練法，後來我們進行了一些改編，制定了一些規定套路、競賽套路、普及套路。有的人認為，太極拳本身就是一種具有豐富形式和內涵的運動，具有很強的自由度，你把它嚴格規範化了之後，太強調它的形式化、統一化，雖然便於普及，但喪失了部分內涵，這種代價不一定合適。您怎麼看這種觀點？

夏柏華：

這個問題這麼看，組織群眾進行一些交流、競賽是太極拳發展中的一個重要方面，對推動太極拳有好處。你要進行比賽，必須要有一個統一的標準，否則怎麼評？所以需要規範，而且太極拳也有規範的條件，楊澄甫等前輩不也是做了很多規範工作嗎？修訂拳架不就是規範？但是，規範應該在繼承傳統的基礎上、保持傳統特點的基礎上，不能把傳統規範掉。

對於一些傳統的流派的套路不要限制過死。流派的存在不光

夏柏華太極拳式

在體育領域，文藝也有流派，如京劇等，各派有自己的突出特色，不要強求一致。每個人各有所愛，有選擇性，有利於太極拳的推廣。我認為流派是必要的，但不要搞宗派，流派是技術上的，宗派是作風上的。

余功保：

您過去長期在中國武術協會擔任科研的領導工作。太極拳很需要研究，研究的內容、研究的方法都關係到太極拳的發展。大家一個普遍的感覺是，現在太極拳的研究工作跟不上發展的進度。您在研究問題上有什麼見解？

夏柏華：

我過去擔任過國家體委武術運動管理中心科研部的主任，也擔任過中國武術協會的秘書長，每次辦全國武術論文研討會時我看的論文比較多，總的說太極拳研究各方面都出現了一些成果。但客觀地說，成果看起來一般化。第一，深度不夠，內涵發掘得不夠，一些機理性的東西研究不透徹。第二，選題不夠先進，多少年來翻來覆去還是那些題目，跟現代社會科學和自然科學的發展沒有完全適應。第三，運用的手段不夠先進，有些課題、內容的研究，我們沒有用更先進一些、高檔一些的設備、儀器，這就影響研究成果的精確。這跟還沒有很多高素質的科研人才介入這一領域有關。要加強太極拳對科研高素質人才的吸引力。另一方面，對太極拳技術上的研究也不能停頓，太極拳傳統的東西固然好，但我們還應前進，還要不斷創新，技術上可以不斷突破。這

種突破、創新不是幾個簡單的組合，而是在概念、觀念上創新。但在原則上還是要規範，核心技術要規範，否則各說各的，就亂了。把這些問題處理好，太極拳的科研會更進一步。

余功保：

太極拳的文化性受到越來越多的關注，特別是一些國際友人對此體會更深。您覺得太極拳的文化性有哪些主要特色？

形意拳式

夏柏華：

武術文化來源於中國傳統文化的母體，它吸收了母體文化的種種特性，結合了武術的技術，形成武術文化。中國傳統文化的內容很豐富，在太極拳中的體現，我認為主要是以下幾個方面：

一是倫理道德。太極拳的宗旨是健身、防身，它的出發點是友好，不傷人。這是一種社會的道德價值觀。比如太極拳的推手，除了訓練技擊外，也是一種很好的交流手段。武術、太極拳中特別重視武德的要求，尊師重道，互相尊敬，都是這方面的體現。二是中醫的思想。中醫平衡的思想在太極拳中很突出，中國傳統養生學的很多因素在太極拳中融合得都很好。三是兵法的思想。太極拳中的技擊特點是以柔克剛，後發先至，這些都有中國兵法的特點。

這三大方面我覺得是太極拳文化中最突出之處。如果把太極拳比作一篇精美的文章，文化性就是它的主題思想，技術要領就是它的語言，掌握技術就是讀懂它的語言，進而領悟它的主題。

八卦掌式

形意拳式

八卦掌式

余功保：

　　練習太極拳要不斷地盤架子，練拳架是基本功，也是它的主要流傳形式、風格特點，技術要求都是在盤架子中貫徹。請您談談如何盤好太極拳的架子。

夏柏華：

　　盤好架子先要練好一些功法。我們有的朋友就想學得快，馬上就比劃動作，不注意練功。一些有效的功法還是要練。功法的特點都比較簡捷，動作不是很難，但功效很好。用這些功法和練架子配合，可以得到事半功倍的作用。比如站樁，很多人忽視它，其實很有作用。你一站，很多太極拳的勁力都在其中

體會出來了，這是個調身的基本功。站椿穩了，對你走貓步也有幫助，步不穩則拳亂。

太極拳式

另外，在盤架子過程中，對一些重點的難度動作，應該提出來進行單式練習。比如說攬雀尾，很典型，包含了掤、捋、擠、按等多個方法，就要拿出來，來回地練，練好這個動作解決了很多問題，有舉一反三的作用。第三個方面，練太極拳不要只注意外形，要善於「悟」，提高悟性。悟什麼？悟動作為什麼這麼做，要知其所以然。動作的含義是什麼，技擊上是什麼作用，健身上是什麼作用。不要亂比劃，否則架子是空的。

悟到了就有自信心，有了自信心就感覺「飽滿」，練得踏實，知道自己在做什麼，才能練好。

余功保：

太極拳很強調內在的完美，「外練筋骨皮，內練一口氣」，只把動作做好不能算完全達到太極拳的入門。您覺得練太極拳怎麼解決「內」的問題？

夏柏華：

太極拳的「內」很深奧，不是一朝一夕能解決的，也不是幾

句話簡單能講清的，但有一個直接的解決方法，就是練太極拳內功。此外，要明確一些太極拳的有關「內」的概念。

一個是力源問題，力究竟起自哪裡？第二點，勁發出來，怎麼走？一般來說，力起於腳，經過腰的傳遞，到脊、到肩，然後有一個含胸拔背的動作，傳到手臂上。你要挺胸，氣、力就沒法從脊背上順暢地傳過去。每個動作的線路你都要清楚，要協調好線路配合外形動作，協調好了才實現了由外轉成內。在勁力的傳遞過程中，還要注意沉氣，什麼時候沉，要拿捏好，與意念相一致。

內功的練習除了上面說的站樁外，還有練抖勁等功法，也可以借助於大杆來練習。另一個有效的辦法是借助推手來練習內功。由推手，兩個人互相體驗，要不然就是空對空，只有體會了印象才深，而且你也知道了內部的勁應該如何變化。

盤架子是基礎，一定要透過各種方式來練內功，肯用心研究內功的人才能深入認識太極拳。所以太極拳練習有三部曲，一步是基本功，從站樁開始，一步是盤架子，一步是推手。這幾步都是相輔相成的，一步都不能少。

余功保：

太極拳是中國武術的一種，它既是在中國文化大環境中產生的文化品種，也是武術體系中的一個分支。看太極拳還不能脫離武術這個背景。有人習慣把太極拳稱為「內家拳」，內家拳除了太極拳外，還有形意拳、八卦掌等。您覺得太極拳和其他中國武術拳種之間的關係是怎樣的？

夏柏華：

這是個大題目。太極拳是武術的一種，它在創立過程中吸收了其他武術的技術內容。比如陳式太極拳，在陳王庭「造拳」過

太極劍式

查拳

程中就吸收了「三十二式長拳」。但這種吸收不是照搬，而是依照太極拳的原理進行改造。比如沖拳，在長拳中直出直進，在太極拳中就改造成了纏繞勁，螺旋、弧形地出。可以說，沒有其他武術拳種，也不可能有太極拳的產生。

太極劍式

從另一個方面來說，太極拳產生後，對其他武術也有影響，所以作用是互動的。歷史上，凡武術名家都十分注重取各家所長，太極拳中的拳理，技法也廣泛為武術家們所借鑒。這方面在形意拳、八卦掌中融合得更突出、更明顯，所以有時候大家把這幾種風格較為相近的拳統稱內家拳。仔細分析這幾種相近拳術的一些異同，對練習太極拳也有好處。比如太極拳在步法上是貓步，形意拳則是蹬

太極劍式　　　　　　　　　　　太極劍式

踩、跟步，八卦是趟泥步。在手法上，太極拳是掤、捋、擠、按、採、挒、肘、靠八法，八卦掌中是基本八掌，形意拳中是五形、十二形。分析這些內在的聯繫，就是幫助你從另外一個角度看待太極拳。

余功保：

　　有時候從一個角度看不清，換個角度就看明白了。

夏柏華：

　　對，事物都有多面性嘛。這幾種拳都講運勁，但各有各的運法。同樣是旋轉勁，太極拳講纏絲；形意拳講鑽，拳不離心，由中崩發；八卦掌則是擰，與身體空間的變化相配合。都在旋轉，都有蓄勁。打法上太極拳講究引進落空，形意拳是直接搶進，這是明勁，在暗勁上也有變化，八卦掌是閃戰迂迴。細心琢磨這些內容是一件很有意思的事。

孫劍雲

　　孫劍雲，1914年6月生，北京人。著名武術家孫祿堂之女。9歲隨父習武，得家傳。17歲時隨父赴鎮江江蘇省國術館，任女子班教授。其間又與其兄孫存周同赴南京，隨武當劍名家李景林習武當對劍。

　　1934年考入北平國立藝術師專，師從周元亮習工筆畫，擅山水、仕女。1937年在北京中山公園舉辦個人畫展，蜚聲北平畫界。

　　1959年在第一屆全運會上，被聘為中國第一位武術女裁判。多次擔任北京市和全國武術比賽的裁判和裁判長。1979年當選為北京市武術協會副主席。1983年，當選為首任北京市形意拳研究會會長，同年孫式太極拳研究會成立，擔任會長。多次參加中國武術協會舉辦的太極拳調研、審定活動。

　　為新中國成立後孫式太極拳的主要傳播者，弟子遍佈海內外，享有很高的國際聲譽。

　　出版有《孫式太極拳》《孫式太極拳簡化套路》《形意八式》《純陽劍》《孫式太極拳特點和要求》等著作。

　　1995年在首屆「中華武林百傑」系列評選活動中被評為「中國當代十大武術名師」。

武之大者

——與孫式太極拳名家孫劍雲的對話

武之大者，莫過於德。

順乎自然規律，為「天德」，順應健康、和平、發展的人類社會要求，為「人德」。

「天人合一」就是講究科學、和諧進步的人類生存境界。

太極拳的核心思想之一就是「天人合一」。

苦練基本功，勤學拳法技術，體悟勁力，鑽研拳理，掌握規律，為「天」，涵養武德，淨化精神，為「人」。

德是容器，有容乃大。中華武術數千年傳承不絕，一脈繫之，以德為先。

涵養道德就是涵養太極拳的精神境界，是內外合一的必經之路。傳統太極拳論中說：「能平心靜氣，涵養功夫，令太極本體心領神會，豁然貫通，將見理明法備，受益無窮。」

太極拳的德包括尊師、敬人、尊己、求實、勤奮、謙遜諸多方面。

孫劍雲老師秉承父志，一生以太極拳為己任，不計名利，以德育人。武林人士莫不感其德技兼備，為名家風範。

（余功保）

余功保：

孫式太極拳是孫祿堂先生融合太極、形意、八卦等拳種的技術要領編創的太極拳法，具有鮮明的特徵。行拳中非常簡捷，開合有度，給人的感覺是虛實分明，大巧若拙。請您概括一下孫式太極拳的主要特點，特別是它和其他太極拳的區別。

孫劍雲：

孫式太極拳與其他流派的主要區別是：進步必跟、退步必隨、動作敏捷、圓活緊湊，猶如行雲流水，綿綿不斷，每左右轉身則以開合相接。練太極拳有一動百動之說，絕不侷限於某一部分，也不可分割開來，而是相互依存、相互誘導，所以必須力求姿勢正確，動作和順，動作不順就會危害呼吸正常，要領上若差之毫厘，就會有失之千里之弊，遺害很大。

太極拳的套路以掤、捋、擠、按、採、挒、肘、靠八種手法，配合著前進、後退、左顧、右盼、中定、四正四隅等手法而編成的。孫式太極拳融形意、八卦、太極拳於一爐。所以，有它自己的風格特點。孫式太極拳從起勢到收勢，各種動作要求中正平穩、舒展圓活、緊湊連貫、一氣呵成，使得全身內外平均發展，一動無不動，一靜無不靜。正因為中正，既不前俯後仰，又不左偏右倚，使得軀體手足上下呼應，內外一體。所以，行拳盤架要守其規矩。

武之大者——與孫式太極拳名家孫劍雲的對話

余功保：

那麼，應該如何練習才能練好孫式太極拳呢？

孫劍雲：

先父祿堂公曾反覆訓誡說：「練拳時要從其規矩，順其自然，外不成於形式，內不悖於神氣，外面形式之順，即內中神氣之和；外面形式之正，即內中意氣之中。故見其外，知其內，成於內，形於外，即內外合而為一。」這段話十分精確地講述了如何練好孫式太極拳的道理。

余功保：

很多人學武術到處苦苦探尋「竅門」「絕招」，有的還搞得很繁複，拜師學藝多少年，也希望老師能傳授「秘訣」。其實武術的所謂「秘訣」往往是很質樸的東西，許多大武術家對故作玄虛的秘訣是不以為然的。您怎樣看這一問題？

孫劍雲：

我同意您的看法。武術的所謂「秘訣」是武術家根據自己的鍛鍊，從實踐中總結出來的規律性的東西，它必須很實在，是前人在自己身上體現出來的，你不能編造。

先父一生研究形意、八卦、太極，由他數十年的融會貫通，把這三門的要領掌握了，原來沒有什麼奧妙，就「中和」兩個字，就是不偏不倚。只有中和了，人體才是一個自然的狀態，太極拳的很多奧妙你才能體會到。

先父講，練武術，宇宙為一個大周天，人身體就是一個小周天，我們練武術的是要實現「內三合，外三合」，就是要把天時、地利與人融合在一起，求得一個大的「中和」，這就是我們練武術的一個重點。在練拳時不可越出一個「中」字，即使在行止坐臥時也不要離開這個「中」字。祿堂先生曾講到，行止坐

與太極拳名家楊振鐸（左二）、世界冠軍高佳敏
（右二）、王二平（左一）共祝武術事業的繁榮

臥、一言一默無時不在行功之中，若能悟透這個「中」字，便能
掌握自己的重心，重心不失，呼吸就能保持正常，呼吸正常，才
能百脈暢通。

余功保：

孫祿堂先生的「中和」觀就是練武術的「秘訣」，這是各類
武術拳種相通的地方。太極拳柔和講中和，八卦掌機巧多變，形
意拳迅猛直接，也講中和。要突破表面的形式，看到內外相合、
「天人合一」的內在本質。

您在和您父親學拳的過程中印象最深的是什麼？

孫劍雲：

我覺得最突出的是先父特別強調武德的培養。他說，練武人
第一條一定要先修德，要不然練不好武術。

余功保：

我曾聽說過關於孫祿堂先生的一個故事，有一次他去見一位

孫劍雲太極拳式

武術家，那位武術家比他年輕，但論師承關係在他之先，孫祿堂先生就以大禮參見，此舉贏得了武術界的廣泛尊重。

孫劍雲：

尊師是中華民族的美德，不僅在武術界，在其他領域也一樣倡導。先父一生傳授武術極重武德，故其所講授莫不從修養兩字出發。他常在講式之暇訓誨學生：「練拳宜在靜處用功，不要在人前賣弄精神，誇張技藝。務以德行為先，要恭敬謙遜不與人爭，以涵養拳本，要一勢精靈，得練千遍；若不熟練，還得千遍。」練武主要是以德為先，所以現在我們講德藝雙修，就是德在前，如果你沒有德，不管你藝多高，也不算好。

余功保：

孫式太極拳招勢雖然質樸，但身體各部分要求比較嚴格，請您講解一下練習孫式太極拳每一身體部位的要領。

孫劍雲：

首先，要頂頭豎項。頭為諸陽之會，為精髓之海，又為督任兩脈交會之點，統領一身之氣。此處不合，則一身之氣俱失。這頂頭不是使蠻勁硬頂，而是正直向上，頂頭、沉肩、墜肘、塌腰、合膝、扭跟全身一體的，符合人體的自然，舌還要抵上腭，貫通經脈。

第二，腳下要穩，要虛實相間。足能載一身之重，為全身之

太極拳式

根，要靜如山岳，有磐石之穩；動如舟楫、車輪，無傾覆之患。左虛右實，左實右虛，不實則不穩；但如果全身都是實，則移動不利，容易傾倒。不虛則不靈，但全虛則輕浮不穩，所以必須虛實相間，才能靈活自然。

　　第三，平衡腰部。腰為軸心，居一身之中，維持人體重心是腰，帶動四肢活動的也是腰，所以要刻刻留心在腰際。

　　第四，要內外三合。內三合就是心與意合、意與力合、力與氣合。外三合是肩與膝合、肘與胯合、足與手合，要互相融合在一起。內三合你顧不好，就會憋著氣，或者是練著練著勁就中斷。

　　除此之外，太極拳的調息也是至關重要的一環。練習太極拳要心靜調息，才能獲得好處，經常保持思想集中，不開小差。每次呼吸都要細而深入，直貫丹田（腹式呼吸），一任自然，舌要

太極拳式

頂上腭，用鼻呼吸，嘴要虛合，不要張開。

余功保：

　　呼吸中也有「中和」、有「虛實」問題，很多人不太注意。要練好太極拳您覺得還要重視哪些方面？

孫劍雲：

　　要練好太極拳，需要發現規律，掌握規律，從其規矩，順其自然，才能得心應手。必須堅持消除雜念，不失規矩則呼吸自調，故千萬不要有意使氣。先父教誨說：「有心御氣，氣反奔騰。」特別是在開始站無極式的時候，要力求身體內外中正和順，做到心平氣和，使得呼吸正常，綿綿若存，不粗不暴，而且能夠做到息息歸臍，這樣就有了身心恬靜的感覺。

　　練習太極拳要柔不要剛，柔並不等於軟。所用之力是自然力，絕不是咬緊牙關、屏住呼吸時用的力。它是一種順中有逆、逆中有順的自然力，是一種並不影響呼吸暴亂、「氣與力合一」

的力，也是一種積於柔必剛、積於弱必強的力。

練習套路必須要按照拳路的四正四隅做前進後退、左顧右盼等動作，並與內臟各器官配合，起著平均發展的作用，使其外長一寸，內長一寸，一動百動。不能侷限於身體的任何一部分。只要做到氣機通暢、心息相依、動中求靜，那麼，一切雜念就不會產生了。

太極拳式

練好孫式太極拳還要注意開合問題。孫式太極拳的傳統套路一共有 13 個開合，這個開合，從醫學上來說，可以獲得鍛鍊肺活量的作用。開合時開與肩寬，合與臉寬。開合與呼吸相配合時，開時用吸，呼時用合，左右轉身的時候用開合接替，就可以真正達到綿綿不斷。

孫式太極拳的腰腿特點要特別注意，邁步必跟，退步必撤，這裡頭揉和著形意、八卦的內容。練習時從第一個勢子一開始，把腿彎下去之後，就一直不能直起來，一直練到收勢之後腿才能立直了。當年先父教人的時候總是說，腿和肘要有一個活彎。後來我們實驗過，練拳時拿尺子量，的的確確是 135°，是一個活彎，這樣就是既不生硬地彎腿，也不立直，彎下腿去不許有起伏。練習過程中，不要刻意去做呼吸，呼吸要自然，與開合相配合也是自然的配合。

沒有什麼腹式呼吸，什麼逆呼吸，不要，就是自然呼吸，不

太極拳式

要顧及到有什麼地方是呼是吸，自然的就是準確的。

余功保：

善於發現和糾正錯誤是練好太極拳的一個不可忽視的環節。請您給大家提示一下練習孫式太極拳應注意避免哪些常見錯誤。

孫劍雲：

容易犯的小錯誤很多，每個人都會不一樣。大的、共性的方面我提示幾點。

一是概念理解不準確。比如說孫式太極拳是太極、形意、八卦三合一，它不是外形上的組合，而是融合了八卦拳的動靜合一的本質和形意拳一觸即發的本能特性，你不能用八卦、形意的勁來練孫式太極拳。你要把孫式太極拳走成一手形意、一手八卦、一手太極就不對了。孫式太極拳各式的承接變化中孕育著形意、八卦的內涵而不是其外表。

二是機械理解孫式太極拳套路的含義。孫式太極拳的套路練習主要有兩方面作用，一是開發內勁，二是孕育各種技擊狀況的母式。每個動作不是單純的技擊招數的固定用法，而是變化的根本，可以演化出無數的方法。有的人生硬照搬套路動作作為技擊招勢來練習，這是錯誤的。

第三，錯誤理解推手的作用和方法。太極拳的推手練習主要是尋求體會如何使自己穩定、不倒的道理和方法，提升自身的協調能力，是一個逐步完善自己、使身體內外中和的程度得以深化

形意拳式

　的過程，不是要把別人推倒，撲人於丈外。因此，它是一個循序漸進的過程。有的人初學推手，總想如何把人推出去，這是錯誤的。

　　第四，對「氣」的認識不正確。練習太極拳不要過份去追求

太極拳式

「氣」。我們所說的「氣」，不是日常的呼吸的氣，而是拳架盤走正確後，習練者身體內外結合，由此在體內產生的一股能量流，給人的感覺與氣相仿。心越靜，則此氣越充分，你如果刻意追求，反而氣機紊亂。所以，有的練拳者總是追問有無氣感就不對了。

第五，用「神」不當。練太極拳神要內守，不可散亂。有的練習者神不能聚，外泄張揚，意氣不合，難以入徑。

第六，不明內勁。內勁是練習者身心有序協調達致中和時，體內產生的一種潛能，不能從局部來求。有的初學者從腹中求，從腰中求，從胸中求，都是不得其所。

第七，或散或僵。散和僵是太極拳初學者的通病，散則周身不整，病根在於頂項未能豎起，腰胯未得下踏，肩胯之根未能抽住。僵則轉換不靈，病根全在足胯上，兩足未分清虛實，必然移動不靈。兩胯未能鬆開，必然上下難隨，虛實難換。

第八，不合於步。活步為孫式太極拳一大特點，邁步必跟，退步必撤。很多人對跟步的時機掌握不好，不是跟得遲，使跟步變成拉步，就是跟得急，使身體有前仰後俯之勢。要克服這些問題，關鍵是要在跟步中求以中和。細心體會邁步時中心的移動、轉換，身體各部位的配合，形成整體一致的效果。

余功保：

　　學好太極拳除了要掌握要領外，還要遵循一定的程序，有一定的步驟，這方面您有什麼看法？

孫劍雲：

　　由我的實踐體會，我覺得練太極拳需要經過兩大步驟，就是套路和對練。在套路練習中基本上有三個階段。

太極拳式

　　第一階段，在練拳時，好像自己在河裡游泳，不會游，整個身子沉入河中，兩隻腳踩在河底，兩手及軀體的動作都像遇到水的阻力一樣。

　　第二階段，總的感覺仍如第一階段的意思，只是好像兩腳能夠離開底了，可以浮起不著地了，會打水了，開始游動了。

　　第三階段，身體越發輕靈，好像整個軀體已鑽出水面，身體感到格外輕靈，運用自如了，兩足似在水面上行走一般。這時候太極拳就是練到了能夠條件反射、不用怎麼深思熟慮了。如練到這種程度，說明其套路已有一定功夫了。

　　套路練習取得功夫後，對練也就有了很好的基礎。對練推手不外掤、捋、擠、按、採、挒、肘、靠八法，基礎紮實，手上就能自如。透過套路的練習，有了一定的功夫後，便可以進行對練。套路的單獨練習叫做知己功夫，對練（推手）是知彼功夫。但是，對練必須在具有較好的套路功夫的基礎上才能施之於用。對練的方法很多，而最重要的一點就是下苦功。

每日按照掤、捋、擠、按等手法去練習。掤時用臂、捋時用掌、擠時用手背、按時用腰。掤要撐，捋要輕，擠要橫，按要功。推手時不可執著成法，要靈活多變，集中自己的意識，掌握著自己的重心，窺定對方的身手，或黏或走，或剛或柔，伸縮往來要上下相隨，或如黏住對方的意思，或如似挨非挨的意思，靈活運用，切忌呆滯，更不能用拙力，要在不即不離中求玄妙，不丟不頂中討消息。要用搗虛法使得對手失其重心，即「引進落空，牽動四兩撥千斤」。

　　最主要的一條，任何武術要練好，就是一個詞：堅持。恆心與堅持。

陳正雷

陳正雷，1949年5月生，河南溫縣陳家溝人。陳氏十九世孫。自8歲起，跟隨著名太極拳名家、其伯父陳照丕練習家傳太極拳術、刀、槍、劍、杆等器械及推手，並孜孜不倦地體驗和鑽研太極運動的原理及系統理論。陳照丕去世後，自1973年始，又從師於堂叔陳照奎繼續深造，專習叔祖陳發科教授的太極拳術、推手技巧以及拳論。

1974～1987年連續十多次獲河南省太極拳、劍、推手比賽優秀獎、金牌，蟬聯兩屆全國太極拳大賽冠軍。參加並獲得兩屆全國武術比賽特邀表演獎及觀摩交流「金獅獎」等。長期致力武術研究與傳播，主要著作有《十段功法論》《陳氏太極拳械匯宗》《陳式太極拳養生功》《陳氏太極拳術》等，還拍攝了多種太極拳教學音像片。部分著作被譯成日、英、法、西班牙等國文字，在世界許多國家發行。

1972年開始傳拳授藝，學生遍及世界各地逾萬人次。1989～1997年，他所培養的學生，在省及全國武術比賽中共獲金牌60多枚。1981年開始接待來訪學習太極拳的外賓團體，至今已逾百批。1983年開始應邀數十次出訪日、

美、法、意、英等 20 餘個國家講學傳拳。並被 50 餘個武術團體聘為太極拳顧問、名譽主席和名譽會長。

　　曾被列入《中國當代教育名人辭典》《中國當代武術家名典》《中國民間武術家名典》《當代改革英才》《當代技術人才薈萃》和《世界名人錄》等權威辭書。被中國武術協會評為當代「十大武術名師」。現為河南省武術管理中心副主任、國家武術高級教練、國家級社會體育指導員、中國武術協會委員、中國體育科學學會委員，在國內外武術界享有盛譽。

盈虛有象

——與陳式太極拳名家陳正雷的對話

「月有陰晴圓缺」，是大自然的現象，是規律。

拳法跟於陰陽，法於自然，拳有盈虛鼓蕩，是拳理。

什麼是剛？知柔乃為剛，佼佼者易折，是至理。

什麼是柔？百煉鋼化為繞指柔，至剛者至柔。綿裡藏針，似柔非柔。

太極拳的道理就是盈虛的道理。「盈」就是「實」，就是「鼓」，就是太極圖的那個「圓」。「虛」就是「曲」，「曲中求直」「隨曲就伸」，就是太極圖中間的那條「S」曲線。

陳式太極拳以剛柔之法入拳，融天地之「象」，造化育人，成武家風雲氣象，「如長江大河」，滔滔不絕。

若有雅趣者，當取月明之夜，山水之間，靜練陳式太極拳，細察「天人合一」之境，可感「盈」「虛」二字何等份量。

（余功保）

一、練拳的「五心」「三要素」

余功保：

　　如何練好、學好太極拳是一個大家討論比較多的問題，有很多拳家從技術的角度作了大量的分析。我聽說您在很多場合講到要練好太極拳必須要具備「五心」「三要素」，很有特點。能否請您詳細解釋一下。

陳正雷：

　　「五心」「三要素」是我一貫提倡的，我覺得它對於學好太極拳很重要，是基礎中的基礎。五心分別是「敬心」「信心」「決心」「恆心」「耐心」。

　　第一是「敬心」，就是要敬業。太極拳是一項文化遺產，是一種對人類健康有益處的事業，是無數先輩耗費心血，研究傳下來的功夫，因此，對太極拳要有敬業的心，有一種發自心底的尊敬，這樣你才能認真地用心地去學。著名太極拳家陳鑫在《陳氏太極拳圖說》中指出：「學太極拳不可不敬，不敬則外慢師友，內慢身體。」

　　第二是「信心」，要有信心，有對太極拳的信心，相信它，相信它的效果，當然在研究了它的理論的基礎上，還要相信自己、肯定自己，相信自己能把太極拳學好。

　　第三是「決心」。下定決心要學好，不能可有可無，隨隨便便。下定了決心，才能立志。孟子說：「志，氣之帥也。」決心一定，才能不為外物所動，一定要達到目的才行。

　　第四還要有「恆心」。有持之以恆的精神，沒有恆心不堅持，再好的條件也學不會，堅持非常重要，「只要功夫深，鐵杵

在首屆「世界太極拳健康大會」名家演示會上做太極拳表演

磨成針」。

第五要有「耐心」。學拳是個反覆磨練、反覆糾正錯誤、細心揣摩的過程，要能「沉下去」，心要靜，耐心就是「磨功夫」，就是「打造」，打造才能成器。太極拳行功走架要求鬆靜、柔和、緩慢，如果沒有足夠的認識和思想準備，就不可能耐下心來，心平氣和地練拳，極易產生急躁情緒，結果適得其反。再者，太極拳是一個長期的身心修煉過程，不能急於求成。要求不急躁，不厭煩，心平氣和，循規蹈矩，在行功走架上怡養浩然之氣，達到身心雙修、水到渠成的效果。

「三要素」是什麼呢？就是要具備三種條件。

第一個是師資，就是有一個很好的老師，有一個準確的傳授。古人云：「師者，所以傳道授業解惑也。」習文練武都是如此，尤其是練習太極拳，老師的作用是先決條件，不可缺少。要想練好太極拳，必須有一位品德高尚、技術精湛、理論精通、教學有方的明師，才能引導學生步入正確途徑，少走彎路，得到事

半功倍的效果。如果沒有明師指導，一旦誤入歧途，就很難登堂入室。

　　第二個就是天資，天資就講自己了，那就是聰明、悟性好、接受能力強、模仿能力強，這樣學東西肯定要快了。悟性是在學習中不斷提升的，你掌握了規律性的東西，悟性自然就高了，就會「豁然貫通」。天資是練好太極拳的關鍵因素。尤其是企盼有所建樹者，必須天資聰穎、接受能力強、思路清晰、反應敏捷，能舉一反三。太極拳精奧之處不僅要靠老師指導，還必須親身體驗，用心琢磨。所謂只可意會，不可言傳。不可言傳有時並不是老師保守，實在是很多地方難以言傳。只有天資好、悟性高，加上其他條件，才有可能悟透拳理，達到較高境界。否則，雖然有明師傳道授業解惑，自己又肯下工夫苦練，可惜還是悟不透拳中精奧之處，只能停留在初級水準上。就好像上學一樣，同學們都同樣努力，但成績不同，這和天資有一定關係。

　　第三個最重要的條件，就是要苦練。你都懂了，還必須要練上身，給它實踐化，這只能要苦練了。苦練是練好太極拳的決定因素。自己天資聰穎，又得明師指導，還必須有吃苦耐勞的精神才能成功。如拳論所說：「理清路明而猶未能，再加終日乾乾之功，進而不止，日久自到。」其間既非一蹴可幾，又無捷徑可尋，只有苦練。功夫是練出來的，苦練功夫才能上身。在明師指導下，循規蹈矩，堅持不懈，於苦練中積蓄內功，由量變逐漸產生質變。

　　此外，練好太極拳還需要有「一個認識」，就是對太極拳的本質認識，就是要懂得什麼是太極拳，必須把基本道理搞清楚，這樣你練起來就有了一個尺度。有了一個準則。太極拳是一項十分浩大的工程體系，對於它的拳架、拳理都要有明確認識。

二、有所爲有所不爲

余功保：

　　什麼是太極拳這個問題看似簡單，其實是個很深的學問。不同文化、知識背景的人對太極拳的認識不一樣，同一個人在練拳水準的不同階段理解也會不一樣。這個問題應該是永無止境的研究過程，和練拳本身「如影隨形」。怎樣認識太極拳就和每個人的練拳方式、方法有關。

陳正雷：

　　所以要想深造，就不要匆忙急於劃架子，一定要把一些本質的東西先理清楚。起點要高。我根據一些前輩的拳論和自己多年的實踐體會，總結了「三練三不練」的練拳經驗，這裡也向大家介紹一下，就是「練理不練力，練本不練標，練身不練招」。

　　第一方面，「練理不練力」。「理」就是太極拳的道理、原

在「首屆世界太極拳健康大會」上做名家輔導

理。太極拳練的是大道理，就是太極陰陽轉換中陽極生陰、陰極生陽的原理。太極拳剛中寓柔，柔中寓剛，剛柔相濟；虛極生實，實極生虛，虛實轉換。由精神集中、以意導氣、以氣運身、意到氣到形隨的練習，做到一動全動，周身相隨，內外相合。練拳的時候就是要「循規蹈矩」，順其自然，不能急於求成。「練力」則指的是練習氣力，這種練習雖然將局部力量練得很大，但這種力量是拙力、僵力，缺少靈性，為太極拳家所不取。

第二方面，「練本不練標」。「本」是指本源、根本，即腎中元氣和下盤功夫。腎藏元陰元陽，為先天根本、發氣之源。腎氣充足，則五臟得養，肝、心、脾、肺、腎各行其職，故能精力充沛、力量充足、反應靈敏、身體協調。內氣充盈為本源之一。練習時要在周身放鬆的基礎上，氣納丹田，沉入湧泉，達到上盤靈，中盤活，下盤穩固，落地生根。「標」是指以練習身體各個部位的力量和硬度為主要目的的局部練習方法。太極拳是內功拳，內外兼修，以練內培元為主，「培根潤源」，「培其根則枝葉自茂，潤其源則流脈自長」。

第三方面，「練身不練招」。「練身」就是練整體功力，招則是每一動作的攻防含義。初練太極拳的人，往往最愛了解每招每勢的用法。如果單從招勢上去解釋和理解太極拳用法及內涵，不可能得到太極拳之精髓。練太極拳必須經過熟練套路、動作正確、去僵求柔的過程，使周身相隨，內外相合，內氣充實飽滿，把功夫練上身。太極拳主要是訓練自身整體功力，在臨敵應用時則根據客觀形勢，捨己從人，隨機應變，並不拘泥於一招一勢。內氣充實了，全身猶如充滿氣的球體，有感皆應，挨著何處何處能擊。如拳論所說：「到成時，敵人怎來怎應，不待思想，自然有法。」

余功保：

　　發勁是陳式太極拳的一個要領，也是一個特色，很多人把握不住其中關竅。比如怎麼處理剛柔、怎樣收放等等，請您給解說一下其中的要點。

陳正雷：

　　從整個結構來說，發勁是代表陳式太極拳陽剛的一面，要想練好這個剛勁，首先要有柔勁，這是相對的兩個方面。拳論中講「柔久剛自在其中」，這個柔和剛都是陳式太極拳的精華部分，不能孤立看。太極拳除了拳打腳踢以外，還講肩、肘、胯等方法，周身無處不是拳，這就要協調，柔是協調的基礎，你若周身不能協調、不能柔和到一定相隨的程度，就不可能會達到周身每個部位都可以發力，也就不能形成完整的力。所以說，要想練好發勁，必須要去僵求柔。

　　另外還要注意收，發勁不是單純的外放，放了不會收，那是不對的，放了還要收，收放就是一個完整的回合。另外，發勁必須要有充實的內氣，這樣才能練好發勁，發勁不是純粹的局部發力，發勁動作全部都是周身一體的，從下邊，從根到腰，一直鬆到拳上。要是光用手臂發，就是空的，無根之木，是用周身完整的勁，彈抖而出，由內到外，用內功。發勁時還是注意整體配合，有收有緊，胸腰要折疊，全部都是靠襠和腰的彈抖力來發的。

　　陳式太極拳的風格特點，講剛柔相濟，快慢相兼，鬆活彈抖，就體現在這種爆發力上，爆發力之中，柔勁合於其中。從節奏來說，蓄勁就是柔，發勁就是剛，所以剛柔是分不開的。

余功保：

　　陳式太極拳的個性比較鮮明，它的外在特徵也比較突出，比

在「首屆世界太極拳健康大會」
頒獎晚會上做太極劍表演

如剛柔的變化、速度的變化、節奏的組合等，較之其他流派的太極拳有很大不同。但一種太極拳流派的內在特徵要遠遠重要於它的外部形態，這方面卻是許多人不能全面把握的。要認識太極拳必須要從內外兩個視角去看待。您認為陳式太極拳最主要的內外特徵有哪些？

陳正雷：

我把陳式太極拳的內外特徵概括、總結了六個方面。

第一，形態方面，外似處女，內似金剛。中華武術，門派繁多，僅拳術就是幾百種。各門派都有獨到之處，總體歸納起來，不外乎是內外兩家。外家拳多以拳打腳踢為主，竄蹦跳躍，騰挪閃展，攻防含意較為明顯，外形幅度比較大。陳式太極拳強調的是：以意導氣，以氣運身；內氣不動，外形寂然不動，內氣一動，外形隨氣而動；以內氣催動外形，上下相隨，連綿不斷，以腰為軸，節節貫串，不丟不頂，圓轉自如，輕輕運轉，默默停止。其攻防含意大都隱於內而不顯於外，不深刻理解悟不到技擊真諦。特別是老架一路，以柔為主，要求周身放鬆，不用僵力，主要是鍛鍊下盤功夫，使足下生根，轉髖靈活，疏通氣血，練就充足的內氣，意到氣到，氣到勁到，立身中正，八面支撐；使身體內外各部建起鞏固的防線，形成一身備五弓的蓄發之勢。這

樣，不遇敵則已，若遇勁敵，則內勁猝發，如迅雷烈風，故外似處女，內似金剛，此為陳式太極拳的一大特點。

第二，內氣方面，採用螺旋纏繞的運氣方法。大家見過頭頂碎磚、脖纏鋼筋等，這是硬氣功的運氣方法。每種武術都有自己的運氣方法。陳式太極拳結合力學和經絡學的理論，採用螺旋纏繞的運氣方法，以小力勝大力，以弱力勝強力。好像用一個小小的千斤頂，就能將載重幾噸貨物的汽車頂起來一樣。所謂太極拳蓄發相變、引勁落空、借力打人、以四兩撥千斤，都是螺旋勁所起的作用。所以拳論講：「虛籠詐誘，只為一轉。」從經絡學上來講，經絡是指佈滿的人體氣血通路，源於臟腑，流於肢體。臟腑經絡氣血失和，則神機反常而生疾病；和則氣血流暢而強身延年。太極拳結合經絡說，以拳術與導引吐納為表裡，拳勢動作採用螺旋纏絲式的伸縮旋轉，要求「以意導氣，以氣運身」，「氣宜鼓蕩，氣遍身軀」，內氣發源於丹田，以腰為軸，節節貫串，微微旋轉，使腰隙（兩腎）左右抽換，由旋腰轉脊，纏繞運勁，佈於全身；通任、督兩脈，上行為旋腕轉膀，下行為旋踝轉膝，達於四梢，復歸丹田，動作呈弧形，圓活連貫，一招一勢，承上啟下，一氣呵成，導致氣血循環。此為運勁（即運氣），它區別於用勁，這種系統的運氣方法是符合經絡學說的道理，也是其他拳法和體育運動所少有的。

第三，養生方面，把武術與導引吐納相結合。導引和吐納是我國源遠流長的養生術，早在公元前幾百年的《老子》《孟子》等著作中已有記載。漢初淮南子劉安就編成《六禽戲》，漢末著名醫學家華佗又改為《五禽戲》。他模仿禽獸的動、搖、屈伸、仰俯、顧盼、跳躍等動作，並結合呼吸運動，用於治病和保健鍛鍊，是後來氣功和內行功的先導，也是道家養生學的基礎。陳式

太極拳把導引、吐納術和手、眼、身法、步法的協調動作有機地結合起來，成為內外兼修的內功拳運動，這不僅對強身健體能有著良好的作用，而且對提升拳術的搏擊技巧也是一個創造性的發展。

第四，結構方面，剛柔相濟。剛和柔，兩者是相互對立的，然而陳式太極拳把剛勁與柔勁揉和在整個套路中，一招一勢剛中寓柔，柔中寓剛，達到剛柔相濟。拳譜規定：「運動之功夫，先化勁為柔，然後練柔成剛，及其至也，亦柔亦剛。剛柔得中，方見陰陽。故此拳不可以剛名，亦不可以柔名，直以太極之名名之。」為什麼太極拳的勁力要以剛柔相濟為準呢？因有剛而無柔的勁缺乏韌性，易折易損，沒有技擊格鬥的實用價值，只有柔而無剛的勁因失去爆發力也無法實用。

故拳論指出：「然剛柔既分，而發用有別，四肢發勁，氣形諸外，而內持靜重，剛勢也；氣屯於內而外現輕柔，柔勢也。用剛不可無柔，無柔則環繞不速；用柔不可無剛，無剛則催迫不捷。剛柔相濟，則黏、游、連、隨、騰、閃、折、空、崩、捋、擠、按無不得其自然矣。剛柔不可偏用，用武豈可忽耶！」

剛和柔的變換，從神與氣上來講，是由隱與顯表現出來的，隱則為柔，顯則為剛。從姿勢上講，是由開與合表現出來的。合則為柔，開則為剛（即蓄則為柔，發則為剛）。在運勁過程中表現為柔，在運動到落點時表現為剛。因有神氣的隱顯與姿勢的開合，剛柔就能夠充分的表現出來。落點是運動到達盡頭之點，是神顯與氣聚之處，所以表現為剛。除此之外，運氣轉換過程則宜用柔法。陳式太極拳的每個動作都是有開有合，每個開合動作都有運勁、有落點，落點要用剛勁，其他都用柔勁，以做到剛柔相濟。這是做到剛柔相濟必須掌握的原則，也是練習避實擊虛、蓄

而後發、引進落空、鬆活彈抖的基礎。

第五，狀態方面，意識、呼吸、動作三者密切結合。陳式太極拳是內外兼修的內家拳術，內家拳的動作都是在意識的引導下進行的。意：即心意、意識。陳鑫《拳論》說：「打拳心為主」「妙機本是從心發」「運用在心，此是真訣」。「以心為主，而五官百骸無不聽命」。「問：運行之主宰？曰：主宰於心，心欲左右更迭運行，則左右手足即更迭運行；心欲用纏絲勁順轉圈，則左右手即用纏絲勁順轉圈；心欲沉肘壓肩，肘即沉、肩即壓；心欲胸腹前合，腰勁塌下，襠口開圓，而胸向前合，腰勁刹下，襠口開圓，無不如意；心欲屈兩膝，兩膝即屈，右足隨右手運行，左足隨左手運行，兩膝與左右足皆隨之，不然多生疵累，此官骸不得不從乎心也。吾故曰：心為一身運行之主宰。以上所言，即是心意與動作的關係。」《拳論》又云：「打拳以調養氣血，呼吸順其自然……調息綿綿，操固內守，注意玄關……輕輕運行，默默停止，惟以意思運行。」

由此可知，意識、呼吸和動作三者的密切關係。在走架子時，一舉一動都是在意的指揮下，將手、眼、身法、步法的協調運作和呼吸有機地結合起來，開呼蓄吸，順其自然，心意不可使氣，輕輕運轉，成為內外統一的內功拳運動。

第六，技擊方面，具有很強的實戰性。陳式太極拳是實戰性的競技運動。武術自古以來就有踢、打、摔、拿、跌五種分部練習法，而摔法只講摔，不講打，幾千年來就一直獨立發展，其他四種雖也綜合鍛鍊，但仍各具特色。古代有「南拳北腿」「長拳短打」之稱，也就說明這種分歧。與戚繼光同時代的名手，如山東的「李半天」之腿、「鷹爪王」之拿、「千跌張」之跌、「張敬伯」之打等，也都各具一技之長。同時，由於踢、打、拿、跌

陳正雷太極拳式

四法在實踐中有較大的傷害性，因此，歷來大都只作假想性或象徵性的練習，這就為花假手法開了方便之門。而前人所苦心積累的點滴經驗，也因實踐不足，很難提升技擊水準。這就是我國古代一些著名拳種在數傳之後「失其真意」或競技無一人傳習的原因之一。陳王庭以沾、黏、連、隨、崩、捋、擠、按為中心內容，在螺旋纏繞的基礎上，創造了陳式太極拳雙人推手法，練習大腦反應和皮膚觸覺的靈敏性，綜合了踢、打、摔、拿、跌等競技技巧，並且還有所發展。譬如拿法，它不限於拿人的關節，而是著重拿人的勁路，這就高於一般拿法的技巧。

陳式太極拳這種推手方法，技擊性較強，因此對發展體力、耐力、速度、靈敏和技巧都是行之有效的。這種推手方法代替了假想性和象徵性的花假手法，解決了實習時的場地、護具和特製服裝等問題，成為隨時隨地兩人可以搭手練習的競技運動。在練習技擊中還有雙人黏槍法等，原理是一致的。

余功保：

您剛才引用了一些拳論。在研究中國古代太極拳理論中，陳式太極拳的傳統拳論給我留下深刻印象，許多文章不僅拳理論述

深刻，而且文采飛揚。比如陳鑫的《太極拳經譜》《太極拳拳譜》等，也是很精彩的哲學著作，其中的「盈虛有象，出入無方」「神以知來，智以藏往」「賓主分明，中道皇皇」等皆為拳學佳句。這部分內容和技術一樣，也是陳式太極拳的寶貴財富，不可忽視。您對於陳式太極拳傳統拳論如何看待？

在三亞海濱萬人太極拳晨練中
做名家示範表演

陳正雷：

陳式太極拳傳統拳論十分豐富，是指導練拳的準繩。陳式太極拳論也充分反映了陳式太極拳具有濃厚的文化氣息。這些拳論哲學意味很濃，但又是來源於實踐的總結，所以，具有很強的實踐性。因此，我們既要把它當做練拳的依據，當做科學來研究，也可以把它當做文學來欣賞。

三、發展當隨時代

余功保：

太極拳是一種武術，但又不僅僅是一種武術。它也是一種體育項目、文化形態，它具有很深的內涵，在全世界範圍內具有極大的社會價值。發展太極拳是一項龐大的系統工程，具有多方面

太極拳式

的積極意義。推廣太極拳也要講究科學，您長期工作在太極拳推廣的第一線，據您的研究和體會，在太極拳發展方面有什麼思路？

陳正雷：

我認為太極拳的發展具有廣闊的前景。太極拳在經歷了 300 餘年的歷程後，這項古老的傳統體育運動，終於煥發出無盡的青春魅力。有人預言 21 世紀，從人類健康角度來看，將是人類自我保健的世紀，而人類自我保健手段中，最卓有成效的，首推融健身、防身、修身、養性、娛樂為一體，代表東方文化智慧結晶的太極拳。適應這種趨勢，在太極拳發展中，首先要進一步挖掘太極拳的內涵，促進全人類對太極拳作用的進一步認識。隨著社會的發展，太極拳已從過去單純以技擊為主的拳術，逐步發展走向融技擊、健身、養性、娛樂為主要功能的運動項目。

隨著科學技術的發展，太極拳也將要接受新的實踐，在新的世紀，太極拳的健身、防身、修身、養性、娛樂等功能將進一步得到擴展、加強，以適應和滿足不同層次人的要求，為人類的健康事業服務。同時，太極拳的文化功能將在下世紀得到充分的挖掘和展示。太極文化將成為展示東方傳統文化的一個突出代表。

太極拳中蘊含的豐富「哲理」，充分運用到社會管理、企業管理，以及人際關係等各個領域。將會出現以陰陽互變、剛柔相

濟、隨曲就伸、以柔克剛等太極原理為主要內容的「太極管理學說」。太極文化現象，將是下世紀人們對太極拳重新認識的新視點。

可以預言，21 世紀，太極拳將實現由傳統的體育項目向代表人類文明智慧和具有濃郁文化特徵的高雅藝術的方向轉變。

余功保：

太極拳文化屬性的挖掘我們做得還很不夠，這方面已引起一些文化學家的高度重視。太極拳理論在現代商業中的應用已進入實際操作階段。我曾經和一些著名的企業家進行過這方面的研討，他們已經在有意識地運用太極理論應對現代的經濟趨勢。因為太極拳本身就是研究變、對抗、化解、順勢等方面的學問。這些因素也恰恰是當代企業家所面臨的變局。

陳正雷：

所以進一步挖掘文化內涵應該是今後發展太極拳的重要措施。另一方面，要用現代經濟的手段來發展太極拳。太極拳在本世紀將比 20 世紀有更大發展，成為人們生活中不可缺少的內容，同時形成巨大的太極拳產業市場。21 世紀，將是東西方文化相互交融、相互滲透的大融合時期，作為東方文化代表之一的太極拳，將在這場文化融合中，扮演著不可替代的重要角色。

文化交融的最重要特徵，就是太極拳傳播範圍的擴大和太極拳擁有人口數量的劇增。根據目前發展的趨勢來看，經過努力，預計在 21 世紀中葉，將形成以中國為核心，以日本、韓國、東南亞、澳大利亞、美國、英國、法國、墨西哥、瑞典、芬蘭等國家為中心，並向非洲、中美洲、南美洲、中東、中亞等國家、地區滲透輻射的太極拳傳播網絡，屆時太極拳人口將達數億。由於太極拳獨特的文化內涵和防身、健身的完善結合及廣泛的適應

太極拳式

性，再經過數十年的努力，太極拳將在全球普及流行，並成功進入每一個家庭，成為人們生活的重要內容和良好的生活習慣之一，並且成為名副其實、參與人數最多的「世界第一運動」。

由於太極拳在全球的普及，將形成巨大的太極拳市場，從而帶動太極拳產業的形成。除大量的太極拳傳播學校、中心、俱樂部出現外，與其相關的太極拳圖書、音像、服裝、器械、標識、食品、保健品及服務旅遊業都將形成產業化、專業化。同時，贏得國際著名企業集團的關注和投入。太極拳走向產業化、市場化是必然趨勢，也只有太極拳產業化、市場化的形成，才能為太極拳國際化奠定雄厚的物質基礎。

余功保：

太極拳的產業化是其適應現代社會發展的重要特徵之一。太極拳的產業化具有充分的條件，它有世界性的品牌，有廣泛的受眾群，有可供持續挖掘的資源。太極拳的普及推廣需要大量資金，而現代社會中，人們的健康消費投入比例也越來越大，以社會的力量來發展太極拳，才能形成長久的持續性的生命力，太極拳才能得到更大的飛躍性前進。可以預計，以太極拳為核心的健康產業，將是中國體育產業的核心部分。

陳正雷：

應該加強宣傳，擴大影響，加快傳播速度。太極拳的歷史和近 20 年的成功發展經驗證明，任何事物離開了政府的重視，離開了媒體的宣傳，將一事無成。世紀偉人鄧小平同志「太極拳好」題詞已經二十多年了，至今尚有很多太極拳人士還不知有此事，這不能不說是一個遺憾。我們應透過各種活動，加大宣傳力度，把太極拳「好」在哪裡說清楚、講明白。使人們對太極拳「由知到練，由練到愛，由愛生情」，將太極情結繫在每個人的心中。2001 年 3 月，在海南省三亞舉行的首屆世界太極拳健康大會，起了一個非常好的示範效果。在宣傳中還應充分重視運用網絡技術，加快太極拳的傳播速度。將太極拳博大精深的內容，全面系統地進行整理後，進入國際互聯網，讓太極拳通過電腦網絡遍跡全球。還要繼續加強圖書、音像、光碟的編輯翻譯、出版工作；並在近幾年內，拍出一批高質量的反映太極拳的影視作品，掀起新的太極拳熱。

要大力提高太極拳師資隊伍素質，這是太極拳發展的一個關鍵。隨著 21 世紀太極拳普及和範圍的不斷加快擴大，將出現太極拳師資匱乏現象。如何造就一支高素質、高水準的太極拳師資隊伍，來適應 21 世紀太極拳發展的需要，是不可忽視的問題。

這個問題必須引起太極拳界的高度重視，從現在開始，太極拳界要精誠團結，相互支持，注意選拔、培養一批有較高文化水準和思想境界，全面掌握太極拳技術，具有組織教學能力和社會經驗，能適應 21 世紀社會發展的高水準師資隊伍。徹底改變過去人們對習武者的偏見，以高素質、高文化、高水準，造就太極拳傳播者全新的社會形象。同時，要改革傳授方式，籌建國際性的太極拳高等學府，將傳統授徒模式與現代教學方法有機地結合

太極拳式

起來，加快培養高素質太極拳人才速度，把一大批能適應國際太極拳發展需要的高素質人才推向國際舞臺，為太極拳在全世界的穩步發展奠定堅實的人才基礎。

第五點，應籌建太極拳國際組織，建立全球性的太極拳傳播網絡。現在世界上已在50個國家和地區，擁有了數以千計的太極拳組織。許多國家的太極拳組織都呼籲，要求以中國為核心，成立國際太極拳聯盟組織，使之成為世界太極拳運動發展的促進機構。透過國際太極拳聯盟，建立全球性太極拳傳播網絡，使太極拳更加全面完整，更加系統化、規範化、理論化、科學化；加強縱向指導與橫向聯合，用點面結合的方式，將太極拳傳播網絡遍及世界各國。要有組織地做好太極拳專家、教練的國際交流工作，在太極拳普及的基礎上，逐步提升國際太極拳運動水準。

余功保：

陳式太極拳很注重內功的鍛鍊，練養結合。養生需要內功，技擊需要內功。有「拳」無「功」，就如乾枝枯葉，無根之木。您曾經寫過一本書《陳式太極拳養生功》，重點從養生的角度介紹陳式太極拳內功。您覺得陳式太極拳養生功有哪些特點？

陳正雷：

陳式太極拳養生功源於陳式太極拳，是陳式太極拳在健身養

生及醫療保健方面的精華。陳式太極拳養生功動靜結合，內外兼修，形神合一，貫穿著一動無有不動的原則，使意識、動作、呼吸三者密切配合，人與大自然融為一體。由長久的練習，使內氣漸漸聚於丹田，進而充實、飽滿、壯大，自然養就至大至剛的浩然正氣，以涵養道德，陶冶情操，坦蕩胸懷。這種浩然之氣施於自身，可收強身及醫療保健功效；用之防身禦敵，則產生強大的衝擊力量，提高人的反應靈敏度，隨機應變，具有出於自然而不拘泥於拳腳的形式招數。

四、「剛柔」相濟　「妙手」橫生

余功保：

　　剛與柔是勁力的一對矛盾。陳式太極拳把剛與柔擺在了一個突出的位置上，把剛與柔的矛盾的分析、理解、處理提升到了極致化。可以說，不能妥善處理剛與柔的關係，就不可能練好陳式太極拳，不管是初學者還是深造者，剛與柔是始終需要面對的課題。您怎麼看待陳式太極拳中的剛柔問題？

陳正雷：

　　太極拳的剛與柔，歷代拳家都非常重視，在陳長興、陳鑫的《拳論》中，都有詳盡精闢的論述。但有些太極拳習練者對它的內容把握不準，未能正確理解，致使在太極推手中出現如牛之相抵的現象，大多數人都以拙力相待，不知「己根欲固、彼攻愈烈，自然之理也」。與太極拳以柔克剛、剛柔相濟之理相悖，背道而馳，失去太極拳不丟不頂、內外渾然一圓之根本。

　　什麼是太極拳的剛柔？簡言之，「剛」就是以腰為軸，利用太極拳的纏絲勁，牽動丹田充溢之內氣，在瞬間發出的爆發力，

太極拳式

太極拳式

亦稱彈簧勁。這種勁是透過長時間周身放鬆、拉長，用柔緩的動作，在去僵求柔中，練出的先天自然之氣，也就是丹田之氣所產生的，並非後天之拙力。「柔」，《拳論》講「運動之功久，則化剛為柔、練柔為剛、剛柔得中、方見陰陽」。可見柔並不是鬆軟，而是去一份拙力、蠻力，得一份柔勁後的纏絲勁，是太極拳的精髓，非千錘百鍊、天長地久，不會輕易獲得。

余功保：

理解剛柔要了解它的產生結構。

陳正雷：

太極拳的初級階段，動作講究緩慢，姿勢要求柔軟，往往給不知道太極理論的人造成一種錯覺，以為太極拳就是軟綿綿的，是老年人練的，只是花拳繡腿，根本不能用於技擊。要知道柔軟只是練太極拳的手段而已，不是它的終極目標。這如同練「一指禪」「單掌擊石」等功夫，一開始就讓你靜坐、站樁聚斂內氣一個道理，功成後的威力不言而喻，能說練「靜坐」「站樁」不能技擊嗎？

余功保：

這種方式是太極拳對人體力學結構的獨特貢獻。

陳正雷：

太極拳的練習，第一步就要去僵求柔，徹底摧毀人體長期養成的拙勁、蠻力。例如，每個人從小的時候，要拿起一個重物、重東西，就得用拙力。日久就養成了鼓勁拿重和舉重的習慣，鼓勁實際上是努勁，在太極拳術語中叫它「拙勁」。在太極拳練習中，起步就要求身體放鬆，動作慢、緩、柔，因為只有這樣才能使全身放長產生彈簧勁，才能引動體內之真氣，使內氣鼓盪於周身。怎樣才能達到這種程度？

陳鑫《拳譜》規定：「虛領頂勁、氣沉丹田；含胸塌腰、沉肩墜肘；鬆腰圓襠、開胯屈膝；神聚氣斂、身手放長。」

虛領頂勁、氣沉丹田首先讓人們在意識上由相反方向拉開，使身軀有放長的感覺；進而又讓人們頂勁虛領，鬆胯塌腰，使背部得以拔長；沉肩墜肘、鬆腕實際上從肩與肘的放長、肘與腕的放長使整個手臂得以放長；開胯屈膝是腿部的放長。每個人都知

太極拳式

太極拳式

道前臂、上臂、小腿、大腿是骨骼組成的，沒辦法拉長，但連接它們的腕部、肘部、肩部、胯部、膝部等關節外都是筋連接的，為何能拉長？由有形的拳架動作套路，以一念代萬念，達到心靜如水、意氣平和，放鬆的動作配合呼吸，意到氣到，才使身體產生拉長的感覺。隨著動作姿勢的規範化，引得丹田之氣愈來愈足，這種拉長、發脹、發麻、發沉、如貫水銀的感覺越來越明

顯。勁是什麼？勁是內氣充足在外的表現，這種勁不是拙勁，而是外似非常緩和、柔綿的拳勢引得的內氣，散佈於身體四肢的鼓蕩。因此，古人把透過規範的拳架加上意念，配合外呼吸，引得體內先天真氣在身體各部位鼓蕩的過程，叫煉鐵成鋼的過程。

拳譜說：「運勁如百煉鋼，何堅不摧。」「極柔軟，然後極堅剛。」「外操柔軟、內含堅剛、常求柔軟之於外、久之自可得內之堅剛；非有心之堅剛、實有心之柔軟也。」由此可以說專氣致柔只是一個練拳的過程，不是太極拳的最終目的。

余功保：

太極拳的剛與柔也是「陰」與「陽」這兩方面的一種表現形式，要看透這個問題，是不是還要從陰陽上去認識？

陳正雷：

必須從陰陽這個層面上看，談太極拳的剛與柔，實際上是談太極拳的陰與陽。太極圖是一個圓，圓中的波浪線把一個圓分成面積相等的兩部分，像魚的形狀，命其名為陰陽魚。「五陰併五陽」的陰陽魚組成了環環不已的太極圖，陰魚代表陰、柔；陽魚代表陽、剛。從陰魚的尾巴開始隨著柔的增加，到極柔時，陽魚的尾巴又出現了。柔極才產生剛。所以練太極拳第一步要求去僵求柔，把循環無端的萬物之理用圓圈表示。陰魚的眼睛屬陽；陽魚的眼睛屬陰，在拳中表示剛中有柔、柔中有剛。

陳鑫把剛與柔的劃分，運用於技擊方面的攻擊力大小，太極拳原理這樣說：「一陰九陽根頭棍，二陰八陽是散手，三陰七陽猶覺硬，四陰六陽類好手，惟有五陰併五陽、陰陽不偏稱妙手。」說明只有陰與陽相等，即五陰併五陽、剛與柔相濟時，拳才合於太極，方可稱太極拳，在此之前，實屬軟拳或硬拳。

真正的太極拳功夫是經過練剛至柔、柔極生剛、剛極又生

柔、剛柔成半、剛中有柔、柔中有剛的渾然太極境界。所以，要真正弄清太極拳的剛與柔，就要弄清此拳為何稱其太極拳，只有明白了太極拳的含義，才可以明白太極拳的剛與柔。之所以稱這種拳為太極拳，在拳架的一招一勢、一呼一吸、一開一合的動作中，都寓示著陰中有陽、陽中有陰；陰極生陽、陽極生陰；陰陽互為其根，不可分為兩半的自然規律。「裡往外開者皆屬陽，外往裡收者皆屬陰，故凡外擊者為陽、內引者為陰。拳勢內，外開者蓄而不發、內收者引而不擊、而擊搏之勁自然藏於引進之中，惟其如此，故愈練而愈精密細巧。剛柔互運，虛實滲透，久練純熟，無端緒之可尋，無跡象之可指，斯為得太極之真諦。」

太極拳每一勢的定勢，是柔到剛的終止點，從呼吸和發勁而言，此處一般都以音助外呼氣、發勁。從動作形體而言，此處表現為六合狀態；從速度而言，此處較快、屬剛。由上勢轉下勢的過程，是轉關折疊柔運的過程。從呼吸和發勁而言，此處一般都以吸氣為主，續勁；從動作形態而言，此處表現得較柔、較慢，是開的過程。從柔到剛、從剛復柔在螺旋式纏絲運動的輔助下，手法上遇到往復時，要嵌進摺迭；步法上遇到進退時，要嵌以轉換；在開合、收放時，要有收即是放和放即是收的意和勁，相連不斷，往環無端，「如長江大河，滔滔不絕，一氣呵成」。其實不只練拳如此，世間萬事萬物都呈現

太極拳式

波浪式的湧動前進。

余功保：

定勢和轉勢是最能體現太極拳「生生不已」的狀態，應該善於捕捉定勢中的動態因素，以及轉勢中的平衡因素，這是太極拳的「和」，能「和」矛盾就達到平衡。

陳正雷：

陳長興在拳論中說「夫拳術之內用，氣與勢而已矣」，以意行氣，以氣摧形，「然而氣有強弱，勢分剛柔，氣強者取乎勢之剛，氣弱者取乎勢之柔」。隨有形的拳勢、意念、呼吸開合有別，定勢動作表現其剛，轉換動作表現其柔。「剛者以千鈞之力而扼百鈞，柔者以百鈞之力而破千鈞」，定勢至剛處主攻，轉換復柔時主化，「尚力尚巧，剛柔之所以分也」。要懂得化勁、發勁，分清剛柔在每一招勢中的運用。

在具體招勢中如何區分剛勢、柔勢呢？長興公說：「四肢發動，氣行諸外，而內持靜重，剛勢也；氣屯於內，而外現輕和，柔勢也。」在談到至剛發勁處、與續勁折疊行柔中如何掌握剛與柔的關係時說：「用剛不可無柔，無柔則環繞不速；用柔不可無剛，無剛則摧逼不捷。剛柔相濟則黏、游、連、隨、騰、閃、折、空、擠、按，無不得其自然矣。剛柔不可偏用。」

剛柔相濟的太極拳功夫反映在技擊上，它完全是一種大將風範，「人不犯我，我不犯人；人若犯我，我必犯人」。到「五陰五陽」的功夫時，人完全像一個皮球，只要你推得輕，它就回得輕，如果你拼命狠推，它的反擊力就越大，你打擊得愈重，它把你彈得愈遠。究其實質而言，皮球裡面只是一氣而已，外面是橡膠，人為何也能如此？長期的太極拳運動，引得內氣鼓蕩於四肢，柔極生剛所致。

大家看到過滿載幾十噸貨物的汽車，支撐它們的只是輪胎，輪胎是方還是圓？是圓。輪胎裡面是鋼筋還是水泥？不是，只是空氣。是什麼力量牽動如此重的貨物運行呢？還是氣──是發動機燃燒汽油而產生「內氣」，透過它的運動，牽動機械運行的。火車力量大不大？大。是什麼力量？是蒸氣。載的貨物重不重？重。是方的還是圓的去支撐？是圓的鐵輪。

所以，太極拳講求「立身中正」、圓活的自然身法，太極圖用圓表示。足見圓符合運動力學，又符合於自然規律。太極拳似水，水極柔又極剛，水可使山岳成平地，水可使高樓大廈成泥沙。太極拳似風，風能說不溫柔？但剛起來可以使一座城市霎那間成一堆廢墟；也可使世間萬物無影無蹤。這就是柔中寓剛，柔極生剛之理。

太極拳的剛柔相濟，即五陰併五陽的太極功夫階段可以使身體「蚊蠅不能落，滴水不能沾」，這兩句是形容太極功夫的靈感、圓滑之意。外不見其形，只由「哼」或「哈」的一聲，可以使人跌於丈餘之外。

陳鑫老師說：「太極者，剛柔兼至，而渾於無跡之謂也。其為功也多，故幫其成也難。」難在什麼地方？難在剛柔的準確把握上，「此拳不可以柔名，日久恐流於滑拳也；亦不可以剛名，日久恐流於硬拳也」，難在剛柔相濟的「中和」上，「運動之功

太極拳式

久，則化剛為柔，練柔為剛，剛柔得中，方見陰陽。故此拳不可以剛名，亦不可以柔名，直以太極之名名之」。

余功保：

太極拳三字雖簡單，單以「剛柔」去認識，已是微言大意。

陳正雷：

剛與柔是太極的陰與陽；剛與柔是太極拳的靈魂；剛與柔是太極拳的精髓。習練太極拳抓不住剛柔相濟的特點，一切的一切都將是無本之木，無源之水，萬不可不知。

五、技擊養生　體用互動

余功保：

太極拳的健身作用貫穿太極拳理法結構的始終，它和技擊作用成為太極拳「體用」的陰陽兩個方面。要把太極拳向全世界更加廣闊的空間和深度去推廣，必須對太極拳健身和技擊的作用做更加系統的研究、歸納，從現代科學、傳統醫學、體育學、心理學等各個角度去開發認識。在這些方面我們還有很多工作要做。太極拳健身、技擊效果好在哪裡？除了用實踐來證明外，理論上說清楚也是必不可少的。

陳正雷：

您說的這點很重要。這方面我們在太極拳推廣中感受比較深。特別是對外的教學中，在許多外國朋友對太極拳還沒有很多的實踐體會的時候，更需要我們有一個系統的說法。因此，我也做了一些研究、總結。

我認為太極拳總結了前人各種養生之術的精華，結合陰陽之理，把運動融於清靜之中，把靜合於運動之內。這種動與靜的巧

妙結合，產生了內氣催外形、思維與動作、快與慢、開與放、分與合等動作意氣的相互協調，從而在思想上得以安逸，從形體器官上得以鍛鍊，元氣得生，宗氣得充，精氣得保，身體強壯。這是太極拳的特色。

太極拳的健身作用概括起來重點表現在幾個方面：

1.改善神經系統的抑制過程，消除病灶反饋性影響。神經系統的作用，是調節全身各器官功能活動、保持人體內部的完整統一，以適應外部環境變化的需要。太極拳中清靜用意「意守丹田」，是靜功養身之術。這種靜功，可以增加自我意念的控制能力，從而產生阻止病因病灶反饋信號機制的傳遞，得到糾正修復病灶反饋的惡性循環，抑制病情發展，提升健康水準。心靜勿慮，意守丹田，是鼓動內氣的基礎，是產生毅力的條件。毅力是練拳的保證，鍛鍊持之以恆，就可以從內氣到外形協調一致，使氣沉於丹田，貫於尾閭，環流周身，從而使臟腑得充，周身得養，精力充沛，有利於病變和精神創傷的修復，有利於病體的恢復和精神的保養，能促進大腦神經細胞的功能完善，使興奮與抑制過程協調，對精神創傷、神經類疾病，如神經衰弱等，有良好的防治作用。

太極拳式

2.增強心臟功能，改善微循環系統，擴大肺活量，提高

氣體交換能力。血液擔負著營養周身各組織器官的作用，心臟則是血液運行的動力，毛細血管是微循環物質交換的場所。一個久練拳的人，每分鐘心律在 60 次左右，這種由於久經鍛鍊而得來的心律減慢，延緩心臟的舒張期，使心肌得以充分休整，促使心肌收縮力加強，輸出量增加，提高了心臟的工作能力。持久鍛鍊，內氣得以流通，周身放鬆，使微循環功能加強，有利於毛細血管內外的物質交換，促進組織對氧的利用率，減少肌酸的蓄積，減輕疲勞，益於疾病的恢復，特別是對慢性冠心病、高血脂症、動脈硬化症都有較好的防治作用。肺是氣體交換的場所，呼吸下納於腎是氣體交換的重要條件。腎納氣，則氣沉丹田，腎不納氣則上浮胸中而喘。太極拳鍛鍊的呼吸方式要求深長勻柔，它可以增加膈肌及腹部肌肉的活動度和調節肋間肌的呼吸功能，使肺與胸廓之間的牽張力加大，增加肺活量，提高肺泡與毛細血管壁的接觸面積，使氧及二氧化碳彌散能力增強。經過長期鍛鍊，可使呼吸頻率減少，增強呼吸效果。具體的表現是在練拳時「汗流浹背不發喘」，對防治慢性肺氣腫有一定的作用，對防治各種慢性肺部病變均很適宜。

3. 強健肌肉，改善骨的理化特性，暢通經絡，有利於營衛氣血的通行。太極拳的運動方式是，一動無有不動。從內氣的暢通到外形的變化，從五臟六腑到四肢百骸，都寓於「動」中。順逆纏絲的螺旋運動及上下相隨，內外結合快慢相間，節節貫串運動都融為一體。從臟腑組織到肌體組織；關節韌帶、腱鞘肌群，都得到活動和鍛鍊。久而久之，肌肉豐滿發達，骨骼強健有力，使骨的理化特性得以改善，提高骨的抗折、抗壓、抗彎、抗脫臼能力。對老年人關節病有良好的預防作用。

此外，按中醫理論，經絡是氣血運行的通道，人體健康與

否，與經氣暢通與否密切相關。練太極拳的人，練到一定程度，就有小腹發熱，四肢末梢發脹、發麻之感。中醫針灸學認為這種現象是「得氣」的表現，也就是調動內氣，打通經絡，經氣運行的表現。太極拳運動，「主宰於腰」「虛領頂勁」「氣沉丹田」，腰為腎之腑，又為帶脈所繞之處。腰脊運動帶動身形，行於手指，行於四梢，復歸丹田。丹田乃小腹部位，任督脈沖乃一源三岐，出會陰，復灌諸經。長期鍛鍊，可使腎氣旺盛，帶脈充盈，陰陽調和，神清目明。「尾閭中正」乃太極之要領，這是穩定自己重心、加強發勁的根本。太極拳中的「虛領頂勁」與「尾閭中正」上下相應，「百會穴」與「長強穴」相互灌注，有利於督脈經氣的暢通。百會、長強乃督脈之要穴，氣通此穴後，便能升提中氣、增強韌帶及擴約肌功能。故對脫肛、痔瘡、子宮下垂，均有良好的治療和預防作用。

　　總之，太極拳是一種從內到外、從軀體到四肢末梢、整體參與的特殊運動，「動則谷氣得消，血脈流通，病不得生」。當然，要使其有防病健身作用，並非一朝一夕之功，在動作正確的基礎上，持之以恆地刻苦鍛鍊，不管男女老幼，都可收到防病健身、延年益壽的效果。

余功保：

　　這樣用現代生理學的知識結合拳理、練拳要領來分析就很有說服力，也有助於更好地練習。

　　陳式太極拳很講究技擊的訓練，而推手是其中關鍵性的方式。很多人練習推手很難把握住太極拳的技擊特點，往往容易產生「頂牛」等現象。有些人對拳論中關於推手的闡釋理解不透，不能夠把拳論和推手實踐結合起來，加以落實。您覺得練好太極拳推手的奧妙在哪裡？

陳正雷：

　　中華武術門派繁多，攻防技巧各有所長，拳打腳踢謂之一般。然而，陳式太極拳卻獨樹一幟，流傳300餘年，仍保持本來特色。它以掤、捋、擠、按、採、挒、肘、靠為中心內容，在沾、黏、連、隨的基礎上將抓、拿、摔、滑、打、跌熔為一爐，內外兼練，成為武壇上最優秀的拳種之一。練習陳式太極拳三年一小成，九年一大成，練到上乘功夫，可達周身一家，以靜制動，以逸代勞，以不變而應萬變，亦可得機得勢，捨己從人，隨機應變，靈活運用，引進落空，借力打人。

　　推手是陳式太極拳練習技擊的重要方式，《推手歌》云：「掤捋擠按須認真，周身相隨人難侵，任人巨力來打我，牽動四兩撥千斤。」推手，不僅可以檢驗姿勢是否正確，也是鍛鍊技擊技巧的好方法。有人說：「推手有何技巧，力大者即可取勝。」《拳論》中說：「斯技旁門甚多，雖有區別，概不外乎壯欺弱，慢讓快耳。有力打無力，手慢讓手快，是皆先天自然之能，非關學力而有為也。察四兩撥千斤之句，顯非力勝，觀耄耋能禦眾之形，快何能為？」可見，太極拳推手不是比力而是比技巧。「壯欺弱、慢讓快」那是自然的本能，不是技巧的功能。

　　所謂技巧，則是順應自然以克制自然，達「弱勝壯、慢勝快」。自然界中的槓桿支點和螺旋轉化的原理，就具有「四兩撥

太極拳式

千斤」的功能。推手利用這種原理，即可揉化一切重力，此為化勁。有此化勁功夫，就可以輕制重。同時，太極拳的運動是運用了離心力，並以腰脊作中軸，使一切動作皆走內圈。走內圈速度雖較慢，但仍可勝過走外圈的快，這是「後人發，先人至」的緣由，也是「慢勝快」的關鍵所在。

《拳論》是太極拳理論方面的經典著作，對推手也是一種很好的指導，細心研究其內容並用它來指導練習推手，則可得到事半功倍的效果。那麼，怎樣來指導推手實踐呢？應遵守以下四項基本準則：

1.《拳論》中說：「太極者無極而生，動靜之機，陰陽之母也；動之則分，靜之則合。」古時所稱「太極」，是對立統一的象徵，是一切動靜的樞機：由太極生陰陽，如順逆、柔剛、輕沉、虛實、合開等皆屬於此。運動時充分利用了離心力和向心力，因此動之則分，靜之則合；分為陽，合為陰。陳鑫說：「太極兩儀，天地陰陽，合闢動靜，柔之為剛。」就是指這種規律。這種矛盾存在於推手的整個過程中，並貫串於每一個動作過程的始終。因此，推手的第一個基本原則，就是要它符合事物運動的矛盾法則，即「陰陽開合」。

2. 推手時雙方搭手對練的過程，也是不斷產生矛盾和解決矛盾的過程。《拳論》中所說：「無過不及、隨曲就伸。」就是作必須符合下列四點：（1）必須「無過」，無過稱為「沾勁」，過則稱為「頂病」；（2）必須「能及」，能及稱為「黏勁」，過則稱為「匾病」；（3）必須「隨曲」，隨曲稱為「連勁」，不隨而曲稱為「丟病」；（4）必須「就伸」，就伸稱為「隨勁」，伸得太早稱為「抗病」。推手的一切過程都要求具有「沾、黏、連、隨」四功，不發生「頂匾丟抗」四病。陳鑫說：

「沾黏連隨、會神聚精，運我虛靈、彌加整重。」所以第二個基本原則是「沾黏連隨」。

3.《拳論》中說：「人剛我柔謂之走，我順人背謂之黏；動急則急應，動緩則緩隨；雖變化萬端，而理為一貫。」這是為了做到四功、避免四病的措施。這就是說，人剛則我柔，用「走」以引之，這是被動局面下的「卷合」運用。同時，為了問勁，運用順遂的勢和勁，迫使對方成為「背」，轉化為我剛人柔，用黏以逼之。黏走時，對方動急則急應之，動緩則緩隨之，這樣就可有四功而無四病。陳鑫說：「前後左右，上下四旁，轉接靈敏，緩急相將。」所以第三個基本原則是「急緩黏走」。

4.《拳論》中說：「由著熟而漸悟懂勁，由懂勁而階及神明，然非用功之久，不能豁然貫通焉。」在推手時熟練地掌握了前面三個基本原則後，就可領悟人勁，探測對方的勁力與方向，所謂懂得人勁。到此時，可信手而應，達到自動「神明」境界。這是多年反覆揣摩、實踐和理論研究最後得到豁然貫通的結果。所以第四個基本原則是「知行合一」。

《拳論》中說：「虛領頂勁，氣沉丹田；不偏不倚，忽隱忽顯；左重則左虛，右重則右杳，仰之則彌高，俯之則彌深，進之則愈長，退之則愈促；一羽不能加，蠅蟲不能落；人不知我，我獨知人；英雄所向無敵，蓋皆由此而及也。」因此，為了運用四項基本準則，就必須按照上列拳論做好以下六點：

1.頂勁要虛虛領起，則精神自然提起，同時氣沉丹田，周身放鬆。由於身體上領下沉，即使身軀放長而產生彈性成為掤勁。陳鑫說：「沿路纏綿，靜遠無慌，肌膚骨節，處處開張。」若是周身僵力，就會失去掤勁，也就不能通過沾、黏、連、隨去求懂勁。

太極拳式

2. 立身須中正安舒，具有支撐八面之勢，使推手時身軀不致偏於一邊或依賴於對方身手之上，以免己勁為人所識，若偏一邊，就不易順遂地運用黏走功夫。

3. 在神氣內隱則柔，外顯則剛的前提下，推手時要具有忽隱忽顯的剛柔變換作用，這正是求懂勁過程中不斷問勁的表現。

4. 推手時要求做到兩手有虛實，兩足有虛實，一手一足上下亦要分虛實，形成處處分陰陽，處處有虛實。陳鑫說：「虛實兼到，忽見忽藏；實中有虛，人己相參；虛中有實，熟測機關。」待虛實的轉換熟練後，只要注意一隻手，其他一隻手、兩隻足由於上下相隨，自然也就能隨著靈活轉換。所以陳鑫又說：「千古一日，至理循環，上下相隨，不可空談。」這是問勁、化勁和達到懂勁的基礎。

5. 對方仰來則高以引之，使有高不可攀之感而失去重心；對方俯來則愈向下引，便有如臨深淵、搖搖欲墜之感；對方近迫則愈引愈虛，便有長不可及之感；對方退走則黏逼，使有迫促之感。這是符合沾、黏、連、隨的化勁與發勁要求的，這樣就可避免發生頂、匾、丟、抗四病，使推手技巧迅速提升。

6. 推手時精神須提起，這樣周身才能輕靈貫串，並要輕靈得具有「一羽不能加」的敏感。同時螺旋纏絲也須不斷變動，要旋轉得形成「蠅蟲不能落」之氣勢。若動作表現出遲重不靈，則不易懂勁，若運勁沒有纏絲，則失去化勁，也失去半化半進、明化

暗進、即化即進的纏絲勁技巧。沒有化勁就變成比力，就不成其為太極拳推手了。能化而不能發，能柔而不動剛，剛柔不能相濟，都非太極兩儀之全。

具有上列六項功能，就能貫徹推手的四項基本準則，達到懂得人勁而不為人懂的功夫，再加上堅持不懈苦練之功，便可使推手技巧達到爐火純青的高級境界。

六、階及「神明」

余功保：

具備了條件，理解了拳理，知道了要領，還需要一步步練習，在練中落實。落實過程中，一要講方法，二要有順序，要循序漸進，逐步深入，立體把握。既要練套路，也要練內功，練形、練意、練氣，依拳論所說「階及神明」。您認為應如何練習才是正確有效的方法？

陳正雷：

練太極拳是一個提升自我的系統工程，要有步驟和方法，分階段進行。我認為應從以下幾個方面著手。

（一）熟練套路，明確姿勢

所謂「套路」是指太極拳的整套架式。所謂「姿勢」是指每個架式的動作結構。初學時主要重於套路熟練，方位正確，同時適當注意姿勢的規範。經過一段時間練習後，套路已熟練，這時就必須側重於姿勢的正確，這樣才能產生內氣，發揮健身及技擊上的效果。在這一階段要注意兩點，一要動寓靜之內，靜寓動之中。練陳式太極拳必須保持思想上的清靜，排除一切內外干擾。只有這樣才利於收斂內氣，引動鼓蕩。《拳論》說：「靜養靈根

太極拳式

氣養神。」所謂養根的「根」，就是根本，也就是腎臟。中醫學認為「腎為先天之根」，內藏元陰元陽，是人體生命活動的原動力。「靜則養根」，也就是說，只有在意識清淨的條件下，才能有助於腎氣的旺盛與收藏，從而使五臟健運，內氣充沛，神得所養，動作矯健。二是注意身法。初練太極拳，不應要求過高，操之過急，就和初學寫字一樣，能寫成橫平、豎直、點、鉤等筆畫，組合成方塊就行。初學練拳，身法上只要求頭部自然端正，立身中正，不偏不倚。步法上只要能做好弓步、虛步、開步和收步，知道方位即可，至於不可避免出現的毛病，像挑肩架肘、橫氣填胸、呼吸發喘、手足顫抖等現象，不宜深究。但運行方位、角度、順序必須絕對正確，力爭做到姿勢柔軟、大方順隨。每天堅持練10遍左右，兩個月即可將套路練熟。這時要進一步考慮動作要求，從頭至足，一招一勢進行糾正。在動作速度上盡量放慢，以利於揣摩思考動作的正確與否。每天堅持10遍拳，再練習一個時期，就可以通過這一階段而進入第二階段了。

（二）調整身法，周身放鬆

所謂「身法」，是指練拳時對周身各部位要求的原則。要調整身法，首先必須在放鬆上下工夫。為了使骨節鬆開，伸筋拔骨，可選練些動作，如「金剛搗碓」「掩手肱拳」「擺腳跌叉」

等，但要盡量放鬆，不要用拙力。這一階段練習出現的主要毛病是立身不正、橫氣填胸、挑肩架肘等，產生這些毛病的主要原因有兩個：一是對「放鬆」這個含意理解不夠；二是腿的支撐力不足，難以放鬆。《拳論》說：「身必以端正為本。以周身自然為妙。」也就是說套路架式的練習，身法上要以立身中正為根本。所說的「端正」，也有兩種含意：一是指軀幹四肢及頭的位置中正，即身體不偏不倚之意；另一種是身體在歪斜情況下，保持相對平衡，如開步時的上引下進動作。

所謂「放鬆」就是說在腿的支撐下，全身各部自然協調地鬆下，氣沉丹田。初學時由於對這些問題沒有理解和注意，加上功力淺薄，所以，不可避免地會發生上述毛病。可透過增加練拳遍數放低身法、加大運動量，並且做一些單腿或雙腿下蹲運動及站樁功來克服上述毛病。同時注意鬆胯、屈膝、圓襠，保持立身中正。隨著腿部力量的增長，身法的放鬆，可使胸部、背部、肋部及膈肌自然下沉，體內的氣機升降協調，呼吸自然，肺活量增強，其毛病就會消除。這一階段練習，需有 3～4 個月時間。屆時，身法已得到調整，姿勢已基本正確，並且隨著練習質量的提高，已有內氣活動的感覺。

（三）疏通經絡，引動內氣

經絡遍佈周身，內聯臟腑，外繫肌表，從而溝通人體上下表裡，是調節機體和內氣運行的通道。

「氣」是構成和維持人體生命活動的精微物質，是極其微小的物質微粒，很難直觀察覺，只能由人的感覺器官，根據事物的各種變化而體現它的存在。人體的氣，來源有以下幾個方面，一是稟賦於先天父母之精氣，二是飲食物化生的水穀之精氣，以及存在於人體內的精氣，由脾、肺、腎三臟的生理功能綜合作用而

太極劍式

生成。《拳論》說：「氣者，生之本，經者，氣之路，經不通則氣不行。」又說：「以吾本身自有之元氣，運行吾身」，「以氣運形，一氣貫通」。說明氣是本身固有的本元物質，只有在經絡暢通無阻的情況下，才能引動與鼓蕩，達到一氣貫通，從而產生防病健身和技擊效果。前面已經說過，在「調整身法，周身放鬆」階段後期，體內已有內氣流動的感覺，練拳也有興趣。但是，這個感覺如波浪起伏，時有時無，時隱時現。經過一段時間，甚至會全然無有。這是經絡之氣通流不暢、氣機運行不利、內氣引動不力之故。因此，在這一階段練習中必須重於意念引導，在大腦意識的指揮下，以意運形，使內氣節節貫穿。如有不順之處，可以自行調整身法，以得勁為準。練習速度宜慢不宜快。一招一勢要精力專注，活潑無滯。外形盡量與內氣、意識保持一致。這樣進一步練習一段時間，內氣就會自然暢通，僵勁拙力也會慢慢克服，逐漸達到周身相隨，連綿不斷，內氣會按拳勢要求，產生有規律的鼓蕩，達到一氣貫通。

（四）形氣結合，如環無端

所謂「形」是指形體，也就是拳式動作的外在表現。「氣」即指內氣。從醫學角度講，「形」「氣」是統一的，是相互依附、相互為用的。《拳論》說：「以心行氣，務令沉著，乃能收斂入骨。」又說：「以氣運身，務令順隨。」就是要求每招每勢都要注意以意引氣，以氣運身，順其自然，催動外形。通過形氣結合的反覆練習，使內氣周而復始、如環無端地在體內運行。努力做到周身一致，內外合一，外形在內氣的催動下，一動則周身全動，一靜則周身全靜，動靜開合，起落旋轉，無不順其自然。在練習過程中，身與手、內與外某一部位不夠協調，某一部位即產生矛盾，就會影響內氣的貫通，從而使意氣與形體難以結合。如動作運行速度的快慢，以及身法位置角度掌握不夠，難以適得其中，在套路架式的練習中，就會產生身慢、手快、眼不隨等散亂現象，不能身手一家、動作協調。諺云：「手到身不到，擊敵不得妙；手到身也到，擊敵如摧草。」說明形氣結合、身肢順隨的重要性。

這一階段的練習，要注重於意念與形體姿勢的結合，也就是心到、意到、氣到、形到，使內氣一氣貫通。同時應當理解，某一部位的開合，是全身整體開合的局部表現，全身總的毛病，也可以從局部反映出來。因此，凡是調整局部姿勢時，務必注意整體的調整，從而達到意氣合一。這一階段的具體表現為：肌膚發脹，手指發麻，足跟發重，丹田有發沉之感。

（五）周身相隨，內外一致

「周身相隨，內外一致」的意思，是指全身形成一完整的運動體系。陳長興在《十大要論》云：「太極拳者，千變萬化，無往非勁，勢雖不侔，而勁歸於一。夫所謂一者，自頂至足，內有

臟腑筋骨，外有肌膚皮肉，四肢百骸，相聯而為一者也，破之而不開，撞之而不散。上欲動而下自隨之，下欲動而上自領之，上下動而中部應之，中部動而上下和之，內外相連，前後相需，所謂一以貫之者，其斯之謂歟！」此段論述，具體闡明了周身相隨、內外一致，以及一氣貫通的整體表現。在周身內外，相隨一致這一階段，內氣雖已貫通，但很薄弱。在練拳時，稍不注意或運動不當（如疲勞過度或精神欠佳），都會影響內氣的貫通和運行。在前一階段，如身、手、內、外產生了矛盾，可以用調整身法的辦法去解決，使姿勢順隨，內氣貫通。而在這一階段，就不許用調整身法的辦法去解決。這一階段，要求周身相隨，以內氣催外形。氣不到，外形寂然不動；氣一到，外形隨氣而動。以心行氣，以氣運身。每招每勢，氣由丹田發起，內走五臟百骸，外行肌膚毫毛，運行周身而復歸丹田，纏繞往來，圓轉自如。動作以纏絲勁為核心，以內氣為統馭，形成一個完整的運動體系。「纏絲勁」發源於腎，起於丹田，遍佈全身，處處有之，無時不然，衍溢於四體之內，浸潤於百骸之間，達四梢通九竅，增長內氣無窮，使內勁收斂入骨。伸筋壯骨，氣血流通，消化飲食，祛病延年，皆纏絲內勁之功效。

「纏絲纇勁」為陳式太極拳之精華。此段時間，每天除堅持練架式套路以外，可以結合練習推手，從而體會沾連黏隨擠按的勁別，校正拳勢運勁的正確與否。每天還可以增加練習幾遍炮捶，用來增強耐力和爆發力；練習刀槍劍棍等器械，以檢驗手眼身法步的配合。從而使在練拳時，能夠做到不假思索、不犯疑意、不期而然、內外一致、周身相隨的程度，完全掌握太極拳的要求和運動規律。由這一階段練習，已經有了自我糾正的能力，可以脫離老師的指導，不走彎路。繼續深入研究，就可逐步進入

太極劍式

奧妙境界。

　　陳鑫說：「理不明，延明師；路不清，訪良友；理明路清，而猶未能，再加終日乾乾之功，進而不止，日久自到。」

（六）穩固根基，充實內氣

　　所謂「穩固根基，充實內氣」，意思是指在上一階段的基礎上，更進一步地紮穩下盤，以促使內氣的充實和飽滿。《拳論》云：「根本固而枝葉榮。」「培其根則枝葉自茂，潤其源則流脈自長。」練習拳架，就是培根潤源的方法。這裡所指的「根」，具有根基之意，也就是下盤。《拳論》云：「下盤穩固，上肢自然輕靈。」所說的「下盤」，就是指身體的下半部分「腿」而言，「靠腿的支撐力，以兩足為基礎，褲勁圓活自然、沉穩。另一種說法「根本」指元氣。元氣藏於腎、腎氣足則精力充沛，即

為「根本固」。所謂「潤其源」，源指根源，即本源。元氣為諸氣之本，根源於腎，通於丹田，稟賦於先天，又稱先天之本、五臟六腑之根。腎藏元陰元陽，元陰以養五臟之陰，元陽以養五臟之陽，周身之陽得以溫，陰得以養，故生機旺盛，則又反過來益助腎氣，充盈丹田。這樣相互資益，周而復始，從而使根本固、源流潤。

　　經過以上幾個階段，練拳時周身已形成一個完整的運動體系。但在配合呼吸上不能恰當自然和細膩。在第一至第四階段，由於動作姿勢的僵硬不協調，及內氣外形不結合，要求動作配合呼吸是做不到的。到了第五階段，雖然周身相隨，內外結合一致，但在動作加速、疾變，或者快慢相間時，動作與呼吸就難以配合。在這一階段的練習時，隨著練拳質量的提升，動作與呼吸必須嚴密配合。要特別指出，此階段的腹式呼吸形式與醫學上的腹式呼吸恰恰相反，就是要做逆式呼吸。在正常的生理條件下，人們的呼吸方式和過程，是由肺、胸膜、肋間內外肌、膈肌等來參與完成的。主要表現以胸式呼吸為主，同時在腹肌配合下完成。在胸腔臟器病變時，由於胸式呼吸受到限制，則代償性地使腹式呼吸加大加強。這種腹式呼吸的運動表現為：吸氣時膈肌收縮，腹腔臟器下移，腹內壓升高，腹部向外突出；呼氣時膈肌舒緩，腹腔臟器上移回位，腹壁收斂。太極拳中的「腹式逆呼吸」與上述情況恰好相反。其表現為吸氣時小腹內收，膈肌上升，丹田之氣由小腹上升，胃部自然隆起，胸廓自然擴張，肺活量加大；呼氣時小腹外突，膈肌下降，內氣下沉至丹田，胃部與胸廓自然平復。由於腰腎旋轉、氣沉丹田與丹田內轉結合一致，發勁時呼吸的配合，是用短促的一吸一呼來完成的。在呼吸配合一致以後，除了正常的套路練習外，還要加練些輔助功。如：練站

椿，採用大馬步、弓步、丁步都行，練拳前後堅持 20 分鐘，練習穩固椿步，呼吸行氣，發展力量和耐力；練抖杆子，用後尾直徑 6～8 公分、長 3 公尺的白蠟木杆，每天用攔、拿、扎的方法抖 100 下。另外還要把拳式內的單勢發勁分別抽出練習，以增加在根基穩固、內氣充實情況下的蓄發力。

（七）觸覺靈敏，知己知彼

這一階段，主要是練習全身空靈、身體皮肢感受的靈敏性，也就是接受信息傳遞採取行動的應激反射。練習太極拳的人，隨著功夫的加深，這個應激反射過程也隨之加強，直至接受信息傳遞如閃電，應激反射如雷霆。人體的反射活動基礎稱反射弧，包括五個基本部分：即感受器、傳入神經、神經中樞、傳出神經和效應器。簡單地說，反射過程的進行，是由一定的刺激被一定的感受器接受，感受器發生興奮，興奮由神經衝動的方式經過傳入神經，傳向神經中樞，通過神經中樞的分析綜合活動產生興奮。興奮又經過特定的傳出神經到達效應器。這一階段主要是練習加強加快這個反射過程。練好這種功夫，必須以充實的內氣做中流砥柱，使內氣充盈丹田，貫注全身，內至臟腑經絡，外至肌膚毫髮，周身各部如電充身，觸覺極其靈敏。格鬥時才能做到：「動急則急應，動緩則緩隨」「彼微動，己先動，後發先至」。

這一階段，仍應按前段練習套路和輔助功，還應經常練習推手競技，在實踐中，鍛鍊聽勁、靈勁、周身上下結合勁。在練習拳時，功應內收，氣行於外的表現和纏絲勁的外形動作，也應內收與縮小。也就是由大圈到中圈的練習方法。拳架練習，應緩慢柔和，平穩舒展。陳復元說：「學時宜慢，慢不宜痴呆，習而後快，快不可錯亂；快後復緩，是為柔，柔外剛自在其中，是為剛柔和濟。」這段練習，就是「快後復緩」階段。積功日久，就可

太極劍式

做到靜如山岳，急如閃電。就像射箭一樣，慢拉弓弦如滿月，力聚弓背，鬆弓弦，矢疾出，威力大，其快無比。

這一階段後期，可以做到：眼神如捕鼠之貓，動作如翱翔之鷹，身形輕靈矯健，意識反應及皮膚觸覺十分靈敏，運動出於無心，鼓舞生於不覺。

（八）得機得勢，捨己從人

「得機」就是利用最恰當的時機，「得勢」就是得到己順人背的形勢。「捨己從人」意思是捨掉自己，以順從別人，隨順化解，不頂不抗。對方控制住我的手（梢節），我以肘肩來化解；控制住肘肩，我以胸腰來化解；控制住胸腰，我以襠勁與手臂來化解。陳鑫在「單鞭」一勢中寫道：「擊首尾動精神貫，擊尾首動脈絡通，中間一擊首尾動，上下四旁扣如弓……」形象地說明要周身相隨，蓄發相變，捨己從人，順隨化解。所謂「借力打人」或「四兩撥千斤」，就是利用槓杆、滑輪、離心力、向心力、摩擦力等力學原理，使對方之力又加於對方之身，以我之小力擊倒對方。這一階段，是由中圈到小圈時期。《拳論》云：「要想拳練好，除非圈練小。」在這一階段練習時，外形要求輕鬆自然，舒展大方。內勁如行雲流水，連綿不斷。應用時勁由內換，一般人難以看出。這些內勁在體內的表現，像是一股熱流發於丹田，隨著意識的引導，由根到梢；由內到外，綿綿不斷地遍佈全身。每時每刻都有肌膚發脹，手指發

麻、腳跟發重、拳頂發懸、丹田發沉，膀胱發熱的感覺。對敵時得機得勢，捨己從人，以得人為準，以不見形為妙。

（九）身如火藥，一動即發

「身如火藥，一動即發」是內氣充實飽滿階段技擊的形式表現。此段是太極拳的基本成功階段，功夫已基本達到剛柔相濟，周身肌膚充滿了內氣，已具有強大反彈力。只要對方之力一加我身，猶如火藥見火，轟然而發。達到了這層功夫，周身內外已成為混圓一體，猶如太極之象。在這個充盈的太極圈內，有純厚的真氣為根基，有旺盛的機能之氣為動力，有十二經絡聯繫內外，在意氣鼓蕩的作用下，使一切外業之力無法加於自身。不但不能使這個混圓的太極整體遭到絲毫破壞，反而由於太極內氣的無窮威力，產生強大的反彈作用，使進擊者得到相反的效果。這好像去擊打充滿氣的皮球一樣，用力越大，它跳得越高。

另一種是太極混圓一體的球形圓滑作用，遇有外力接觸其身，就會像旋轉著的圓球將它引化落空。如陳發科在北京教拳時，弟子們紛紛傳說，陳老師背部有弩弓（所說的弩弓即是反彈力）。有一天，發科公便對幾個好奇的弟子爽快地說：「來，你們一摸便知。」說著面壁而立，讓兩個身強力大的徒弟，分別按住背部，只聽「哈」的一聲，將二人發出2公尺多遠。發科公則屹然而立，腳步絲毫未動。接著又叫徒弟們往他身上撞，不但絲毫不能撞動他，反而被他在兩腳未動的情況下，將徒弟們發了3公尺多遠。這說明太極內氣充盛了，就可以「遭到何處何處擊，我也不知玄又玄」。

在這一階段練習時，除了保持適當的運動量外，主要以培養本元為主，陳鑫說：「心為一身之主，腎為性命之原，必清心寡欲，培其根本之地，無使傷損。根本固而枝葉榮，萬事可作，斯

為至要。」所謂「清心寡欲」「培其根本」「無使損」等，都說明在此階段更應注意：心靜、神安、精固。只可培其不足，不可伐其有餘。《素問・上古天真論》說：「恬瞻虛無，真氣從之；精神內，病安從來。以志閑而少欲，心安而不懼。」

（十）變化無方，神鬼莫測

「變化無方，神鬼莫測」，是形容拳術已達到爐火純青、登峰造極的境界。運動變化及技擊表現難以看出，難以意測，玄奧淵博皆在其中。人不知我，我獨知人。練拳到此階段，功夫已經成熟，出神入化，奧妙無窮，舉手投足，皆能陰陽平衡，八面支撐；內氣已達皮膚之外，毫毛之間，外力雖未接觸皮膚，動觸毫毛即有感覺，隨即化勁發出，威力無窮。陳鑫有詩贊云：「神穆穆，貌皇皇，氣象混淪，虛靈具一心。萬象藏五蘊，寂然不動若愚人。誰知道陰陽結合在此身，任憑他四面八方人難近。縱有那勇過人，突然來侵，傾者傾，跌者跌，莫測其神。且更有，去難去，進難進，如站在圓石頭上立不穩，實在險峻，後悔難免隕。豈有別法門。只要功夫純。全憑一開一合，一筆橫掃千人軍。」

余功保：

您以上所介紹的既是練拳的十個階段，也是十種方法，相信會對許多太極拳愛好者有很大的幫助。

李秉慈

李秉慈，1929 年 11
月生，北京通縣人。
1949～1982 年先後從師
楊禹廷、常振芳、史正
剛、駱興武、單香陵、劉
談鋒等名師，學習太極
拳、查拳、大悲拳、形意
拳、六合螳螂拳及程派八卦掌等。

　　現為國家級社會體育指導員、一級武術教練員、榮譽
中國武協委員和國家級裁判員。原東城區政協常委。市武
協委員，東城區武術館名譽館長，區武協副主席，市武協
吳式太極拳研究會會長。曾擔任中國太極拳代表團教練、
國際俱樂部太極拳教練等重要教學工作。輔導過眾多國家
的領導人、夫人及官員。

　　1995 年被中國武協、國家體委武術運動管理中心評為
首屆「中華武林百傑」。1997 年被評選為「中國武術段位
制」首批七段。多次參與中國武術協會的太極拳套路編
審、技術研究工作。著有《楊禹廷太極拳系列秘要集錦》
和《吳式太極拳拳械述真》等書。

　　1956～1963 年多次參加市級、全國性比賽，獲拳、械
優秀獎，在第一屆全運會上獲太極拳第四名，並獲「四
好」運動員稱號。從事武術教學、訓練、調研、評審、裁
判等工作 30 餘年，培養了一大批優秀人才，遍及海內外，

其中劉偉、宗維潔分別連續獲得9年和6年全國吳式太極拳男、女冠軍。曾獲市先進工作者稱號和國家體育運動一級獎章。

近30年來多次接待國外來訪的太極拳友人及團體，曾多次赴日本、新加坡講學。並培育了國際上的太極拳優秀運動員多人。1980年開創了全國第一所公辦向全民開放的武術培訓基地——東城區武術館，任教務長和副館長。於1995年後，應北京電影製片廠、人民體育出版社和北京體育大學影像部的邀請錄製吳式太極拳、劍、刀、杆、推手等項目。

招勢出於八面

——與吳式太極拳名家李秉慈的對話

武術有招勢。

招為基本單元，由若干個動作組成。

勢為招的細微和整體趨向。

「招勢」結合在一起，真是太形象地概括了武術的功夫屬性。

一招為一單勢，一勢可以是一招，也可以是一套。先有招才能有勢，沒有勢招就沒有活力。

學武先要學招勢，法度森嚴，法寓於招勢之中。因此招勢的舉手投足皆有章可循，前後左右，收放展合，法於陰陽，合於太極。

得了招勢還要脫開招勢。拳架是個過程，使習拳者掌握健康科學的身體語言，領悟後就要能自如運用。所謂「拳拳無意乃真意」，李秉慈先生說：「生活中處處體現出拳的道理來。」

宋代大書法家米芾在講解書法神韻時曾說「他人寫字只是一筆，我獨有八面」，揭示書家央央氣度。武家亦然，太極拳中定「八方」，發於內形於外，每招每勢雖是手足身法組合，而莫不與周遭八面、與自然環境相關。

太極是個圓，陰陽互為其根，只有八面支撐，才是神氣飽滿。

一、形意大小起柔化

余功保：

我感覺吳式太極拳有較濃郁的書卷氣，在招勢上也比較考究。外形雖溫雅，但氣機鼓蕩，穩定八面，很有張力。越來越多的人喜歡練習它。能否請您介紹一下吳式太極拳的特點？

李秉慈：

關於吳式太極拳的特點，過去我也總結過。但是比較系統的概括，是從 1988 年開始。從 1988 年起國家體委組織四式太極拳的編定工作，1989 年全國四式太極拳競賽套路就進行推廣，1990年開始由中國武術協會組織全國的太極拳名家來規範太極拳各家理論，當時是陳式、楊式、吳式、孫式四種。

在這個過程中，來自全國各地的名家共同努力，把各式太極拳的主要特點進行了總結、歸納。我們當時總結的四式太極拳的特點，每家都是四個字、四句話。所以，我這裡講的吳式太極拳的特點，不是哪一個人的看法，也不是哪一個階段的結論，它是歷史形成的，很多武術家共同認可的。

余功保：

當時的這個過程在太極拳發展中是一個突破。把傳統的套路規範化後正式引入競賽體系。我記得也出現了一些爭論，有不同的看法，但最終還是取得了一致意見。這也是太極拳界團結的一個例證。

李秉慈：

對，所以得出的結論也是經得起推敲的。吳式太極拳特點概括的四個字就是輕、靜、柔、化。這是寫入競賽規則的。輕就是

動作輕靈，就是王宗岳《太極拳論》中「邁步如貓行」的感覺，不是拙笨的。靜有兩個方面：內在的精神的平和，外在的心靜體鬆，身體外形要放鬆。這是練太極拳的一個前提，你不靜就練不好太極拳。

第一句話實際上包含了內外兩個含義。第二句話是「緊湊舒身」，就是動作上既舒展又緊湊。

余功保：

這是矛盾的統一體，在動作中找平衡，找支撐。

李秉慈：

對，向外要放得開，向內要收得回來。舒展是徹底舒展，吞吐幅度大。老先生過去從技擊的角度講就是「大練小用」，放得出去，拿得回。

第三句話是步型上的，叫「川字步型」，一個是動的步法，一個是定型。幾家還是有區別的，陳式多斜行步，方向變化大；楊式是弓步，前後的重心是由陳式剛剛變化過來，由馬步到弓步；吳式則是大虛大實，實則實到 90% 左右，虛也要虛得充分。這樣是加大了難度，一條腿完全支撐要比兩條腿分擔要求嚴格一些。在技擊上有比較大的變化幅度，在力學上「合」的成分加大了，在健身上也有好的效果。

在「首屆世界太極拳健康大會」上作示範表演

第四句話是「斜中寓正」，是身法要求，和上面的步法有關

招勢出於八面——與吳式太極拳名家李秉慈的對話

聯。某一個動作,單純從身型上看是斜的,但結合著步型,從整體來看,有許多「正」的因素。比如說一個式子,「斜」是從頭頂的百會穴到腳跟,但有很多「正」,一個方面,要「三尖相對」,膝蓋、腳尖、鼻尖相對。我現在還要求學生,前額也要和這三尖在一條垂直線上。兩肩是正的,沒有斜,兩胯也是正的。這就等於說一個建築物,從地基到橫樑,到中間樓層都不能偏。若只從一個局部看好像就是斜的。

余功保:

吳式太極拳是每一個動作都要求要「斜中寓正」嗎?

李秉慈:

是這樣的。不管動作中是正弓步還是隅弓步都一樣。正的關鍵是頭部和根部的正。主要一點,在完成姿勢的時候,腳底下很穩,沒有絲毫動搖。

余功保:

應該善於尋找在架式中哪些要素是必須「正」的,以保持處處平衡。最關鍵是「意」要正。

李秉慈:

「意」很重要,這也是練太極拳的難度所在。這方面我要介紹一下兩位老先生的不同看法。在 60 年代,北京市武術協會有一個太極拳研究小組,以徐致一先生為首,他任組長,吳圖南先生為副組長,成員有楊禹廷、崔毅士、孫劍雲等老師。他們在會上研究了太極拳的很多問題。其中我的老師楊禹廷提出一個觀點叫「意形並重」,而徐致一先生則提出「重意不重形」。

怎麼看這不同的兩種觀點?我認為一是因為兩位先生在認識上的不同,二是由於他們從事太極拳工作方面的不同。楊老先生從二三十年代的時候就研究,為什麼太極拳會百人百樣?他是一

給太極拳愛好者簽名留念

名教拳的拳師，那時候沒有規範化的說法，但他要琢磨一個共同的東西，要解決學生之間你對我不對的事。

余功保：

要解決一個標準問題。

李秉慈：

對。什麼是共同的東西，沒有形不行，所以強調「意形並重」。而徐老不同，他不是拳師，他研究中要解決的問題不一樣。這兩種說法實際上所針對的層次是不一樣的，是針對不同層次的練拳者的要求。你教人練拳，不可能一下就達到一個很高的層次，必須一步一步來。

余功保：

其實兩位先生所講的從全局來看是統一的。

李秉慈：

是這樣。兩位老師在拳架、在理論上有很多共同的地方。基本一致。

二、從外到內取康健

余功保：

大家都知道練習武術能強身健體，特別是練太極拳效果更突出。這方面的科學研究也做了一些。但是也有一些人練習太極拳健身效果不明顯，也有的拳家壽命並不長。怎麼看待這個問題？

李秉慈：

這是個太極拳健身的問題。首先，人的壽命、健康和很多因素有關，鍛鍊只是一個方面。另一方面，有個如何練的事。吳式太極拳名家中，很多人都是高齡，這和練拳有關。健身是太極拳的「用」之一，太極拳講「體用」，這個用要和體結合，要內外兼修，剛才說的意形並重也是這個含義。這是個大原則。

具體來說，練太極拳要考慮年齡段，什麼年齡段練什麼有講究。是練剛為主，還是練沉著，還是練剛柔相濟，不同年齡段要有所區別。形意拳中講「明」「暗」「化」三勁，也是階段性的體現。太極拳中的剛柔相濟有技擊上的作用，在健身上也有體現。怎麼相濟？比例是多少?要考慮體質，考慮體能狀態，考慮年齡、性別。你到 50 歲以後非要練剛，非要超負荷運動就是錯誤的。

余功保：

矛盾在不同階段有不同的體現形式和不同的對象、方式，解決矛盾的方法也不一樣。太極拳的思維就是解決矛盾的思維，在健身上應貫徹這一點。年紀大了健康就是主要矛盾了。

李秉慈：

年紀大了，人體的生理機能逐步減退了，50 歲就不如 30 歲

李秉慈太極拳式

了，這是客觀，練拳也要尊重客觀事實。練拳要隨年齡而變化。養的問題要隨時注重。有的拳家進入老年以後，出現了「突變」的現象，本來 60 歲、65 歲時精神狀態還特別好，比一般人的這個年齡好得多，但再過兩三年身體狀況突然變糟，很快去世。這就是練拳沒有及時調整，還是用過去的練法，但身體功能跟不上了，脫節了，斷開了，就容易出問題。

咱們在三亞召開的首屆世界太極拳健康大會，我覺得主題非常好，定位在「健康」。還要糾正一個誤解，有的人認為，如果過於注重太極拳的健康鍛鍊就練不出功夫。這不對！年輕的時候你肯定要練有力的方式，這是「大、小」的範圍，但是，除了力的大小，你還要運動合理，不合理就是不可取。合理就是練整，練功夫。

余功保：

其實太極拳的練，健康性的練更注重練「內」，這與太極拳論是一致的。

李秉慈：

過去老先生說，「練拳是從外練到內的」，一方面指練拳的程序，但更主要的還是強調內外協調一致。

余功保：

拳練高了一定是到內了。越練越省勁。

李秉慈：

我們現在有的人的姿勢並不像優秀運動員下得那麼低，但是你看上去就是有那麼一種特殊的韻味，為什麼，就是協調性。我們用機器作比喻，等於每一個螺絲釘都發揮作用了。

余功保：

在太極拳健身中，對呼吸問題存在各種各樣的觀點，您覺得練太極拳應如何掌握呼吸？

李秉慈：

我認為初學者不要過於強調呼吸。我們經常在書上寫要自然呼吸，這個是給初學者提的，如果開始太注意呼吸，動作肯定就配合不好。練習太極拳前兩三年都不要管呼吸，等你招數練熟了時候，你可能就會體會怎樣呼吸了。懂勁的意思也包括有呼吸的概念。到你把套路打得很熟練的時候，可以逐步把握在動作中揉進去一些呼吸的感覺，起是吸，落是呼，但是，不能做得跟拉風箱一樣，很粗重不行。還要體現出呼吸的四個字：要勻，均勻；要細，不能粗，不要掛氣；要深，深的一個結果是你完成動作時感受到氣往下沉，好的運動員和有功夫的太極拳家，在最後完成某一定式時，都有沉的體驗，沉下來以後稍有停頓，在放鬆中變化，這是一種轉折，也就是虛實變化的過程，所以，呼吸中蘊含著虛實的操作；要長，綿綿不絕。這樣鍛鍊時間長了，對改善心肺功能很有好處。

三、拳功規範的神韻

余功保：

現在國內外練習吳式太極拳的人很多，總的感覺入門容易，練好就比較難了，需要有名師指導，需要自己有悟性。對於名家的意見大家尤其重視。您認為怎樣才能練好吳式太極拳？

李秉慈：

我們在教學當中一般都會強調，練拳要先明其道理，這個道理，一個是太極拳的基本理論，一個是吳式太極拳的基本特點，有哪些特殊的地方，要明它的理。

余功保：

一個普遍性，一個特殊性。

李秉慈：

對，這兩方面要合起來。普遍性就是《太極拳論》，特殊性就是吳式太極拳有哪些特別的地方，它的個性化的東西。有了這些認識就不會走彎路了。很多人練拳不對，根在沒有明白這兩方面的理。

過去練拳，老師講「功架要正」，今天我們的說法就是要規範，身法要規範，手法要規範，步法要規範，姿態要規範。怎麼規範，憑什麼規範？憑「理」。有了理你就能比較，比較不同流派的不同點，它們都好，但你練習還是不能混為一體，這就是規範。

比如楊式太極拳和吳式太極拳的區別。在身法上，吳式太極拳與楊式太極拳都要求正，但吳式太極拳的正是「斜中正」。在步法上，一個是後腳45°，一個是腳尖都向前，不允許斜向太

大。在要領上你都不能含糊。我 16 歲開始練吳式太極拳，練了 15 年，從 1946 年到 1959 年，這 15 年中基本沒有練其他拳種。1959 年比賽當中，吳式是比賽項目，88 式是表演項目，所以我就接觸了 88 式，就接觸了楊式太極拳，對它們的區別有深刻體會。一個簡單的上肢動作，手臂同樣要保持弧形，吳式太極拳中是下弧形，楊式太極拳則是外弧形。位置上，吳式是大拇指對鼻尖，楊式是腕部要對肩。基本動作必須規範、到位，不許打半點折扣。所以規範、工整就要樹立個性。

余功保：

規範的細節很多，大體上分哪幾個方面?

李秉慈：

從傳統上來說，規範的內容可以分為「四法」「四功」。四法就是手、眼、身、步;「四功」就是心、神、意、念。意動神隨，我想怎麼做，動作是什麼樣的圖形，心念一想，身體就跟上了，你沒跟上就沒有自如。太極拳從起勢一起，首先靜下來，達到心平氣和，從哪裡開始先動，動作過程怎樣，完成時的狀態是什麼，也就是起點、過程、終點三要素都要在意念中很明晰。動的感觸是什麼，是輕輕飄飄地飛舞，還是穩穩地前進，這都是神、意的內容。「四法」還比較好理解，「四功」看不見摸不著，有的人不太容易體會。對於「四功」，過去拳論上有幾句話講解:「發之於心，達之於神，行之於意，想之於念。」「發之於心」，就是練拳的一切源起、發動都在於心，「先在心，後在身」「心為主帥」，所以練拳時你一定要心先靜下來，打仗時司令部先得冷靜，不浮躁。「達之於神」，就是精神要充沛，要貫注。拳論上說「精神能提得起，則無遲重之虞」「內固精神，外示安逸」。精神固達了，周身才能實現一舉動皆輕靈。「行之於

意」，就是一切行拳均在於意的運用，「凡此皆是意，不在外面」，沒有意，只是形，就是體操了。「意氣君來骨肉臣」，意是一身的統綱，練拳要「以意導體，以體導氣，以氣運身」，所謂「用意不用力」。「想之於念」，就是練拳時要做到念念不忘，「勢勢存心揆用意」，不懈怠。「變轉虛實須留意」，雖然放鬆但不隨便，這樣才能做到「勢正招圓」。我認為意念活動要從開始動作起，一直灌到收勢完成，這樣才是真正的內外精神全力集中在你的動作上。四法、四功內容的掌握就是老師口傳心授的重點。教學者要因人施教，好的老師懂得怎樣根據學生的現實情況來解決具體問題。每個人外形動作不一樣，容易看出來，腦子裡想的不一樣，就不太容易看出來了，這恰恰是要糾正的關鍵。這就是練拳「百人百樣」的原因。

余功保：

教學的最高境界就是能夠根據每個人的不同特性對錯誤加以糾正，尤其是對其意念中的錯誤進行糾正。

李秉慈：

就是改動作，改意念。還要根據學者的體能、智能給他提示、設計，能夠發揮他的特長。有的人比較飄逸，有的人比較厚重，這些在練拳中都能發揮。

余功保：

所以練太極拳是一種個性自我發揮、充分挖掘自身潛能、再創造的過程。進行自身的塑造、提升。

李秉慈：

有的人透過練拳提高了自信，提高了勇氣。太極拳理就是關於社會方面大的道理，你把它跟實踐結合起來，你的思想高度就有跨越。

余功保：

上面說的是規範，在練拳中還要注意什麼？

李秉慈：

動作規範明確了，要循序漸進。特別是開始，把規範性做紮實了。另外要認真聽取老師對你的修改意見，特別是個性化的意見。還要特別注意基本功的練習。基本功是建築物的基礎，然後才是力量、柔和。還有就是堅持不斷，練拳就是練意志、體質，不吃苦不行。你要想由練拳得到更深層的提高，還要注意不斷去悟，悟拳外的東西，比如太極拳和現代科學的關係、和藝術的關係、和做人的關係等。

余功保：

太極拳和科學的關係很有淵源，現代計算機的理論和陰陽思想是一脈相承的。

李秉慈：

練太極拳還要善於運用同學之間的對照，你的問題我有沒有？是不是在我身上是用另外的形式來表現出來的。一對照，就容易鑑別。

余功保：

推手是太極拳的重要表現形式，有人認為要完整地練好太極拳必須懂得推手、練好推手。在太極拳推手上您有什麼看法？

李秉慈：

太極拳推手有傳統推手方式和現代推手競技比賽。推手競賽是從 1984 年開始的。我們看推手要有一個認識。傳統的推手訓練和現代競技有所不同。作為一種訓練手段、練功手段的推手鍛鍊，和要以參加體育競技的推手訓練的方式有所不同，目的、性質不同。原來我們教學推手時，是老師教學生，或師兄弟之間切

礎，或和其他拳種之間交流。但到競賽場上就是勝負問題，切磋是體驗，目的就決定了過程的實施方式。

吳式太極拳的推手要以吳式太極拳的拳架子為基礎，要講究柔化。比較典型的是徐致一先生，他說我就是練「一柔到底」。這是一個什麼境界呢？他說我的周身全部是圓形，每個位置都是圓的。在推手時以對方為主動，我是被動者，你推我我就動，你大推我就大動，你小推我就小動，完全捨己從人。從太極拳理論上講，柔可生剛，沒有柔就沒有剛。有的人說太極拳那麼柔怎麼能用呢？我認為，不會放鬆就不會發力。你放鬆了做動作轉換才協調，你不放鬆動作開始時就是僵硬的。

余功保：

太極拳論說「先柔軟然後極堅剛」。

李秉慈：

我在電視臺講課時曾經講過，拳擊、舉重比較硬吧，舉重在挺舉之前是要先放鬆的。不放鬆他沒法聚力。最好的拳擊運動員每秒鐘要打五六拳，他不放鬆能打那麼快嗎？顯然不行。力量和速度是相互輔助的，要速度必然要放鬆。放鬆是要整體性的放鬆，放鬆到整體。因此「柔」是傳統太極拳推手訓練的關鍵。然後兩個人要不丟不頂地進行運動，不丟什麼？不丟對方的作用點和他的變化。你抓住了他的變化，他一失去重心、一失勢，你的機會越大，你就越「剛」。因此剛柔是轉化的。在你抓住機會變柔為剛的時候，是有一些技術、技巧的。李亦畬先生重點講了一個「擎」字，這就有個力學角度，方位，要在長期實踐中把握。傳統太極拳推手中有功夫因素，也有一些誇大的成分、表演的成分，但你真正把太極拳功夫練上身的話，還是有許多神奇的作用。對傳統太極拳推手功夫傳說很多，說法也不一，我們不應該

把這些傳說完全肯定或否定。推手本身是個高層次的修養。楊禹廷老師講，推手是體驗太極拳內外結合的一種活動，是「知」和「行」的一種檢驗，知道了是你從文字上瞭解了，「行」是你能不能做出來，能做出來太極拳就練好了。所以說要練好太極拳，把推手作為一種很好的輔助手段是很有效的。

余功保：

太極拳講「內外結合」，除了指自身的內在元素和外形結合之外，這個「外」還要和別人去結合，是外人、外部的勁力變化，這樣才能細緻體會你的功夫對外界的影響和外界對你的影響。

李秉慈：

推手就是能在很大程度上對你的所學所練進行檢驗。套路是知己，推手是既知己還要知彼。在對抗中你知不知道對方失掉中心了？你不知道就失去了機會。你知不知道自己失掉中心了？你不知道就把機會給別人了，你就處於危險的境地。

練太極拳的推手功夫必須是上輕、下重、腰活。越輕越敏感，下重就穩定，活就是靈活。這三點具備了，還有一個字「準」。楊禹廷老師過去說練推手就是一個字：「準」。就是掌握速度、方向、力量的大小，掌握準了，我就是一臺秤，你的力量就是砝碼。你放多少，我就打多少，你放半斤，我用六兩就把你打倒，若我是四兩九，就被你打了。這就是力學原理。

四、曲伸柔合圓太極

余功保：

練拳有美觀的效果，中國武術具有觀賞性。但有沒有美觀和

實用發生衝突的時候？

李秉慈：

　　有的時候也有。為什麼？每個人對美觀的認識不一樣，審美標準不一樣。我們有的運動員，對太極拳深層次的東西瞭解不夠，他可能覺得手抬得高一些就美，而老拳師覺得手沉下去為美，這就有衝突了。

余功保：

　　不同的文化觀念對人體的美學結構看法有差別。

李秉慈：

　　差別怎麼統一？你還得統一到太極拳的技術準則上來，統一到《太極拳論》上來。有的時候你追求一個局部造型的美觀可能影響整個動作，進而影響連帶的好幾個動作，拳就變味了。

余功保：

　　這就是說對太極拳的技術準則、基本要領要透徹掌握，不能

太極拳式

太極拳式

打折扣。吳式太極拳的基本要領
您認為最主要的是哪幾方面？

李秉慈：

　　吳式太極拳的基本要領有幾
個字「輕、柔、正、整」。放鬆
有兩方面，一是內，一是外。內
就是精神、心理要放鬆；外就是
體，身體的肩、肘、腕、胯、膝
各部位協調有序，向下放鬆，鬆
要結合人體的生理特點。

　　我練太極拳這麼多年，覺得
太極拳的要領都是符合人體的結
構、自然狀態的。鬆是整體的，

太極拳式

是一種「合」的放鬆，向內收。在這個過程中，頂必須是向上領的，鬆中求開展。練拳時一定要「沉」，要「鬆」。我們有些人在練拳時為了讓架式看起來開展一些，為了「圓」而圓，四肢拉得很大，結果關節處都很緊，全身繃著勁，你這就成了舞蹈了，不鬆。

余功保：

在鬆中保持「合」，整體就支撐起來了，有了八面圓潤的感覺。

李秉慈：

「柔」是弧線運動的體現。直來直去做得再慢也沒有柔的特點。在弧形運動中有一點要注意，就是身體的運動軌跡和意識點的關係。意識和身體軌跡一致還是分開，哪個在先，哪個在後？整體上也還有順序問題。比如說一個轉身，你要先把腿部放鬆，心意柔和，再一轉身，整體上很輕柔。但如果你腿部還沒有放鬆就轉身，整體上就僵化了，弧形再大，動作再慢也不叫柔。因為你前後相頂了，勁不協調，就出現了三角動作。太極拳的「圓」是不同程度的弧形組成的，所以你處處要有弧。弧要從腳下做起，是講究順序的柔。對於「正」各家拳術有各家拳術的要求。

在吳式上，我們的弓步步法要求兩肩、兩胯要正。定式和動勢都應該是正的，你不能定下來正，一動就歪斜。比如說單鞭動作，轉身和左手臂、腳下、胯、尾閭、百會都是正的，完成後，定下來，沉下去，全是正的。運動過程中，不能有俯腰，再起來擺正。要始終保持重心的穩固和身法的正確，這是有的人容易犯的錯誤。只注意了定式的定型，動作過程沒有保持正。太極拳十分講究順達，順了才能正。這個「順」字概括的內容很多，不單純是力要順，動作上也要順，每個拳架都要注意它是什麼力學結

構的。吳式的斜中正，不單純是身體的斜中正，而是有其他的內涵。你看著外邊是斜的，實際上他正在找平衡點。

我經常給學生們講，看你的架子正不正，主要是在腿上，因為你要站樁，站穩了以後，上肢的身法、手法，才能夠逐一得到調整。「整」是在鬆、柔、正的前提下完成的，不能單獨來看。鬆的時候如果僵硬了就不會整，上下肢，包括步法、手法、內外要完全一致，同時，包括你的運動路線，都是與整有關的因素。不應該有的動作不能出現，否則就散了。拳論上說有一處不合就周身散亂。在「整」上我們強調全身各部分的配合，特別是內、外的配合，不正說明動作沒有很好地協調，整的程度化不高。只有整體的柔才能柔得徹底，否則就像一部機器，很多螺絲都是鬆的，沒擰緊，一動晃悠。在「整」中還要注意眼神的因素，你的動作，一個手法，向前推出去或收回來，你的眼神是否能夠配合，在外形上看就有不同的意思，在自我感受上也不一樣。眼是心之苗，你心動了，眼就動。我不能出手是一個意思，而眼神表達的是另一個意思，這就不「合」了，也就沒法「整」。眼神與動作合是內、外是兩個合的組成部分。

余功保：

每一個拳種都有自己的理論學說，這也是中國武術的一個特點。太極拳的理論還特別豐富，幾乎沒有一個練拳者不接觸拳論的。因為老師在講授太極拳時，描述要領用的詞語很多都是拳論上的話，因為只有用這些詞語才最貼切，不可替代。作為習武者，不能簡單地練拳，必須對拳理有所認識，這樣可以指導練拳的實踐。您認為吳式太極拳中最重要的拳論是什麼？

李秉慈：

太極拳理論的淵源總的來說都應該是王宗岳的《太極拳

論》。不管是民間的，還是現在專業隊競賽所練習的，都應該是這樣。吳式太極拳也不例外。我們所講的、所要求的，都是根據這些大原則演化的。各派太極拳有所發揮，有所發展，也是在王宗岳《太極拳論》的基礎上。其他還有武禹襄、李亦畬的拳論也是非常經典的，具有普遍性，對各家太極拳都有價值。這些經典性拳論說的都是最根本的太極拳要領準則。後來也有很多具體化的論述，各家都有自己的注解。

余功保：

王宗岳《太極拳論》，既把太極拳的本質特色講清楚，把要領規範好，又給人在個性發展上提供了很大的發揮空間，這是很奇妙的地方。所謂言簡意賅。

李秉慈：

所以拳理的研究也要不斷進步，根本的東西不變，但可以不斷豐富。新中國成立後在理論研究上是有很大進步的。在這方面我覺得應遵循不冤枉先人、不欺騙後人的原則。

余功保：

還要對得起現在人。

李秉慈：

對，這就是實事求是。練拳是個實在的事，你不能在拳論上虛了，就脫節了。

余功保：

我知道楊禹廷先生很注重太極拳理論上的研究，也有許多獨到的見解。

李秉慈：

楊禹廷老師曾經總結了三個論。他是把一些高深的理論通俗化，讓人容易理解、體會，對於學練者很有幫助，是在傳統理論

基礎上，由淺入深地解釋。

這三個論，一個是「方位論」，實際上是圓周問題。太極是圓的，是陰和陽的問題，這是根本問題。然後是虛實，是動靜等運行、變化等。方位論就是把太極拳在圓周 360°運動的情況下，確定了位置，就是四正和四隅，確定了虛實屬性。方位論的另一個含義是五行，步法的前進、後退、中定都有五行屬性。還有八方，就是用八卦代表八方以及各方之間的關係。

第二個論是「奇偶論」。奇偶論是楊老師在近 80 年教學中的經驗總結。太極拳是個圓的東西，但怎樣達到這個圓很有講究。楊老師為了解決練拳中百人百樣的問題，也為了集體練習中的統一問題，他認為你不能一下子就實現一個圓周，要逐步來，就總結了一套把動作和奇偶數對應起來的關係，使奇偶數符合開合屈伸的要領，就是分動教學法。凡是奇數為開，偶數為合，還跟身體的其他要領相協調。這樣就把很複雜的一套拳法簡單化了，使每一拳式都有清晰的起止點。這是一套完整的理論，一套方法，是實踐中得來的。我覺得這是他對太極拳普及的貢獻。很多人練了一輩子拳，沒有從圓周中跳出來，而楊老師跳了出來。圓不是死的，沒有定點、沒有重心、沒有支撐點的圓是錯的，圓應該是支撐八面的。

第三個論是「八綱論」，就是八個字：「曲、伸、俯、仰、起、落、進、退」。曲、伸是表現動作的，收回來，展出去，俯仰也是動作的空間特徵，「仰之則彌高，俯之則彌深」。吳式太極拳很多動作是立圓運動，還有起腿等動作，在步法變化上也有進退的變化，所以有起落進退。這八個字概括了吳式太極拳的基本技術特徵，這八個字也基本上是《太極拳論》中的內容，是在吳式太極拳中的具體化。

運動與精神

——余功保談太極拳十大文化元素

記者　思成

　　太極拳是中華民族的優秀文化遺產，這已成為全世界的共識。許多人在練習太極拳過程中，不僅直接受益於它的健身價值，而且注意體驗、感受其中蘊含的文化內涵。太極拳的文化研究也逐漸引起許多專家、學者的重視，尤其在國際性的文化交流中，也逐漸成為一個文化熱點。如何看待太極拳的文化屬性？記者就此問題採訪了著名太極拳研究專家余功保先生。

　　余功保先生是第一本太極拳辭典的作者，該書出版後引起各國太極拳愛好者、研究者的高度評價，他關於太極拳研究的許多觀點受到廣泛關注。

序：文化太極拳

　　記者：太極拳作為發源於中國的一個運動項目，在國際上已經有很大影響，這種影響一方面是體育上的，是健身上的，另一方面在很大程度上也是因為文化上的因素。現在很多學者呼籲要加強太極拳的文化研究，我看過您以前發表的一篇文章，明確提出太極拳「是一種文化形態」，您能否具體解釋一下？

　　余功保：我們現在提到太極拳，首先的概念它是一種武術，一個拳種，這是對的，是基礎。任何事情的存在要有一個寄

生的載體，武術就是太極拳的生存平臺，但不是全部。說太極拳是一種文化形態，是指太極以一種特殊的方式，就是一種運動的方式，以形體的運動表達、闡述、張揚了一種文化的精神，就是中國古人對於生命、對於自然、對於平衡、發展的理解，或者說是表達了中國古代的人文情懷。我還說過太極拳是「形踐了的中國文化」，就是以一種活的、實踐化的動態方式，生動展示了中國文化的「清明上河圖」。

其實體育本身也是文化，比如現代奧林匹克運動，是一種創新的文化，一種不斷超越的文化，只不過是過於技術化、數字化的特徵淡化了文化的因素。而太極拳從裡到外，處處都洋溢著文化的芳香。如果說太極拳是一瓶酒，肢體的外形動作只不過是酒瓶，內盛的佳釀則是文化。

記者：文化總是比較抽象的。太極拳給人的感覺比較實，因為它有實用性的一面，這種「虛」「實」之間會不會有衝突呢？

余功保：虛與實是相對的，也是不斷變化的。一種理論本身是「虛」的，但一旦由一種實踐活動將這一理論貫徹了、完成了，這種理論也就變實了。太極拳的文化屬性是貫穿於它的動作、它的技術、它的練習方法中的，是「虛實結合」的。它的「虛」是有機地依托在「實」之中的。從另一個角度，你也可以用「虛」的眼光看待太極拳的「實」，即從另外的角度，從文化的角度看待太極拳的動作、技術。

不同的人可以有不同的審視目光，你可以將太極拳看做一項體育運動，一種特殊的體操，也可以看做是一種康復手段、一種競賽方式，還可以將它看做是一種符號。舞蹈就有「符號」之說，你看楊麗萍的舞蹈「雀之靈」「女兒國」等，如果沉浸其

中，你可能淡化了人體造型，感受到的是自然、社會的一種抽象變遷的符號，這是藝術的偉大感染力。

太極拳是生命的舞蹈，太極拳的動作除了有很強的技擊、健身上的實用價值外，你可以體會到一種生存的境界，一些情緒，一些理念，這就是太極拳的文化感。很多外國人理解中國文化有一定的難度，甚至隔膜，但透過練習太極拳就容易理解了，隔膜也一定程度地消除了。

記者：太極拳的文化性應是多方面的，您覺得哪些元素更突出一些？

余功保：文化是一個體系，是不能割裂的，但可以從很多角度去認識。研究太極拳文化是一個系統工程，我覺得可以重點從太極拳的社會性、太極拳與哲學、軍事、藝術、文學、醫學、宗教、民俗、倫理、科學等方面去把握。

一、太極拳的社會性

記者：能否具體談談太極拳的文化元素？

余功保：太極拳的文化性的一個重要方面是它的社會性。太極拳不僅僅屬於武術，社會性的內涵更加廣泛和深入。我認為太極拳從深層上講是揭示人的一種生命狀態，這種生命狀態是綜合性的因素合成，是社會性的。武術是它重要的催化劑。「狀態」是一種很高級的東西，古往今來很多偉大的文學藝術作品要研究，要講的就是人的「狀態」，在關於生命的種種表現和描述中，能完整地展現狀態是最高級的。

狀態是個完整的東西，是內外合一的，是精神和形體的融合，太極拳在這一點上是個典範。它強調形神合一，要練動作，練內功，練感覺，練精神。更重要的是它把這些「狀態」推廣延

伸到社會生活的很多方面，與許多社會因素相關聯，這就是它的社會性，也是開放性。很多外國人說由練習太極拳認識了很多行為規範、修身養性的原則等，也是這方面的作用。

記者：人類社會發展到今天，武術的原始功能已經沒有以前那麼突出了，認識這種社會性在當今時代似乎更有意義。

余功保：這就要從社會的角度全面認識太極拳的價值、功能。談太極拳不能不談技擊、養生，否則就失去了特性，沒有特性的東西是沒有長久生命力的。但如果只談技擊、養生就狹隘了一些。中國武術協會主席李杰先生曾提出一個論點「太極拳是西方人了解中國的一個媒介」，這就是從一種文化的角度去看待太極拳，而且這種觀點也正在被實踐所證明著。太極拳的許多社會價值，如修身、怡情作用，娛樂、表演功能也在更廣泛的範圍被接受。近些年一些群眾性的集體練太極拳活動作為一種健康鍛鍊方式深受歡迎，也是其社會功能的一種綜合表現。據悉，中國武術協會還將加強太極拳集體項目的活動規則、程序等方面的研究，甚至納入比賽體系，這也是突出其社會功能。

二、太極拳的哲學性

記者：很多人在剛剛接觸太極拳時，一個突出的印象就是它充滿了哲理性，這是不是它的一個文化元素？

余功保：哲學是太極拳身上最深的「印痕」之一，因此也有人將它稱為「哲拳」。從技術上來看，太極拳處理的是一對對的矛盾元素，如內外、開合、攻防、練養等等，統稱為「陰陽」。太極拳的運動規律就是陰陽的變化法則。

太極拳的產生就帶有革命性的思辨色彩，從某種意義上來說具有一定的「反叛性」，對傳統武術的某些特性的「反叛」。

「反者，道之動」，相對於以前的武術，太極拳更強調「立」的成分，而不是「破」，更強調「柔」的成分，而不是「剛」，更強調「曲」，而不是「直」。這說明它更注重方法以及對方法的研究，來期望達到更好的效果，更注重了思考和體悟。這是太極拳大的哲學背景。

記者：在諸多太極拳論中，涉及了很多的古典哲學名詞術語和觀點，這使得太極拳理論好像顯得深刻了。

余功保：太極拳直接、大膽、毫不掩飾地從中國古典哲學中汲取養料，並全面移植哲學論點。這裡有兩個條件，一是中國古典哲學本身就是研究人與自然的和諧，研究陰陽對立統一的發展變化關係，是一種系統化、整體化的研究視角，這與太極拳的生命昇華理念相統一，有移植的基礎。二是武術家們在移植過程中進行了「選種」和「培植」的程序，把那些具有實際指導意義的內容加以適當定位和對應，與實踐結合起來，去除虛無縹緲的「玄論」，完成從「哲理」到「拳理」的過渡，最後形成了每招每式都有哲學依據，而每一拳論的哲學含義在動作中又有了落實。我們讀一些拳論，比如陳鑫的「盈虛有象，出入無方，神以知來，智以藏往。賓主分明，中道皇皇，經權互用，補短截長」，你很難說它是單純的拳論或哲學語言，實際上它是兩者的有機結合。如果練習太極拳不去體會這些智慧的內涵，就是一個很大的遺憾。

三、太極拳的藝術性

記者：太極拳有沒有藝術性？好像過去在武術界有些人比較反對提武術的藝術性，認為那樣就把武術的技擊功能削弱了，走偏了。

余功保：藝術的含義很廣。有人認為戰爭也是藝術，稱為「戰爭藝術」，戰場上千軍萬馬的佈陣也是藝術創作。當然戰爭的最根本點應是它的正義性。技擊也是一種藝術，是智能、體能的綜合體。這也就是為什麼和平時期世界各類搏擊術很發達的原因，太極拳除了在搏擊上的藝術性外，比如說它的「以柔克剛」「引進落空」「四兩撥千斤」「隨曲就伸」的成功運用，就是藝術實踐活動，能給人以巨大的美感。它還有很多藝術的因素。

記者：比如說它就有觀賞價值，各種流派的太極拳練好了就很賞心悅目。我看過一次太極拳綜合表演節目，確實像藝術會演。

余功保：所以有的西方人把太極拳叫做「東方芭蕾」。太極拳的藝術性集中體現在兩方面，一是它本身具有藝術表現力，看好的太極拳演練可以受到感染，覺得架式優美，造型生動，還可以感受內在的向上的激情，健康的生活信念，對大自然的熱愛，對人的尊重、寬容等。而練習太極拳的人如果沉浸其中，也有進行藝術創作的體會。太極拳的藝術性一方面是造型上的，還有精神愉悅層面上的。有一位藝術家朋友曾對我說：「我每次練完一套太極拳就好像完成一次藝術創作。」這種感覺確實是切身體驗。第二是太極拳提供了很多其他藝術門類可以借鑒的元素，它的理論、技術、美學架構都是可供借鑒的題材，它對於節奏的處理，對於人的內在潛力的挖掘，都有很強的藝術創作、發揮的空間。

記者：這樣說來，太極拳可算得上是一門綜合藝術了。

余功保：對，你很難把它看成是一種舞蹈，儘管它有造型的成分，一種音樂，儘管它很講究節奏，或其他什麼。太極拳的藝術性上還應注意的一點是它與中國傳統藝術的關係。中國藝術

是講究意境的，很多藝術品種的意境也正是太極拳的意境，在一些具體方法上甚至要求一致。這是中國文化「內向交流」的很神奇的一點。比如中國畫，講究立體，講究「顧盼」，要「呼應」，這在太極拳套路中也有明顯的體現。太極拳要含蓄，要「折疊」，這與作畫的方法也一致。書法中的中鋒、藏鋒、棉裹鐵的筆法，章法中的「疏密有致」，在太極拳要領中你都可以真切感受到。

在這裡我舉一個小例子，把五種太極拳流派與五種書法流派作一不精確的對比研究，如陳式太極拳與狂草的起伏跌宕，楊式太極拳與楷書的工整舒展，吳式太極拳與行書的流暢、書卷氣，武式太極拳與篆書的嚴謹與雅致，孫式太極拳與隸書的開合有度和八面呼應。如果仔細體味，我們可以發現從這兩種藝術形式內在的節奏、章法、佈局上，從形式到內涵的相同性，只不過一個是二維，一個是三維。

這裡並不是將它們進行簡單意義上的類比或生硬的對套，而是說明在追求風格上的趨同性，因為它們源於共同的文化根基。

四、太極拳的醫學性

記者：太極拳能健身，有助於康復，這是人們的共識。它的養生原則來源於中國傳統文化，這是否就是您認為醫學性也是它的文化性的原因呢？

余功保：太極拳與中醫在理法上是合一的，與現代醫學也不矛盾。「練拳不練功，到老一場空」，這個功既是技擊的基本功，也是養生的內功。武術界是很重視「武醫結合」的，就是說，一名優秀的武術家一定要懂醫，要會養。太極拳吸收、融合了中國古代很多種養生術，如導引、吐納，它的很多動作就是導

引動作，在呼吸上也有很多調節的辦法。《莊子》所述「熊經鳥申」的仿生導引，用來描述太極拳也很到位。老子的「致虛極，守靜篤」「專氣致柔」，都應用到了太極拳的「無極樁」、行拳順息中。很多太極拳家懂醫，甚至是醫學家，也有很多醫學家研究太極拳。其中很大程度上有一種自然過渡的成分，就是在理論、方法上的相同，自然就有了溝通。現在一些醫院、康復院、療養所把太極拳作為輔助醫療方法，是古為今用的好例子。但在實際應用中也要注意方法，注意對症。

記者：是不是方法不對頭，也收不到預期效果？

余功保：這是個不容迴避的問題，不是你一練太極拳就萬事大吉，這不是科學的態度。如果練習不正確，肯定難以收到好的效果。因此，我們提倡科學地習練太極拳。這涉及到我們在對傳統太極拳養生文化的挖掘上也要注意去偽存真。中國古代的養生術有很多好的財富，也有一些故弄玄虛、矇人的東西。比如有的人強調「煉丹」，有的把五行和八卦與人體簡單、生硬地對照等，這是需要甄別的。我們太極拳練習者要練好太極拳，也要學習一些醫學特別是中醫學知識，如經絡理論、陰陽理論等，真正搞懂它們。一個有利的條件是，新中國成立以後，黨和政府對太極拳發展很重視，進行了許多研究工作，使太極拳大大淨化，在規範性、科學性上大為增強。

五、太極拳與軍事

記者：您也反覆強調了太極拳是一種武術拳種，在古代「武」與軍事息息相關，太極拳的軍事元素還是很突出的。

余功保：太極拳和軍事的關係是天然的。從現存的史料中也能清晰地反映這一點。戚繼光是中國歷史上著名的軍事家，儘

管目前太極拳的起源關係仍是需進一步研究的課題，但戚繼光所著《紀效新書》中《拳經捷要篇》所載的拳法與太極拳有著密切的關聯，從動作形態和名稱上都體現出來。而該書是戚繼光練兵用武的精華總結。古代的軍事家運用太極拳等武術直接訓練士兵的個體技擊素質，另外將拳法中的對抗思想也注入兵法中。

記者：近、現代似乎也有很多軍事家注重引武術進入軍隊中，而太極拳的技戰術還受到推崇。

余功保：從某種程度上說，太極拳論與兵法理論相同。從結構上看，太極拳理論在整個拳學體系中所佔比重最大，比任何一個拳種都多，既有戰術上的，也有戰略上的。太極拳講聽勁。王宗岳說「人不知我，我獨知人」，就是兵法所云「知彼知己，百戰不殆」；兵法上講，「能而示之不能，用而示之不用，近而示之遠，遠而示之近」，與太極拳論中講「神以知來，智以藏往」同出一轍；太極拳論中闡述的「靜中觸動動就靜，因敵變化示神奇」，就是兵法中「因敵而制勝」觀點的展開。凡此種種，我們可以找出萬千的對應。

我們如果把孫子兵法和太極拳論作仔細的對比，可以看出驚人的一致。我仔細研究了許多太極拳家的拳論，可以說每一篇經典拳論，就是一篇兵法，因此，我認為現代的軍事家們應該研究一下太極拳。

六、太極拳與宗教

記者：中國古代的宗教主要是儒釋道三家，他們對太極拳的影響主要有哪些呢？

余功保：中國古代宗教對太極拳的影響是間接的，至今沒有宗教與太極拳直接關係的史料證明。儘管有些傳說，如太極拳

最初由張三豐從少林寺中悟得等，但缺乏有力佐證。但古代宗教思想的痕跡還是有的。佛教傳於印度，但到了中土進行了適應性改造，禪宗就是典型。禪宗對少林拳影響較大，所謂「拳禪如一」。少林拳應該也對太極拳的發展成熟有著一定借鑒作用，早期的太極拳也有很多剛猛的成分。道教比較多地涉及到養生，它的關於練養的學說也得到一些太極拳家的研究，其人與自然的關係的認知對太極拳也有所啟發。儒學思想在倫理上的影響比較大些，在練拳規範上也有一些痕跡，如「立身中正」「不偏不倚」，有一定的儒學色彩。

記者：宗教的影響有沒有副作用呢？

余功保：研究太極拳與宗教的關係，應該放在武術和宗教相互關係的大背景下看更完整一些。

客觀地講，宗教對武術影響的副作用還是有一些的。如一些宗教教義在武術中有些滲透，有些人藉宗教渲染武術的神秘，歷史上也有些宗教組織藉武術與其門派、教規相聯繫，擴大武術的宗派觀念，從事一些神化活動等。這是我們在繼承傳統武術時應注意的。總的來說，武術和太極拳的關係是個複雜的問題，應用唯物主義的、科學的觀點來對待。

七、太極拳與文學

記者：太極拳的文化氣息很濃郁，有的拳論本身好像就是優美的文學作品。這是不是也體現了太極拳的文學性？

余功保：「文為心聲」，文學的作用在於發現和發掘，它應該對關於人的大的主題和細微的體驗有足夠的熱情。

太極拳在三方面給文學提供了足夠的物質和精神載體，一是關於自身的體驗，特別是關於健康狀態；二是關於社會的體驗；

三是關於自然的體驗。你所說的表現形式上的文學化也是顯而易見的。實際上很多拳論是非常中國化的文學，有的是很精緻的古體散文，有的甚至是典型的駢文或律詩，讀來朗朗上口，引導你自覺進入意境。

記者：意境往往很難把握。

余功保：文學的意境就是人生的境界。王國維先生曾用詩化的方式來描繪學問三境界就是一例。其實我們研究中國古代文學，其中的很多意境在太極拳的功夫境界中有很別致的體現。古詩詞中有些是對武術的直接描述，直抒胸臆，即使是一些山水風光之作，也能在意境上統一。

如「潮平兩岸闊，風正一帆懸」，與「如風似閉」在空間、時間展開上的一致；「無邊落木瀟瀟下，不盡長江滾滾來」與「掩手肱捶」在氣勢起承轉合上的協同；「銀瓶乍破水漿迸，鐵騎突出刀槍鳴」與太極拳發勁在氣勢、節奏上的合一等，無不精妙，殊途同歸。

記者：太極拳題材好像也是文學創作的一個對象。

余功保：這方面就更加通俗和普及了。中國古典文學很大一部分是「武」的文學，四大名著中的三部直接與武的題材有關。自太極拳產生以後，出現了大量直接以太極拳為題材的文學作品，包括大量近、現代的影視文學作品。太極拳的家喻戶曉與這些文學作品的廣泛傳播有很大關係。如果你有心統計，你會發現金庸小說中引用太極拳的拳學招式、境界、理法概念最多。太極拳題材的文學創作還有很大空間可供挖掘。現在越來越多的武術影視片以太極拳為背景，而武術影視片是幾十年長盛不衰的賣座題材。我還注意到，在近幾年的一些好萊塢主流大片中，也越來越多地出現了太極拳的內容。這說明太極拳的認同程度很高。

八、太極拳的倫理性

記者：倫理是一種社會規範，是大家共同遵守的原則。太極拳中的倫理觀也應符合中國社會的價值體系。您覺得太極拳的倫理觀有什麼特點呢？

余功保：有的文化學者將倫理看做是一種「隱秩序」，具有一定的價值趨向。太極拳的倫理觀主要還是受儒家的影響比較大。其中有幾方面比較突出，一是重「德」。儒家主張「萬物以德為生」，太極拳中「德」的具體化就是講武德。練拳者自身要十分講究修養，武德不好，功技再高也不能算作優秀武術家，武德不好，甚至難以練成或學到上乘太極拳功夫。二是講「仁」，這是針對他人的，是關於拳的使用規則。不舉無名之兵，不逞匹夫之勇，以靜制動，後發制人。三是講「禮」，這是指拳術的運用程序。練拳人之間互相尊重，「敬人者人恆敬之」，尊敬師長，尊敬拳友。練拳即為修身，要謙恭有禮，不好勇鬥狠，虛懷若谷。隨著太極拳功夫的增長，自身的品行也不斷提高。練到後來，返樸歸真，一派天然。

記者：這麼說太極拳的倫理主要是人生修養上的？

余功保：不完全是這樣，還包含一定的技術因素。太極拳有「拳如人」的特點，如同一個畫家的風格一樣，有個性化的色彩。不同的流派就是不同的個性化，同一流派每個拳家的特徵也不完全相同，這與拳家個人秉性、氣質有關，與技術因素也有關，互相影響。如太極拳的「立身中正」，既是倫理觀，也是技術要求。又如「氣宜內斂」，也具有倫理要求和技術規範的雙重性。這種統一顯示了太極拳人性化的色彩。

記者：看來倫理在太極拳中不是一個空洞的說教。

余功保：空洞的說教不會水乳交融到技術中。太極拳倫理觀還有一點值得注意的是它的樂觀向上，積極進取，自強不息，認為生命來自於自然，就要順應自然，發展，強盛，這是對生命的尊崇。

九、太極拳與民俗

記者：在中國武術中有一些拳種包含有很豐富的民俗特徵，一些民族武術項目更是如此。太極拳這方面的特點好像不明顯，是嗎？

余功保：太極拳最大的民俗特點是她的民族性。太極拳在傳播上打破了單一的地域性，在全國各地均衡發展。一些拳種帶有強烈的地域色彩，因此，地域民俗的成分也就更大。太極拳的民俗特徵則具有中華文明的廣泛性，「中國」的標識更重些。它的結構是開放的，這從一開始就是，因而才有各種流派的形成，一個拳種中有這麼多著名、有影響的流派是不多見的。

記者：有沒有一些具體表現呢？

余功保：也還是有的。比如說太極拳的一些動作，不論是從文字記載上考證還是從一些文物圖片上看，與一些古代的圖騰、祭祀有些淵源關係。而太極拳動作在京劇等地方戲劇、雜技舞臺上的應用也與民俗融合一體。

十、太極拳的娛樂性

記者：在現代武術界流行一種說法，就是把武術的功能概說為「防身、強身、修身」三大作用，太極拳是不是這樣？

余功保：基本上可以這樣說。我覺得在現代社會裡有一個貫穿這三方面的因素，就是「娛樂」。對此我們應有足夠重視，

要理直氣壯地對待這一問題，武術包括太極拳不應是沉重的東西。我最近看了一本書，它講一個觀點，認為現代社會一切有發展的企業、經濟項目、文化項目都應有娛樂性，稱為「娛樂經濟」。發展太極拳不應忽視其娛樂作用。

記者：就是說要高高興興練太極拳。

余功保：可以高高興興地練，也可以高高興興地看。太極拳具備多種娛樂元素，比如技擊上，太極推手就是深受群眾喜愛的形式，圓轉走化中蘊含無窮樂趣。太極拳套路配上音樂，就可以有視覺、聽覺、生理、心理上的多重享受。當然，這裡有個適宜的問題。最近有兩個例子使我很感興趣。

一個是我看到一部美國驚險電影，在其中一場緊張的街頭追擊中，突然有意識地插進了一大段太極拳集體練習鏡頭，使緊張的節奏驟然變調，並有文化差異感，產生了一定的喜劇效果。另一個是一位世界著名搖滾歌星在亞洲一個國家演出時，專門邀請一位中國著名太極拳老師，教他打太極拳，之後，他在本人的搖滾演唱會中，特意表演太極拳，以「靜」襯「動」，「東」「西」合璧，效果奇佳。

為此我倒有個想法，能否使太極拳成為新世紀的一種時尚運動，使大量的年輕人學習它？這大概一定程度上也要看我們對太極拳娛樂功能的挖掘了。

太極拳大事記
（新中國成立後）

一、主席提倡打太極拳

1952 年 6 月，中央人民政府主席毛澤東為中華全國總會第二屆代表大會寫了「發展體育運動，增強人民體質」的題詞，並號召凡能做到的都要提倡：做體操、打球類、跑跑步、爬山游水、打太極拳。

新中國成立伊始，百廢待興。歷史悠久的太極拳以及內涵廣博的中華武術像其他一切一樣，面臨著不可知的發展前景。

在這種情況下，主席為武術事業的健康發展，特別是太極拳的發展指明了方向。毛主席的話表明了黨中央和新中國政府對太極拳以及武術的態度，把發展武術運動提到了新中國體育工作的日程上來。

新中國創立初期，在黨中央和毛主席的倡導鼓勵下，太極拳在工人、農民和學生中很快得到了開展，迎來了它的春天。

二、大型活動首次亮相

1953 年 11 月 8～12 日，全國民族形式體育表演及競賽大會在天津舉行。包括太極拳在內的武術成為這一大會的主要內容。這是建國後第一次全國性的武術表演，參加當時大會的有 6 大行

政區、火車頭體育協會等7個單位，匯集了漢、滿、蒙古、回、維吾爾、哈薩克、塔塔爾、苗、傣、朝鮮10個民族的體育選手，有145名運動員做了332個項目的表演。

太極——這一蘊含豐富文化內涵的中華瑰寶在新中國第一次大型活動中首次亮相，並充分展現了傳統太極的豐富多彩。在這次大會期間，政務院副總理兼體委主任賀龍在接見記者時對武術工作發表了重要講話。他指出，民間流傳的武術套路很多，如一座寶山。我們需要做三件事：第一是要探明情況發掘出來。第二是花力氣淘洗、整理。要剔除違反科學的東西，打開人們的眼界，還復它固有的健康形體，使它符合科學原理，讓人們更易於掌握，收到增強體質的效果。第三是要提升拳藝。這不外兩個方法，一是在現有的基礎上開拓新境界，一是博採眾長。

賀龍所提出的發掘、整理、發揚光大武術的主張，對太極拳的發展有著重要的戰略指導意義，太極拳從此走上了健康、持續發展的軌道。這次表演為挖掘、整理文化遺產和發展武術奠定了良好的基礎，為太極拳的發展開闢了廣闊的道路。在這次大會的推動下，各地的武術組織特別是太極拳組織與活動飛速地發展起來。

三、24式隆重推出

1956年2月，中華人民共和國體育運動委員會運動司武術科組織多位太極拳專家，經過廣泛深入的調研，在傳統太極拳的基礎上，以楊式太極拳為動作素材，從原套中汲取典型動作，擇取24個不同的姿勢，刪繁就簡，編串而成易學、易練、易記的24式簡化太極拳。該套路按照由簡到繁、由易到難的原則，在集中主要結構和技術內容的同時，改變了過去過多的重複動作，便於

掌握。

24 式的推出，使古老的太極拳趕上了時代的步伐。太極拳真正意義上進入到老百姓的日常生活，也從此在真正意義上實現了它的健身功能。簡化 24 式太極拳的出臺拓展了太極拳發展空間的深度和廣度，促進了太極拳的廣泛普及，描繪出太極拳無可限量的發展前景，是太極拳運動史上一個劃時代的革新。24 式自公佈之日起，到目前為止，保守估計，已有 100 多個國家的十幾億人練過。

四、小平題「太極拳好」

1978 年 11 月 16 日，中共中央副主席、國務院總理鄧小平在會見日本友人時欣然揮毫，寫下「太極拳好」。

鄧小平的題詞給太極拳帶來了新的生機，標誌著中國的傳統武術在歷經十年浩劫的停滯不前之後，經過風雨的洗禮，進入了蓬勃發展的新階段。

五、大步流星進高校

1982 年 12 月 1 日，北京大學成立武術學會，其中專門設立了太極拳分會，這是中國高等學校的第一個太極拳組織。此後，全國 100 多所高校陸續成立了太極拳組織，培養了一批又一批的高校學生太極拳愛好者。

太極拳昂首進入最高學府，以它深邃的內涵和獨特的風韻征服了眾多有知識的年輕學子。

六、《中華武術》作陣地

1982 年 11 月，由中國武術協會主辦、人民體育出版社出版

的《中華武術》雜誌在北京創刊。

《中華武術》雜誌旨在傳播國際國內的武術動態，介紹武林傑出人物，不僅為推動武術的發展，更為太極拳的普及做出了貢獻。雜誌發揮自己圖文並茂的優勢，理論兼顧技術，淺顯易懂地把太極理論技術精髓以及文化內涵傳達給人民大眾，是太極拳的宣傳陣地。

同一時期，一系列武術雜誌相繼問世，為太極拳在國內外的普及與推廣做出了貢獻。

七、太極進入強對抗

1982 年 11 月，全國首屆武術對抗項目——散打、太極拳推手表演賽在北京舉行。伴隨著太極拳的發展而產生的太極拳推手，終於作為一項體育競賽面對眾人。

將太極拳推手納入競技的嘗試由來已久。1962 年，當時的國家體委武術處提出在上海試驗太極拳推手比賽，並制定規則。1979 年，散手對抗賽、短兵、太極拳推手等對抗性項目開始在錦標賽試點。本著「積極穩妥」的發展原則，國家體委首先委托了北京體院、武漢體院以及上海、浙江、黑龍江等省市體委對武術對抗性項目進行研究、整理、試驗。從 1979 年開始，連續 3 年分別在南寧、太原、瀋陽三城市進行的全國武術觀摩交流大會上進行了太極拳推手的表演，為正式比賽提供了充分大量的寶貴經驗。

1982 年，國家體委先後兩次邀請全國各地有實戰經驗的武術工作者聚集北京討論制定太極拳推手的暫行競賽規則及裁判法的初稿。經過多年充分的準備，1982 年 11 月，全國首屆武術對抗項目——散打、太極拳推手表演賽在北京舉行。這標誌著太極

拳推手終於在多年的籌備後進入對抗，進入競賽，還原了太極的技擊屬性。

八、首次集體打太極

1983年9月，在上海舉行了第五屆全國運動會，有29支代表隊的189名運動員參加了武術表演。值得一提的是，有5000名來自社會各界的太極拳愛好者聚集上海人民廣場，共同表演太極拳。

在現代文明充斥的大都市上海，多達5000人集體演練太極拳，這本身就說明太極拳這一古老的運動項目已經深深地紮根於現代社會，貼近現代都市人的日常生活，深入人心。

同時，這次表演開集體演練太極之先河，開拓了太極拳演練的新視野、新思路，開闢了太極拳表演的新模式、新形勢，給人耳目一新的感覺。

九、三年苦心在挖整

1979年，國家體委發文，倡議進行武術挖掘整理工作。1983年到1986年在國家體委武術挖整領導小組的統一部署下，在各級體委武術挖整組的積極配合下，武術挖整工作在全國範圍全面展開。先後動員了全國8000餘名專職武術工作者和業餘武術愛好者，開展了我國武術發展史上空前的「普查武術家底、搶救武術遺產」工作。

「取其精華，去其糟粕」是挖掘整理、繼承發展包括太極拳在內的中華武術的一貫方針。

從1983年開始的自上而下進行大規模的挖掘整理工作，歷時3年，對全國的武術現狀進行了一次全面的普查，並對傳統技

藝進行挖掘整理，以避免失傳。廣大武術工作者為此付出了艱辛的勞動，熱心的人民群眾與老拳師們也紛紛獻技獻物，把家傳珍寶無私地奉獻出來。

1986 年，武術挖掘整理領導小組經過 3 年的努力，取得了豐碩的成果，初步查明流傳各地的「源流有序、拳理明晰、風格獨特、自成體系」的拳種 129 個；各省市編寫的各拳種理論、技術傳播發展的典籍 651 萬多字；錄製 70 歲以上老拳師拳藝 395 小時；收集有關文獻資料 482 本，古兵器 392 件。其中很大一部分是有關太極拳的珍貴史料，獲得一批極有價值的太極拳技、拳理的祖傳孤本、善本、抄本，成為繼承、發展太極拳的寶貴資料。

十、首次國際太極賽

1984 年 4 月 22～25 日，由湖北省體委主辦的「國際太極拳（劍）邀請賽」在武漢舉行，來自日本、加拿大、瓜地馬拉、新加坡、美國以及香港等 18 個國家和地區的 70 多名選手與中國近百名選手參加了表演比賽、切磋技藝。

雖然這次比賽由湖北省體委主辦，但是，中國武術協會相關人士均到場，這是官方而後一系列行動的啟動，是次年舉辦國際武術邀請賽的前奏。

整個比賽競爭激烈、氣氛熱烈，成為太極走向世界的一聲春雷。

十一、太極走向單項賽

1984 年 9 月，全國太極拳、劍邀請賽在黑龍江省哈爾濱市舉行，來自全國各地 10 個省市近 40 名優秀太極拳選手參加了陳、楊、武、吳、孫五式以及 48 式、88 式 7 個項目的比賽。這次比

賽為太極拳、劍脫離其他武術項目，走向單列比賽打下了良好而堅實的基礎。

太極推手原來放在對抗性項目競賽中，與武術散手同時比賽，從這次比賽開始，與太極拳密不可分的太極推手終於歸於太極拳系列中。

這次太極拳、劍邀請賽是建國以來武術運動的第一次專項比賽，是一個良好的開端，它極大地推動了太極運動在全國的普及和發展，把盡快提高太極拳的技術水準和理論水準提到了議事日程上來。

十二、表彰千名輔導員

1984 年，千名優秀武術輔導員的表彰獎勵大會在北京隆重舉行。

為了推動群眾性武術活動的進一步發展，國家體委在全國開展了「千名武術輔導員」評選活動。評選出的優秀輔導員中有很大一部分是從事太極拳教學的。

這次表彰在全國範圍內掀起了一股群眾習武的熱潮，太極拳更是受到越來越多人的喜愛。各種形式的武術館、校、站等相繼成立，成為開展太極拳在內的武術活動的基地。

十三、正式成為單項賽

1986 年，國家體委將太極拳、劍、推手列為全國正式比賽項目，並決定每年舉行一次比賽。

廣大太極拳愛好者們終於有了可以展現自己拳技的一片天地，太極拳這項內涵與外延同樣廣博的運動終於有了自己的單項比賽，這無疑更加有利於太極拳的健康發展。

十四、中日太極拳大交流

1988 年 4 月，日本太極拳聯盟組織日本百名太極拳愛好者到京參加了中日太極拳比賽交流大會。

緊張熱烈的比賽之餘，中日太極拳愛好者雲集天壇，在宏偉的祈年殿前集體演練太極拳。

中國與日本一衣帶水，中國的太極文化更是受到日本人民的青睞。早在 1984 年第一屆全日本中國武術表演大會上，中國武術運動員便以技驚四座的表演令日本觀眾大飽眼福。

1987 年 3 月 31 日～4 月 7 日，首屆中日太極拳比賽交流大會在北京舉行。中日之間的武術交流活動特別是太極拳的交流活動頻繁上演。日本，成為除中國以外開展太極拳運動最廣泛的國家。全日本太極拳聯盟，成為國外規模最大的太極拳組織，為太極拳在日本的發展起了不容忽視的作用。

是太極的魅力，使來自不同國家有著不同文化習慣和歷史傳統的人能夠攜手在一起。太極拳，把中日兩國人民緊緊連接在了一起。

十五、傳統太極進競技

1988 年，隨著武術運動的發展，為適應國際、國內武術交流比賽活動的需要，國家體委武術研究院組織有關專家，依據傳統性、科學性、競賽性的原則，將陳式、楊式、吳式、孫式編製成「四式太極拳競賽套路」，突破了民間傳統太極與競技之間的隔閡，真正把傳統武術納入競技體系。1997 年，武式太極拳競賽套路也隨之問世。

十六、首屆亞洲錦標賽

1987 年 9 月 26～27 日，首屆亞洲武術錦標賽在日本橫濱舉行。中國、日本、新加坡、泰國、菲律賓、尼泊爾、馬來西亞、斯里蘭卡、印度尼西亞、香港、澳門 11 個國家和地區的 89 名運動員參加了比賽。太極拳作為正式比賽項目，在亞錦賽上展開激烈的角逐。

太極拳，這一中華民族的瑰寶終於正式亮相亞洲，令全亞洲為之動容，從此，亞洲的太極愛好者人數持續飆升。

十七、八運會備受關注

1997 年 10 月，在上海舉辦的第八屆全國運動會所設 28 個比賽項目中，包括太極拳在內的武術是唯一的非奧運項目，設金牌 15 塊。

全運會是中國最高水準的綜合性運動會，每 4 年舉行一次。從 1959 年第一屆全運會開始，太極拳在內的武術便被列為正式比賽項目。

第七屆全運會後，國家體委依據亞運會及奧運會戰略計劃對全運會競賽項目做了較大調整，非奧運會項目均未列入第八屆全運會，但武術仍列入全運會項目，並將金牌數由原來的 7 枚增至 15 枚。

1998 年 8 月，國家體育總局正式確定武術為第九屆全運會項目，並且將金牌數增加到 18 枚。

這些均表明國家對武術的重視程度越來越高，這極大地促進了競技武術在各個省市的發展。

十八、第十一屆亞運會

1990 年 9 月 29 日～10 月 4 日，第十一屆亞運會在北京隆重舉行，包括太極拳在內的武術被正式列為比賽項目。

在運動會的開幕式上，在全世界人民的注目中，中、日兩國1500 名太極拳愛好者共同表演了大型太極拳集體演練。

在古老而神秘的東方，在古樸而現代的北京，千餘人，身著白衣，和著聲聲古樂，翩翩演練太極。舉手投足間散落無限東方神韻，勢勢相連，舒展悠長，盡現深厚的底蘊、和諧的意境。太極拳，樹立起走向世界體壇的一個嶄新里程碑。

從這一天起，全世界都關注著這一東方的運動，全世界都關注著嶄新的北京、嶄新的中國。

十九、世界武術錦標賽

1991 年 10 月 12～16 日，第一屆世界武術錦標賽在中國北京舉行，共有 40 多個國家和地區的 500 多名運動員參加了比賽。太極拳以重要的組成部分走向世界級比賽賽場。

1992 年 11 月 21～27 日，第二屆世界武術錦標賽在馬來西亞首都吉隆坡舉行，來自世界五大洲 53 個國家和地區的 600 多名運動員參加了比賽。

1995 年 8 月 17～22 日，第三屆世界武術錦標賽在美國巴爾的摩市舉行，來自 56 個國家的 886 名運動員參加了比賽。……

每次比賽的參賽人數和參賽運動員的水準都呈明顯的上升趨勢，這表明源於中國的武術、太極拳絕不再只屬於中國人，而是全世界人民的共同財富。

二十、奧運和健身計劃

1994 年，國家體委提出「全民健身計劃」和「奧運爭光計劃」，武術，在這兩項計劃中均肩負著特殊的使命。

太極拳，更是在健身功能上發揮著巨大的作用。它是全民健身的一個重要手段，也是練習人數最多的一項運動。

「全民健身計劃」的出臺，使太極拳這一科學的健身方法更加普及，極大地激發了人民群眾的練武熱潮。習練太極拳的人數越來越多。除專業隊外，大批的民間團體、社會團體、民間自發組織習練太極拳，群眾性的民間活動、國際間的文化交流日益增多，太極拳運動迎來了歷史上空前規模的發展。

二十一、中華武林評百傑

1995 年 12 月 18～20 日，國家體委武術研究院、中國武術協會主辦的「中華武林百傑」評選活動在山東省萊陽市揭曉，共評出百名武傑、十大武術教授、十大武術名師、十大武術教練和十大武星。

有很多太極拳著名運動員和太極拳名家榜上有名。武林百傑的評選全面肯定了太極拳工作者的辛勤工作，極大地掀動了他們的工作熱情，鼓勵他們為太極拳的普及和發展做出更大的貢獻。

二十二、武術有了段位制

1998 年 4 月 17 日，國家體育總局武術運動管理中心在北京首次頒發武術段位證書。此次獲得段位證書的不僅有德高望重的老太極拳師，也有很多活躍在基層從事太極拳輔導工作的骨幹。

為了推動武術運動的發展，提高武術技術與武術理論水準，

國家體委武術研究院從 80 年代初就組織有關專家就建立術段位制體系問題展開研究與探討，並於 1994 年開始進行調研、制定方案，1995 年開始在河南、江蘇等省進行試點。1996 年 7 月邀請國內數十名武術專家對試點工作及段位制的實施細則進行了審定，並提交同年舉行的全國武術工作會議審定。經原國家體委批准，終於於 1997 年下半年開始實行中國武術段位制。

二十三、萬人廣場展風姿

1998 年 10 月 15 日，為紀念鄧小平題詞「太極拳好」發表 20 周年，為慶祝中國武術協會成立 40 周年，在天安門廣場舉行了盛大的萬人太極拳表演。

宏偉的天安門作背景，寬闊的天安門廣場作舞臺，萬名中華兒女一展風姿，集體表演太極拳。

愛我中華，愛我武術，無論是參與表演的太極拳愛好者，還是坐在電視機前觀看直播的普通百姓，面對眼前這壯觀的景象，都難以抑制自己心中作為中國人的自豪與激動。萬人太極拳表演，將永載史冊。

二十四、千年曙光伴太極

2000 年 1 月 1 日，泰山頂上，伴著初生的太陽，在世紀之交的曙光中，太極拳名師門惠豐表演太極拳。

4 萬臺攝影機同時聯播，向全世界進行現場直播，這是人類電視史上最大的一次聯合行動。人類現代科技的高度文明，使全世界有機會共同欣賞到各個國家沐浴在新世紀陽光中的喜悅，也讓全世界共同目睹了象徵著中國古老傳統文化內涵的太極拳。

古老的太極拳，在新世紀曙光的照耀下，向世人揭示，它，

已經昂首闊步，在全世界的注視下走向了 21 世紀。

二十五、太極拳健康工程

2000 年 4 月，中國武術協會開始著手制定太極拳全球化發展戰略——太極拳健康工程。

太極拳健康工程，是將太極拳作為武術的一個品牌，系列、持續地推向世界，制定太極拳全球化發展戰略，從而推動傳統武術的發展。

太極拳工程包括開展太極拳活動月、舉行世界太極拳健康大會、推行太極拳輔導員制、加強新時期的太極拳理論研究等一系列內容。

二十六、首次免費教太極

2000 年 5 月，中國武術協會啟動太極拳健康月活動，決定將每年的 5 月定為太極拳月。

中國武術協會在它的所在地北京國家奧林匹克體育中心，首次舉行全世界第一次免費教太極拳活動。密密麻麻的人群擠滿了武術協會的大院，武術協會從北體大等院校組織了 20 多人的教練隊伍，主要推出 8 式和 16 式的簡化太極拳。參加人數達 1500 餘人。

這是新中國成立以來第一次官方的、有組織的、有系統的、有意識的向社會推廣太極拳的活動。為將這個活動堅持下去，武術協會要求，各省市武術的管理部門、行業體協、武術社團組織、太極拳輔導站均要在每年的太極拳健康月，開展包括免費教學在內的一系列太極拳活動。

二十七、全世界太極拳月

2000 年 7 月，在國際武聯執委會會議上，執委一致表示支持中國的 5 月太極拳月活動，並將 5 月定為世界太極拳月。消息一經傳出，立刻受到全國各地乃至全世界太極拳愛好者的積極響應。

太極拳已經為全世界所接受，各種各樣的太極拳活動在全世界如火如荼地開展起來。

二十八、世界太極大聚會

2001 年 3 月 22～26 日，首屆世界太極拳健康大會在海南省三亞市舉行。

世界太極拳健康大會是中國武術協會在世界範圍內推出的武術單項拳種的大型活動。首屆大會在海南省三亞市舉行，引起了國內外太極拳習練者的強烈回響，紛紛報名參會，報名人數已經達到 2000 餘人。

武術中心和武術協會決定每兩年舉行一次世界太極拳健康大會，把這項活動堅持下去，讓它成為全世界太極拳愛好者共同的節日。

（原載《中華武術》）

大展出版社有限公司
品冠文化出版社

圖書目錄

地址：台北市北投區(石牌)　　電話：(02) 28236031
　　　致遠一路二段 12 巷 1 號　　　　　28236033
郵撥：01669551＜大展＞　　　　　　28233123
　　　19346241＜品冠＞　　　傳真：(02) 28272069

・少 年 偵 探・品冠編號 66

・生 活 廣 場・品冠編號 61

1

4.	已知的他界科學	陳蒼杰譯	220 元
5.	開拓未來的他界科學	陳蒼杰譯	220 元
6.	世紀末變態心理犯罪檔案	沈永嘉譯	240 元
7.	366 天開運年鑑	林廷宇編著	230 元
8.	色彩學與你	野村順一著	230 元
9.	科學手相	淺野八郎著	230 元
10.	你也能成為戀愛高手	柯富陽編著	220 元
11.	血型與十二星座	許淑瑛編著	230 元
12.	動物測驗一人性現形	淺野八郎著	200 元
13.	愛情、幸福完全自測	淺野八郎著	200 元
14.	輕鬆攻佔女性	趙奕世編著	230 元
15.	解讀命運密碼	郭宗德著	200 元
16.	由客家了解亞洲	高木桂藏著	220 元

・女醫師系列・品冠編號 62

1.	子宮內膜症	國府田清子著	200 元
2.	子宮肌瘤	黑島淳子著	200 元
3.	上班女性的壓力症候群	池下育子著	200 元
4.	漏尿、尿失禁	中田真木著	200 元
5.	高齡生產	大鷹美子著	200 元
6.	子宮癌	上坊敏子著	200 元
7.	避孕	早乙女智子著	200 元
8.	不孕症	中村春根著	200 元
9.	生理痛與生理不順	堀口雅子著	200 元
10.	更年期	野末悅子著	200 元

・傳統民俗療法・品冠編號 63

1.	神奇刀療法	潘文雄著	200 元
2.	神奇拍打療法	安在峰著	200 元
3.	神奇拔罐療法	安在峰著	200 元
4.	神奇艾灸療法	安在峰著	200 元
5.	神奇貼敷療法	安在峰著	200 元
6.	神奇薰洗療法	安在峰著	200 元
7.	神奇耳穴療法	安在峰著	200 元
8.	神奇指針療法	安在峰著	200 元
9.	神奇藥酒療法	安在峰著	200 元
10.	神奇藥茶療法	安在峰著	200 元
11.	神奇推拿療法	張貴荷著	200 元
12.	神奇止痛療法	漆浩著	200 元

・常見病藥膳調養叢書・品冠編號 631

1. 脂肪肝四季飲食　　　　　　蕭守貴著　200 元
2. 高血壓四季飲食　　　　　　秦玖剛著　200 元
3. 慢性腎炎四季飲食　　　　　魏從強著　200 元
4. 高脂血症四季飲食　　　　　　薛輝著　200 元
5. 慢性胃炎四季飲食　　　　　馬秉祥著　200 元
6. 糖尿病四季飲食　　　　　　王耀獻著　200 元
7. 癌症四季飲食　　　　　　　　李忠著　200 元

·彩色圖解保健· 品冠編號 64

1. 瘦身　　　　　　　　　　主婦之友社　300 元
2. 腰痛　　　　　　　　　　主婦之友社　300 元
3. 肩膀痠痛　　　　　　　　主婦之友社　300 元
4. 腰、膝、腳的疼痛　　　　主婦之友社　300 元
5. 壓力、精神疲勞　　　　　主婦之友社　300 元
6. 眼睛疲勞、視力減退　　　主婦之友社　300 元

· 心 想 事 成 · 品冠編號 65

1. 魔法愛情點心　　　　　　結城莫拉著　120 元
2. 可愛手工飾品　　　　　　結城莫拉著　120 元
3. 可愛打扮 & 髮型　　　　結城莫拉著　120 元
4. 撲克牌算命　　　　　　　結城莫拉著　120 元

· 熱 門 新 知 · 品冠編號 67

1. 圖解基因與 DNA　　（精）　中原英臣 主編 230 元
2. 圖解人體的神奇　　（精）　米山公啟 主編 230 元
3. 圖解腦與心的構造　（精）　永田和哉 主編 230 元
4. 圖解科學的神奇　　（精）　鳥海光弘 主編 230 元
5. 圖解數學的神奇　　（精）　柳 谷 晃　著 250 元
6. 圖解基因操作　　　（精）　海老原充 主編 230 元
7. 圖解後基因組　　　（精）　才園哲人　著 230 元

· 法律專欄連載 · 大展編號 58

台大法學院　　　法律學系／策劃
　　　　　　　　　法律服務社／編著

1. 別讓您的權利睡著了 (1)　　　　　　200 元
2. 別讓您的權利睡著了 (2)　　　　　　200 元

· 武 術 特 輯 · 大展編號 10

1. 陳式太極拳入門　　　　　馮志強編著　180 元

46. <珍貴本>陳式太極拳精選　　　　　馮志強著　280元
47. 武當趙保太極拳小架　　　　　　　鄭悟清傳授　250元
48. 太極拳習練知識問答　　　　　　　邱丕相主編　220元
49. 八法拳　八法槍　　　　　　　　　武世俊著　220元
50. 地趟拳＋VCD　　　　　　　　　　張憲政著　350元
51. 四十八式太極拳＋VCD　　　　　　楊　靜演示　400元
52. 三十二式太極劍＋VCD　　　　　　楊　靜演示　350元
53. 隨曲就伸　中國太極拳名家對話錄　余功保著　300元
54. 陳式太極拳五動八法十三勢　　　　闞桂香著　200元

・彩色圖解太極武術・ 大展編號 102

1. 太極功夫扇　　　　　　　　　　　李德印編著　220元
2. 武當太極劍　　　　　　　　　　　李德印編著　220元
3. 楊式太極劍　　　　　　　　　　　李德印編著　220元
4. 楊式太極刀　　　　　　　　　　　王志遠著　220元
5. 二十四式太極拳(楊式)＋VCD　　　李德印編著　350元
6. 三十二式太極劍(楊式)＋VCD　　　李德印編著　350元
7. 四十二式太極劍＋VCD　　　　　　李德印編著
8. 四十二式太極拳＋VCD　　　　　　李德印編著

・國際武術競賽套路・ 大展編號 103

1. 長拳　　　　　　　　　　　　　　李巧玲執筆　220元
2. 劍術　　　　　　　　　　　　　　程慧琨執筆　220元
3. 刀術　　　　　　　　　　　　　　劉同為執筆　220元
4. 槍術　　　　　　　　　　　　　　張躍寧執筆　220元
5. 棍術　　　　　　　　　　　　　　殷玉柱執筆　220元

・簡化太極拳・ 大展編號 104

1. 陳式太極拳十三式　　　　　　　　陳正雷編著　200元
2. 楊式太極拳十三式　　　　　　　　楊振鐸編著　200元
3. 吳式太極拳十三式　　　　　　　　李秉慈編著　200元
4. 武式太極拳十三式　　　　　　　　喬松茂編著　200元
5. 孫式太極拳十三式　　　　　　　　孫劍雲編著　200元
6. 趙堡式太極拳十三式　　　　　　　王海洲編著　200元

・中國當代太極拳名家名著・ 大展編號 106

1. 太極拳規範教程　　　　　　　　　李德印著　550元
2. 吳式太極拳詮真　　　　　　　　　王培生著　500元
3. 武式太極拳詮真　　　　　　　　　喬松茂著

| 3. | 鬼谷子神算兵法 | 應涵編著 | 280元 |
| 4. | 諸葛亮神算兵法 | 應涵編著 | 280元 |

・秘傳占卜系列・大展編號14

1.	手相術	淺野八郎著	180元
2.	人相術	淺野八郎著	180元
3.	西洋占星術	淺野八郎著	180元
4.	中國神奇占卜	淺野八郎著	150元
5.	夢判斷	淺野八郎著	150元
6.	前世、來世占卜	淺野八郎著	150元
7.	法國式血型學	淺野八郎著	150元
8.	靈感、符咒學	淺野八郎著	150元
9.	紙牌占卜術	淺野八郎著	150元
10.	ESP 超能力占卜	淺野八郎著	150元
11.	猶太數的秘術	淺野八郎著	150元
12.	新心理測驗	淺野八郎著	160元
13.	塔羅牌預言秘法	淺野八郎著	200元

・趣味心理講座・大展編號15

1.	性格測驗（1） 探索男與女	淺野八郎著	140元
2.	性格測驗（2） 透視人心奧秘	淺野八郎著	140元
3.	性格測驗（3） 發現陌生的自己	淺野八郎著	140元
4.	性格測驗（4） 發現你的真面目	淺野八郎著	140元
5.	性格測驗（5） 讓你們吃驚	淺野八郎著	140元
6.	性格測驗（6） 洞穿心理盲點	淺野八郎著	140元
7.	性格測驗（7） 探索對方心理	淺野八郎著	140元
8.	性格測驗（8） 由吃認識自己	淺野八郎著	160元
9.	性格測驗（9） 戀愛知多少	淺野八郎著	160元
10.	性格測驗（10） 由裝扮瞭解人心	淺野八郎著	160元
11.	性格測驗（11） 敲開內心玄機	淺野八郎著	140元
12.	性格測驗（12） 透視你的未來	淺野八郎著	160元
13.	血型與你的一生	淺野八郎著	160元
14.	趣味推理遊戲	淺野八郎著	160元
15.	行為語言解析	淺野八郎著	160元

・婦 幼 天 地・大展編號16

1.	八萬人減肥成果	黃靜香譯	180元
2.	三分鐘減肥體操	楊鴻儒譯	150元
3.	窈窕淑女美髮秘訣	柯素娥譯	130元
4.	使妳更迷人	成 玉譯	130元
5.	女性的更年期	官舒妍編譯	160元

51. 穿出自己的品味　　　　西村玲子著　280元
52. 小孩髮型設計　　　　　李芳黛譯　250元

·青 春 天 地· 大展編號 17

1. A血型與星座	柯素娥編譯	160元
2. B血型與星座	柯素娥編譯	160元
3. O血型與星座	柯素娥編譯	160元
4. AB血型與星座	柯素娥編譯	120元
5. 青春期性教室	呂貴嵐編譯	130元
9. 小論文寫作秘訣	林顯茂編譯	120元
11. 中學生野外遊戲	熊谷康編著	120元
12. 恐怖極短篇	柯素娥編譯	130元
13. 恐怖夜話	小毛驢編譯	130元
14. 恐怖幽默短篇	小毛驢編譯	120元
15. 黑色幽默短篇	小毛驢編譯	120元
16. 靈異怪談	小毛驢編譯	130元
17. 錯覺遊戲	小毛驢編著	130元
18. 整人遊戲	小毛驢編著	150元
19. 有趣的超常識	柯素娥編譯	130元
20. 哦！原來如此	林慶旺編譯	130元
21. 趣味競賽100種	劉名揚編譯	120元
22. 數學謎題入門	宋釗宜編譯	150元
23. 數學謎題解析	宋釗宜編譯	150元
24. 透視男女心理	林慶旺編譯	120元
25. 少女情懷的自白	李桂蘭編譯	120元
26. 由兄弟姊妹看命運	李玉瓊編譯	130元
27. 趣味的科學魔術	林慶旺編譯	150元
28. 趣味的心理實驗室	李燕玲編譯	150元
29. 愛與性心理測驗	小毛驢編譯	130元
30. 刑案推理解謎	小毛驢編譯	180元
31. 偵探常識推理	小毛驢編譯	180元
32. 偵探常識解謎	小毛驢編譯	130元
33. 偵探推理遊戲	小毛驢編譯	180元
34. 趣味的超魔術	廖玉山編著	150元
35. 趣味的珍奇發明	柯素娥編著	150元
36. 登山用具與技巧	陳瑞菊編著	150元
37. 性的漫談	蘇燕謀編著	180元
38. 無的漫談	蘇燕謀編著	180元
39. 黑色漫談	蘇燕謀編著	180元
40. 白色漫談	蘇燕謀編著	180元

·健 康 天 地· 大展編號 18

11

國家圖書館出版品預行編目資料

隨曲就伸——中國太極拳名家對話錄／余功保　編著
——初版，——臺北市，大展，民93（2004年）
面；21公分，——（武術特輯；53）
ISBN 957-468-268-4（平裝）

1. 太極拳

528.972　　　　　　　　　　　　　　92019552

北京人民體育出版社授權中文繁體字版

隨曲就伸——中國太極拳名家對話錄　　ISBN 957-468-268-4

編　　著／余功保
責任編輯／張建林
發行人／蔡森明
出版者／大展出版社有限公司
社　　址／台北市北投區（石牌）致遠一路2段12巷1號
電　　話／（02）28236031・28236033・28233123
傳　　眞／（02）28272069
郵政劃撥／01669551
網　　址／www.dah-jaan.com.tw
E-mail／dah_jaan@pchome.com.tw
登記證／局版臺業字第2171號
承印者／國順文具印刷行
裝　　訂／協億印製廠股份有限公司
排版者／弘益電腦排版有限公司
初版1刷／2004年（民93年）1月
初版2刷／2004年（民93年）　月

定　價／300元

推理文學經典巨著，中文版正式授權

名偵探明智小五郎與怪盜的挑戰與鬥智
名偵探柯南、金田一都讚嘆不已

日本推理小說鼻祖—江戶川亂步

1894年10月21日出生於日本三重縣名張〈現在的名張市〉。本名平井太郎。
就讀於早稻田大學時就曾經閱讀許多英、美的推理小說。
畢業之後曾經任職於貿易公司，也曾經擔任舊書商、新聞記者等各種工作。
1923年4月，在『新青年』中發表「二錢銅幣」。
筆名江戶川亂步是根據推理小說的始祖艾德嘉‧亞藍波而取的。
後來致力於創作許多推理小說。
1936年配合「少年俱樂部」的要求所寫的『怪盜二十面相』極受人歡迎，
陸續發表『少年偵探團』、『妖怪博士』共26集……等
適合少年、少女閱讀的作品。

1 ～ 3 集　定價300元　試閱特價189元

一億人閱讀的暢銷書！

4 ～ 26 集　定價300元　特價230元

- ．大金塊
- 5.青銅魔人
- 6.地底魔術王
- 7.透明怪人
- 8.怪人四十面相
- 9.宇宙怪人
- ．怖的鐵塔王國
- 11.灰色巨人
- 12.海底魔術師
- 13.黃金豹
- 14.魔法博士
- 15.馬戲怪人
- ．魔人銅鑼
- 17.魔法人偶
- 18.奇面城的秘密
- 19.夜光人
- 20.塔上的魔術師
- 21.鐵人Q
- ．假面恐怖王
- 23.電人M
- 24.二十面相的詛咒
- 25.飛天二十面相
- 26.黃金怪獸

地址：臺北市北投區
　　　致遠一路二段十二巷一號
電話：〈02〉28233123
郵政劃撥：19346241

品冠文化出版社